KB210727

교회는 어떤 공동체인가?

교회의 본질을 묻다

김형원

느헤미야

교회는 어떤 공동체인가?

지은이   김형원
초판발행   2020년 11월 30일

펴낸이   배용하
책임편집   배용하

등록   제 2019-000002호
펴낸 곳   느헤미야
등록한 곳   충청남도 논산시 가야곡면 매죽헌로1176번길 8-54
편집부   전화 (041) 742-1424
영업부   전화 (041) 742-1424 · 전송 0303 0959-1424
ISBN   979-11-969076-2-1   03230
CIP제어번호 CIP2020048096

분류   기독교 | 교회 | 공동체

 값 18,000원

이책은

하나님나라의 총체적 삶의 공동체를 일구기위해

함께 공부하고 실천해 온

하.나.의.교회 지체들의 여정의 결과입니다.

따라서 이책은 하.나.의. 가족 모두의 것입니다.

감사하고 사랑합니다!

차례

프롤로그_교회의 핵심, 공동체

교회의 중심 줄기에는 '공동체'가 있다.

'에클레시아'라는 용어와 우리말의

'교회'라는 표현 속에도 공동체는 핵심에 위치한다.

1. 21세기 한국 교회를 둘러싼 상황

(1) 한국 교회의 위기

21세기 한국의 개신교는 내외적으로 심각한 도전에 직면해있다. 1960-80년대의 부흥기가 빠르게 지나가고 교회의 성장이 절정을 구가할 무렵부터 시작된 와해 현상은 우리의 예상을 뛰어넘을 정도로 급속하게 진행되고 있다.

일반 사회에서 기독교는 더 이상 구원이나 소망을 주는 종교가 아니라 비이성적인 모리배 행태를 일삼고 자신들의 이익을 위해 움직이는 '이기적인 집단'으로 인식된 지 오래며, 요즘은 교회 안에서 기도와 예배에만 힘쓰던 보수 기독교인들까지 광장으로 뛰쳐나와 정치적 권력 다툼에 가담하면서 기독교에 대한 환멸을 더욱 부채질하고 있다. 어느덧 '개독교'라는 용어조차 한물 지나간 표현이 되어버렸을 정도로, 이제는 한국 사회에서 기독교는 그냥 접고 들어가는 퇴물이나 골칫덩이로 전락해버렸다. 기독교인의 입장에서는 현재 한국 사회의 반기독교 정서가 부담되고 또한 억울한 측면이 없지 않지만, 그런 억울함을 표현하는 것조차 반기독교 정서를 더욱 부채질하는 역효과가 나기에 조심할 수밖에 없는 상황이다.

교회 외부에서의 압박이 거세도 내부의 결속력이 탄탄하다면 어떻게든 문제를 잘 분석하고 대응책을 모색하면서 난관을 타개해볼만한 여지가 있겠지만, 지금 한국 교회는 외부의 공격과 더불어 내부에서도 교회에 대한 실망이 한계치를 넘어 수많은 성도들이 교회를 등지고 떠나는 탈교회 현상이 쓰나미처럼 몰아닥치고 있다. 이들은 하나님을 믿고 예수님을 사랑하지만 교회에는 신물이 나서

'자신의 신앙을 지키기 위해서' 교회를 떠나는 사람들이다. 초기에는 20-30대 청년들이 탈교회 현상을 주도했지만, 이제는 모든 연령층으로 확산되고 있는 분위기다.

(2) 교회의 존재 이유에 대한 의문

이런 분위기 속에서 당연하게 대두되는 것은 한국 기독교가 계속 명맥을 이어나갈 수 있을까 하는 염려와 더불어 '교회는 정말로 필요한 것인가'에 대한 회의론이다. 왜냐하면, 탈교회 현상이 교회 무용론으로 이어지고 있기 때문이다. 2천 년 동안 기독교와 거의 동일시되었던 교회가 지금 한국에서는 그 존재와 필요성에 대해 심각한 도전을 받고 있다. 그 결과, 과거에는 복음을 듣고 그리스도인이 되었을 때 교회에 속하는 것을 당연하게 여겼지만, 이제는 왜 교회에 속해야 하는지?, 교회가 나에게 왜 필요한 것인지?, 아니, 교회 자체가 정말로 필요한 것인지? 등과 같은 의문이 제기되면서, 교회와 목회자들은 이 질문에 대해 답해야 하는 새로운 상황이 펼쳐지고 있다. 실제로 신학교나 교회에서 다루는 교회론이, 과거에는 교회의 존재를 전제하면서 교회의 본질, 목적, 사명, 조직과 같은 주제들에 초점을 맞췄지만, 이제는 교회의 중요성이나 필요성으로 무게 중심이 옮겨가는 상황이 되었다.

2. 교회의 본질에 대한 고민

(1) 교회의 본질에 대한 질문

이처럼 외부로부터 가해지는 교회에 대한 비판과 내부에서 이탈하는 성도들을 보면서 교회에 대해 근본적인 질문을 던져야 할 필요성이 커졌다. 하나님은 교회를 어떻게 생각하시는가?, 왜 과거 2천 년 동안 교회는 존재해왔는가?, 교회의 본질은 무엇인가?, 교회가 정말로 필요하고 중요한 것인가?, 혹시 우리는 지금 교회의 참된 모습을 잃어버린 것은 아닌가? 등의 질문들은 신학 공부를 하면서, 그 후 교회 개척을 준비하고 목회를 하면서 내게 스스로 던졌던 질문들이기도 하다.

전통적인 교회론은 교회의 본질과 사명을 다섯 가지로 정리한다. 예배 $\lambda\epsilon\iota\tau o\nu\rho\gamma\iota a$ 레이투르기아 , 교육$\delta\iota\delta a\sigma\kappa a\lambda\iota a$ 디다스칼리아 , 교제$\kappa o\iota\nu\omega\nu\iota a$ 코이노니아 , 선교 $\mu a\rho\tau\nu\rho\iota a$ 마르투리아 , 봉사$\delta\iota a\kappa o\nu\iota a$ 디아코니아 . 이 다섯 가지는 우선순위가 있다거나 취사선택할 수 있는 것이 아니다. 그러나 현실 교회에서는 교회가 위치한 시대나 환경과 목회자의 취향에 따라 좀 더 강조되거나 소홀히 여기는 부분이 생기게 된다. 보수적인 교회는 대개 예배와 선교를 강조하고, 진보적인 교회는 봉사를 강조하는 경향에서 그 예를 찾을 수 있다. 그러나 양쪽 모두에게서 공통적으로 발견되는 현상은, 그 어느 쪽도 '교제코이노니아' 를 교회의 중심적인 본질로 놓고 고민하는 것 같지 않다는 점이다.

나는 교회 개척을 준비하면서 교회론에 대해 심도있게 살펴본 후 교회의 본질을 다음과 같이 재정리했다. "교회는 하나님의 목적을 성취하기 위해 부름 받은 사람들의 공동체다." 이 정의에는 '구원받은' 사람들, 조직이나 기관이 아닌 '사람들', 단순한 군중의 모임이 아니라 '사명을 받은' 사람들의 모임, 그리고 개인이 아니라 '공동체' 가 강조되어 있다. 교회는 구원받은 사람들이 하나님의 가족의 일원이 되는 것으로부터 시작해서, 그들이 하나님나라의 거룩한 공동체를 이루고, 그 공동체가 하나님의 사명을 감당하는 것이다. 그렇기에 교회의 중심 줄기에는 '공동체' 가 있다. '에클레시아' 라는 용어와 우리말의 '교회' 라는 표현 속에도 공동체는 핵심에 위치한다.

(2) 껍데기 공동체

그래서 교회를 처음 시작할 때부터 공동체적 관계를 형성하는 것에 관심을 많이 기울였다. 하지만 그 후 몇 년 동안 교회를 일구어가면서 여전히 고민이 되었던 것은, 우리가 교회를 공동체라고 생각하면서 소그룹과 관계를 강조해왔지만 그것이 진정으로 성경이 말하는 공동체 모습의 전부인가 하는 문제였다. 소그룹 모임이 잘 안되었다는 것은 아니다. 오히려 교회가 작았기 때문에 성도들이 상당히 깊은 관계를 형성하면서 좋은 교제를 나눌 수 있었다. 그럼에도 불구하고 우리의 교제가 '복음의 총체성'을 바르게 담고 있는가 하는 고민이 여전히 남아 있었던 것이다. 이런 고민이 '교회가 공동체라는 것은 어떤 의미인가? 믿음의 선조들은 이 문제에 대해 어떻게 생각하고 실천했는가? 특별히 이 시대에 교회의 공동체성이라는 것이 어떻게 나타나고 표현되어야 하는가?' 와 같은 생각으로 발전되었다.

그 후 몇 년 동안 이 문제를 붙들고 성경을 읽고 교회론을 다시 탐구하고, 국내뿐만 아니라 해외에 있는 공동체를 강조하는 교회들을 살펴보고 탐방하면서 우리가 가진 문제의 실체를 이해하게 되었다. 그것은 그리스도인의 삶과 교회에 대해 우리가 여전히 '이원론' 적인 사고방식으로 접근하고 있었다는 것이다. 하나님은 우리의 영혼만이 아니라 영혼과 육신 모두를 포함하는 '전인'을 구원하셨고, 그 결과 우리의 '전인'이 교회 공동체로 모여 새로운 언약 가족을 이루게 되었으며, 따라서 제자도의 삶이나 교회의 활동 영역 역시 영과 육, 영적인 것과 일상적인 것, 교회내적인 것과 사회적인 것을 포괄하는 총체적이어야 한다는 것을 바르게 이해하지 못했던 것이다. 그러니 아무리 소그룹을 강조하고 성도의 교제에 힘쓴다고 해도 나눔의 내용이 우리가 설정한 영적인 영역 이상으로 나아가기 힘들었던 것이다. 즉 우리의 교제는 삶의 본질을 터치하기보다는 껍데기만 어루만지고 있었던 것이다.

(3) 변화의 시작

우리의 부족함에 대한 인식으로부터 새로운 변화가 시작되었다. 교인들이 함께 교회의 본질에 대해, 교회의 공동체성에 대해, 그리고 공동체의 핵심에 대해 하나씩 공부하면서 우리의 부족한 점을 돌아보고, 우리가 해야 할 것이 무엇인지 생각하게 되었다.

그런 작업 끝에 우리는 이원론을 극복하는 공동체를 위해서는 교회가 삶의 모든 것을 함께 하는 '총체적 삶의 공동체'여야 한다는 사실을 깨닫게 되었고 '총체적 삶의 공동체'에 대해서는 6장에서 자세하게 설명할 것이다. '총체적 삶의 공동체'를 시작하는 첫 번째 단계는 교회가 한 지역에서 함께 살아가는 지역 공동체를 이루는 것이어야 한다는 사실을 인식하게 되었다. 이것에 대해서는 7장에서 다루게 될 것이다.

그 당시 하.나.의.교회의 예배 장소는 신촌역과 홍대입구역 사이에 있는 서대문구 창천동에 위치하고 있었지만, 그곳까지 도보로 참석하는 성도는 거의 없었다. 대부분의 성도들이 서울의 다른 지역과 경기도에 살면서 모임을 위해 교회로 오는 상황이었다. 물론 주일뿐만 아니라 주중에도 소그룹 모임을 비롯한 다양한 모임과 사역들이 여기저기서 이루어지면서 전통적인 교회가 하는 대부분의 기능을 수행하고 있었지만, '총체적 삶의 공동체'라는 관점에서 바라보니 이런 구도의 한계가 너무 분명하게 보였다.

총체적 삶의 공동체를 위한 첫 단계로 지역 공동체 형성의 필요성을 인식하면서 우리는 한 지역을 선택해서 그곳으로 교인들이 모여 마을 공동체를 이루는 작업을 시작했다. 이 목적을 위해 선택된 지역이 서대문구 남가좌동이었고, 그 후 지금까지 이곳에서 좌충우돌하면서 공동체적 교회를 일구는 작업을 하고 있다.

3. 공동체는 시대의 화두다.

(1) 사회의 화두로 등장한 공동체
그 후 10여 년의 세월이 흘렀다. 그 사이에 9년 가까이 지속되었던 보수 정권이 물러나고 진보 정권이 들어서면서 정치뿐만 아니라 사회 여러 영역에서 변화가 일어났다.

그 변화 중 하나는 '공동체'가 사회의 큰 화두로 대두되었다는 점이다. 사회학, 심리학, 건축학, 도시 계획학, 경제학 등 다양한 학문 분야에서 '사회=공동체'라는 인식이 재발견되고 강조되면서 마을 살리기와 마을 공동체 회복이 중요한 정책 의제가 되었다. 사회적 경제와 마을공동체 센터와 같은 기관들이 지역마다 세워졌고, 중앙 정부나 지자체의 막대한 예산이 투입되어 다양한 사업이 진행되고, 그것에 필요한 인력을 개발하기 위한 노력이 도처에서 이루어지고 있다.

(2) 교회의 공동체성에 대한 인식

이 흐름에서 교회도 비껴 가지 못했다. 교회는 원래부터 코이노니아 공동체라는 속성이 핵심이었지만, 교회 성장이라는 목표에 밀려 그 중요성이 뒷전이 되어 버렸다. 그러나 공동체를 강조하는 사회적 흐름이라는 외적 요인과 교회 성장이 정체되는 내적 요인으로 교회의 공동체성을 다시 회복해야 한다는 인식이 커지게 되었다.

2000년대 들어서 한국 교회의 성장이 하향 곡선을 그려 교인 수가 줄어들기 시작하면서 외적 성장보다는 교인들 사이의 관계, 즉 공동체에 대해 관심을 쏟을 수밖에 없는 상황이 되었다. 또한 후기 기독교 사회post-Christendom society에서 사회적으로 기독교가 위축되면서 세상의 변혁을 위해 광장으로 나가기보다는 교회됨을 더욱 공고히 하는 것이 더 필요하다는 인식이 힘을 얻게 되었다. 이런 이유로 자의적이든 타의적이든 공동체에 대한 관심이 더 커지게 되었다. 한국교회가 침체되고 있다는 것은 안타까운 일이지만, 그나마 교회의 본질인 공동체에 대한 관심이 커지고 있는 것은 다행한 일이다. 정신없이 분주하게 뛰어다녔던 걸음을 잠시 멈추고 우리의 정체성과 본질에 대해 성찰할 수 있는 계기가 되었기 때문이다.

4. 교회에 대한 고민

(1) 공동체에 대한 다양한 생각들

교회가 코이노니아 공동체라는 것은 교회론을 조금이라도 공부한 사람이라면 누구나 쉽게 인식하게 되는 기본적인 내용이다. 그러나 공동체의 실제 모습이 어떠해야 하는지에 대해서는 깊은 논의가 부족할뿐더러 의견도 많이 갈린다. 몇 가지 예를 들어보자. 소유와 관련해서 완전 소유 공동체여야 하는가, 아니면 자본주의적 요소를 수용하면서 재산을 일정 부분만 나누는 공동체도 가능한 것인가? 전원 지역에서 친환경적인 삶을 사는 것만이 공동체라고 할 수 있는 것인가, 아니면 도심 한복판에서도 공동체적 삶이 가능한 것인가? 공동체에도 목사와 같은 지도자가 필요한 것인가, 아니면 모두가 수평적으로 평등한 공동체가 이상적인가? 공동체는 사회를 변혁하기 위해 세상 속으로 개입해 들어가야 하는가, 아니면 사회와 거리를 두면서 교회됨에만 집중하는 것이 옳은 것인가?

여러 대립되는 견해 중에서 어느 하나만이 정답이라고 말할 수는 없다. 실제로 교회의 역사를 봐도 시대에 따라 지역에 따라 서로 다른 공동체의 모습을 찾아볼 수 있다. 그러나 구체적인 문제에 대한 견해가 다를지라도 '교회는 총체적 삶의 공동체'라는 것이 교회의 가장 핵심적인 기초인 것은 분명하며, 모든 교회는 이 주제를 중심에 놓고 실천을 고민해야 한다는 점도 분명하다.

(2) 교회에 대한 고민의 결과

본 저서는 '교회가 무엇인가?, 교회가 공동체라는 의미는 무엇인가?, 하나님이 의도하시는 공동체는 어떤 모습이어야 하는가?'와 같은 문제들을 붙들고 지난 10여 년 동안 고민하고, 연구하고, 설교하고, 강의하고, 실천한 것을 정리한 결과물이다. 그래서 이 책은 엄밀히 분류한다면 본질적으로 공동체에 대한 책이라기보다는 '교회에 관한' 책이다. 물론 교회는 공동체이기 때문에 그 둘을 구분하는 것이 말장난처럼 들릴지 모른다. 하지만 이 책에서 다루는 고민은 멋지고 이상적인 어떤 공동체, 우리가 감히 범접할 수 없는 고고한 이상을 이룬 공동체를 동경하면서 시작된 것이 아니라, 지금 내가 몸담고 있고 부대끼고 있는 현실의 교회속에서 하나님이 기뻐하시는 모습을 어떻게 담아낼 수 있을지를 찾아가면서 시작되었다는 것을 말하려는 것이다. 현실 교회의 본질에 대한 고민이 공동체라는 주제와 만나게 된 것이다.

목회자와 성도들을 막론하고 진지한 그리스도인들은 필립 얀시의 책 제목처럼 교회를 '나의 고민' 이자 '나의 사랑' 으로 여기면서 내가 고민했던 주제를 동일하게 붙들고 늘 씨름할 것이다. 필립 얀시, 교회, 나의 고민 나의 사랑 그 고민이 어떻게 귀결되는지는 그렇게 중요하지 않을지 모른다. 어떤 사람은 '선교적 교회mis-sional church' 가 해답이라고 생각할 수도 있고, 다른 사람은 제자훈련과 같은 신앙훈련에 매진하는 교회를 대안으로 생각할지 모르고, 또 다른 사람은 정의의 복음을 들고 불의한 현장 속으로 들어가는 것이 이 시대가 요구하는 교회의 모습이라고 생각할지도 모른다. 또 다른 사람은 이 책에서 강조하는 것처럼 '총체적 삶의 공동체' 가 하나님나라의 복음을 바르게 담아내는 교회의 모습이라고 결론 내릴지도 모른다. 고민의 결론이 어떻게 나타나든, 기독교가 욕을 먹고 버림받는 시대에서 하나님나라의 '대안 공동체' 인 교회를 붙들고 진지하게 성찰하고 실천을 모색하는 것 그 자체로 그리스도의 제자됨을 실천하는 움직임이라고 생각한다. 지금 이 시대는 그리스도인들에게 복음과 교회의 본질에 대해 심각한 질문을 던지고 있기 때문이다. 그런 의미에서 이 책은 그런 고민의 결과물을 보여주면서 동시에 고민을 더욱 촉진하는 자극제가 될 것이다.

5. 의도

(1) 이 책이 다루는 것과 다루지 않는 것

마지막으로, 이 책이 교회 공동체와 관련해서 집중적으로 다루는 것과 비록 중요한 주제이지만 다루지 않는 것을 구분하려고 한다.

첫째, 이 책은 공동체에 대한 종합적인 백과사전식 정보를 제공하려고 하지 않는다. 대신에 교회가 왜 공동체이며, 어떤 공동체이며, 어떻게 공동체적인 모습을 갖춰나갈 수 있을지에 대한 성찰을 다루는 것이 목적이다.

둘째, 이 책은 전통적으로 기독교 공동체의 대세를 이루고 있는 '전원 공동체'에 초점을 맞추지 않았다. 그것보다는 우리나라 인구 대다수의 생활 터전인 도시에 살고 있는 그리스도인과 교회들이 도심에서 어떻게 공동체적 삶을 살아갈 수 있을지가 주된 관심사다.

셋째, 이 책은 공동체의 내적 역동성internal dynamics과 관련된 주제를 다루지 않는다. 공동체가 잘 형성되고 건강하게 지속되려면 멤버들 사이에 긴밀한 관계가 형성되어야 한다. 그러기 위해서는 사랑의 마음, 섬김의 태도, 겸손, 갈등 해결, 용납과 경책, 다양성과 통일성, 공동체의 규정과 같은 주제들이 잘 정리되어야 한다. 공동체를 위해서는 이런 주제들이 중요하지만, 이 책에서는 공동체의 본질essence과 공동체를 구성하는데 필요한 구조structure나 틀frame에 관한 내용에만 집중할 것이다.

넷째, 이 책은 하.나.의.교회에 대한 사례 연구가 아니다. 이 책의 많은 내용이 지난 18년 동안 하.나.의.교회를 일구면서 고민하고 실천해온 것이 기초가 된 것은 사실이다. 그러나 하.나.의.교회를 중심으로 기술하려는 의도는 없다. 단지 '교회란 무엇인가? 교회가 공동체라는 것은 무슨 의미인가? 하나님은 교회가 어떤 공동체가 되기를 원하시는가?' 와 같은 성경적/신학적 논의가 현대 사회에서 어떻게 적용될 수 있을지에 대한 성찰이 핵심 내용이다. 물론 하.나.의.교회의 사례가 간간히 언급되기는 하겠지만, 그것은 설명을 뒷받침하기 위한 구체적인 실례의 하나 정도로만 취급될 것이다.

(2) 공동체에 대한 양가 감정

사람들은 공동체에 대해 두 가지 감정을 동시에 느끼는 것 같다. 하나는 '갈망'이고, 다른 하나는 '두려움'이다. 많은 그리스도인들이 청년 시절에 공동체에 대해 꿈을 꾸어본 적이 있다고 고백한다. 하지만 세월이 흐르고 삶의 환경이 바뀌면서 그 꿈을 벽장 속 깊숙이 집어넣고 젊은 시절 한 때의 추억으로 묻어두는 것이 현실이다. 그렇다고 해서 공동체에 대한 갈망까지 버린 것은 아닌 듯 싶다. 교회에 대한 비판 속에서 여전히 교회가 참된 공동체답지 못하다는 아쉬움이 지속적으로 등장하는 것을 보면 이런 갈망이 여전히 생생하게 살아있다는 것을 확인하게 된다.

하지만 갈망과 동시에 드는 감정은 '두려움'인 것도 사실이다. 젊은 시절, 가진 것이 별로 없어서 공동체를 형성해도 잃을 것보다 얻을 것이 더 많아보이던 때에는 공동체를 동경하지만, 나이가 들어 재산이 늘고, 가족이 생기고, 인생이 만만치 않다는 것을 느끼면서, 공동체가 내게서 요구하는 것과 내가 버려야 할 것들에 대한 두려운 마음은 갈망을 압도하게 된다. 더욱이 지금까지 듣고 목격한 공동체들은 대부분 재산을 헌납하거나 직업을 바꾸거나 취미를 버리거나 삶의 지형을 완전히 바꾸는 것을 요구하는 모습들이었기에 감히 나처럼 작은 그리스도인은 엄두도 못 낼 것 같은 느낌에 사로잡힐 수 있다. 그러나 우리가 지금까지 현실에서 보아 온 공동체는 수많은 다양한 공동체들 중에서 일부에 불과하다는 것을 기억할 필요가 있다. 위에서도 언급했듯이 공동체는 다양한 모습을 취할 수 있기 때문이다.

그러므로 공동체에 대해서 너무 두려운 마음을 가질 필요는 없다. 그리스도를 따르는 삶이 한 가지 형태를 평생 고수하는 것을 의미하지는 않기에 끊임없이 성찰하고 실천하는 과정이 필요하지만, 그 누구도 처음부터 에베레스트 산을 정복하듯 공동체적인 삶의 최고봉에 도달할 수는 없다. 그리스도인이든 교회든 한 번에 한 걸음을 내디딜 뿐이며, 그 걸음들이 모여 작은 봉우리 하나를 넘게 되는 것이다. 공동체도 마찬가지다. 우리가 그리스도를 알고 난 후 교회에 들어와서 신앙훈련을 받으면서 우리의 삶을 재구성하는 것처럼, 총체적 삶의 공동체도 그 의미와 중요성을 배우고 깨닫고 그것에 맞추어 하나씩 실천하면서 내 삶을 재구성하게 되는 것이다.

　　천리길도 한 걸음부터다. 그러나 가고자 하는 방향은 분명해야 한다. 하나님이 원하시는 그리스도인으로 성장하는 것도, 주님께서 의도하시는 교회 공동체를 만들어가는 것도 마찬가지일 것이다.

1.Post−Christendom Society와 교회

이 상황은 우리에게 '교회란 무엇인가?',

'교회의 존재 이유는 무엇인가?' 라는

근본적인 질문을 진지하게 추구할 기회를 던진다.

1. 개념 이해

(1) Christendom

예수의 지상 사역, 십자가 죽음과 부활 승천 그리고 성령 강림으로 태동한 예루살렘 교회를 필두로, 3백 년 동안 기독교는 이교 또는 사교로 몰려 로마사회에서 극심한 박해를 당했다. 그런 어려움 속에서도 기독교인들은 지속적인 복음 전파를 통해 로마인 상당수를 개종시켰다.

기독교인을 향한 박해는 313년 콘스탄틴 황제의 밀라노 칙령에 의해 최종적으로 종식되었다. 콘스탄틴 대제는 기독교를 공인하고 한 걸음 더 나아가 로마의 핵심 종교로 기독교를 인정했으며, 392년 테오도시우스 황제에 의해 기독교가 로마 국교로 선포되면서 유일한 종교로 인정받는 명실상부한 '기독교 왕국' Christendom 시대를 열었다. 이후 르네상스와 종교개혁, 과학 발달과 산업 부흥을 거쳐 기독교 국가 체제의 균열에 이르는 시기까지를 통틀어 Christendom 시대라고 한다.

Christendom은 좁은 의미로는 기독교 국가를 지칭하고, 넓게는 사회전반에 걸쳐 기독교 영향력이 주도하는 사회로 정의된다. 정치, 경제, 사회, 문화, 교육, 예술, 종교 등 모든 분야에서 기독교가 막대한 영향을 끼치고, 국가의 수장은 동시에 교회 수장으로서 정치에 막대한 영향력을 발휘하기도 한다. 시기적으로는 콘스탄틴 밀라노 칙령 이후부터 짧게는 종교개혁까지, 길게는 20세기 세속화가 서구 사회를 잠식하기까지의 기간을 Christendom 시대라고 말할 수 있다.

(2) Post-Christendom

서구 사회에서 몇 가지 굵직한 사건들이 누적되면서 Christendom 사회의 기반이 흔들리게 된다. 13세기에 시작된 르네상스는 그리스-로마 문화 부흥을 기치로 내걸고, 신 중심에서 인간 중심 세계관으로 바꾸는 혁명적인 전복을 시도했다. 또한, 16세기에 일어난 종교개혁도 교회의 권위를 끌어내려 교회와 사회가 유지했던 밀접한 관계에 균열을 낸 역사적인 사건이었다. 이를 기점으로, 로마 카톨릭에서 벗어난 다양한 교회가 생겨났고, 그 결과 하나의 유일한 교회에 집중됐던 권력이 분산되면서 교회의 힘은 차츰 약해지게 되었다. 한 동안은 종족마다 하나의 교파를 선택하는 일이 지속되었지만 결국 시간이 흐르면서 각 개인들은 자기 취향에 따라 교파를 선택하는 일이 가능해졌고, 더 나아가 어떤 종교유럽에서는 기독교도 선택하지 않는 일도 가능하게 되었다. 결국 사회와 종교의 밀접한 관계에 분명한 균열이 생긴 것이다.

과학 발전은 문자주의적 성경해석에 고착되어 있던 교회 권위에 큰 흠집을 냈고, 과학에 기반을 둔 사회의 여러 분야가 종교의 권위로부터 독립을 주장하게 되었다. 산업혁명과 그로 인한 자본주의 발달은 경제를 종교로부터 독립된 개체로 만들었다. 이제는 더 이상 종교가 경제를 주관하지 않고, 역설적으로 경제가 종교를 자신의 하수인으로 두는 상황이 벌어지게 되었다. 노예제도, 공장노동자 착취, 빈부격차 심화, 식민지 지배와 같은 부조리에 대해 종교는 어떤 목소리도 내지 못하고, 오히려 그런 현상을 이용해 자신의 세력을 넓힐 궁리만 하는 비겁한 모습을 보이게 된다.

유럽에서는 19세기에 이르러 기독교 기반이 상당 부분 무너졌고, 20세기 후반에 들어서면서 북미에서도 동일한 현상이 나타나기 시작했다. 공립학교에서 기도하는 것과 교실에 십계명 게시하는 것을 금지하고, 크리스마스라는 용어 대신 종교 색채를 제거한 Happy Holiday라는 표현을 사용하고, 크리스마스트리에서도 종교 상징물이 사라지고, 주일에 영업하는 상가 등이 그것이다.

인구 통계학적으로도 기독교 기반 붕괴 사실은 여실히 드러난다. 2008년 조사에서 18-29세 미국인의 25% 정도가 무종교인으로 분류된다. 또한 성인 3.9%는 어린 시절 종교 없이 자라나 유종교인으로 회심했으나, 성인 12.7% 는 종교 전통에서 성장하였지만 성인이 되어 종교를 저버린 사례가 발견된 다. 이 추세가 지속된다면, 2042년에는 무종교인이 기독교인 숫자를 넘어서 게 될 것으로 예측된다. 리 비치, 48-49

이렇게 기독교 영향력이 막강했던 시대를 지나, 기독교가 다른 종교나 세 속주의와 동등하게 취급되고, 사회에서 기독교의 영향력이 떨어진 시대를 Post-Christendom 시대로 정의한다. 이제 기독교는 사회에 강한 영향을 미 치던 위치를 상실하고 자신의 생존을 염려하는 상황으로까지 내몰리게 되었 다.

2. 기독교 사회와 후기 기독교 사회의 비교

Christendom 사회와 Post-Christendom 사회는 여러 면에서 차이를 보인 다.

(1) 기독교 사회에서는 대부분이 기독교인이기 때문에, 기독교인을 배출 하는데 필요한 사회 분위기와 가정환경이 잘 조성되어 있었다.

기독교 국가나 집안에서 태어난 사람들이 기독교인이 되는 것은 순리였 고, 또한 수월했다. 반면 후기 기독교 사회에서는 회심의 강제성이 사라지고 선택권이 주어져, 신 존재에 대해 의심을 증폭시키는 무신론자들의 공세와 기독교에 대한 부정적인 인식이 증가하며 기독교를 선택하지 않는 사람들이 오히려 많아지게 된다.

(2) 기독교 사회에서는 복음전도라는 개념이 별도로 필요하지 않았다. 외국에서 들어오는 사람도 기독교 사회에 자리 잡기 위해서는 자의든, 타의든 기독교인으로 개종해야 했다. 이것은 복음전도 방식에 대한 힘의 논리를 보여준다. 그러나 후기 기독교 사회에서는 기독교인이 되는 것이 선택상황으로 변하고, 기독교가 다른 종교나 세속주의와 경쟁 상황에 놓이게 되면서, 사람들을 설득하여 개종시키기 위한 변증적 전도가 더 필요해지게 된다.

(3) 기독교 사회에서는 교회 권위가 절대적이어서 개인 권리나 취향은 중요하지 않았다. 그러나 후기 기독교 사회에서는 교회의 권위가 상실되면서 개인 성취나 만족을 추구하는 선택이 더 중요하게 된다.

(4) 기독교 사회는 타종교에 적대적 태도를 보였다. 타종교가 우상숭배로 간주 되면서 대화나 타협의 여지를 주지 않는다. 그들을 굴종시키고 강제로 기독교인으로 개종해야 한다고 생각했다. 그러나 후기 기독교 사회에서는 기독교의 독점적인 권력이 상실되고 여러 종교 중 하나로 축소되면서, 타종교와의 대화와 평화를 강조한다. 그 결과, 타종교를 정죄하는 분위기가 사라지면서 다중 종교 사회로 이동하게 된다.

(5) 기독교 사회에서는 기독교의 위치가 사회 모든 영역에서 절대적이었다. 그래서 기독교의 영향이 미치지 않는 영역은 거의 존재하지 않았다. 기독교 사회였던 중세 시대에 음악, 미술, 법, 학문 등의 모든 영역이 기독교 기초 위에 형성된 것이 대표적인 예다. 반면에, 후기 기독교 사회에서는 종교가 주도적인 위치를 상실하고, 과학과 경제 그리고 이성이 그 자리를 차지하게 된다. 이런 상황에서, 공적 영역에서 종교적 가치를 주장하는 것은 매우 편협하고 완고하며 구시대적인 가치 고수자로 낙인찍힐 수밖에 없다.

(6) 기독교 사회에서는 종교인이 상당한 권위를 확보했다. '카놋사의 굴욕'에서 대표적으로 드러나듯이(1377년), 종교인은 특별한 존재로 인정받았고, 심지어 세속 권력도 함부로 대하지 못하는 막강한 힘을 누렸다. 비록 온전한 기독교 국가였던 적이 한 번도 없었지만 건국 초기부터 기독교의 영향력이 독보적이었던 미국에서도, 20세기 후반까지 종교 지도자들은 사회에서 상당히 높은 신뢰와 존경을 받고 있었다. 성직자의 증언이 법정에서 확실한 증거로 채택되는 경우가 있었다는 사실에서 이런 인식이 잘 드러난다. 그러나 후기 기독교 사회에서 종교인은 다른 직업인과 특별히 구별되는 존재로 인식되지 못한다. 종교 영역에서는 여전히 권위를 행사하지만, 다른 사회 영역에서는 완전히 주변부로 밀려나게 된다.

(7) 기독교 사회에서는 세상의 변화를 촉진하기 위한 교회의 사명과 역할이 별도로 필요하지 않았다. 시민 대부분이 유아 세례를 받은 기독교인이고 정치와 교회가 분리되지 않았기에, 교회에 선교나 구제, 사회변혁을 위한 개별 행동이 요구되지 않았다. 그것은 국가의 직무로 간주되었기 때문이다. 그 결과 교회는 오직 "종교적 예식"에만 관심을 집중하였다. 예배(주일, 절기, 결혼식, 장례식) 참석과 정기 헌금은 기독교인이 지켜야할 첫째 요건이 되었다. 그러나 후기 기독교 사회에서는 정교분리로 인하여 교회가 정치를 통해 사회에 영향력을 행사할 수 없게 된다. 그래서 선교나 구제, 사회변혁은 교회 고유의 사명으로 재인식되었다. 또한 기독교인들은 단순히 형식적 예배 참석에만 만족하지 못하고, 실제적 종교 체험을 더욱 원하게 된다. 이것은 현대에서 '종교'보다는 '영성'이 더 인기 있는 개념으로 자리 잡은 풍조에서 잘 드러난다.

(8) 이 모든 것들이 보여주는 현상을 한 마디로 요약하면, 후기 기독교 사회

에서는 기독교가 주류에서 주변부로 밀려나 소수파로 전락했다는 사실이다. 기독교적 가치는 많은 가치들 중 하나로 인식되고, 오히려 과거에 권력을 장악한 위치에 있었다는 이유로 더 심한 견제와 압박을 받게 된다. 그 결과 사회에서 '반기독교적 정서'에 의해 공격을 받는 경우가 종종 발생한다.

3. 한국교회는 어떤가? (한국교회와 후기기독교사회)

(1) Christendom 시대에 대한 경험

서구 사회는 천 년이 넘는 기간 동안 실제적으로 기독교 사회를 경험한 적이 있다. 르네상스와 종교개혁이라는 대격변을 통해 기독교 왕국이라는 개념은 무너졌지만, 그 후로도 오랫동안 기독교가 거의 유일한 종교로서 사회 전반에 큰 영향력을 행사하는 위치를 상실하지는 않았다. 20세기에 들어와서야 세속주의의 득세로 기독교가 점차 주변부로 밀려나면서 실제적인 후기 기독교 사회로 들어가게 되었다.

그렇다면 대한민국 사회는 어떨까? 한국 사회에서는 외형적으로 Christendom 시기를 경험한 적은 없다. 반만년에 걸친 한국의 긴 역사 안에서 기독교는 전해진지 얼마 안 되는 신생 종교에 불과하다. 더욱이 조선이 허물어져가는 시점과 일제 강점기 시절에 자리를 잡으면서, 기독교는 국가 권력을 독차지할 기회조차 얻을 수 없었다. 해방 이후에도 헌법은 정교분리 원칙을 규정하여 기독교는 유럽처럼 국가 종교의 위상을 가질 수 없었고, 기독교 인구도 전래한 지 100년이 다 되도록 소수에 불과했기에 일제 강점기 시대에 기독교인은 전체 한국인 중에서 3% 내외에 불과했고, 1970대 초반까지도 10%를 넘지 못했다 사회 전반적으로 기독교의 영향력이 막대한 Christendom 시대를 경험한 적은 없었다.

(2) 유사Christendom 시대

그러나 1907년 평양 대부흥 운동 이후부터 기독교인들이 점차 늘어나게 되었고, 비록 기독교 교인 숫자는 적었지만 사회적 영향력은 다른 종교를 압도하기 시작했다. 일제강점기 독립 운동가들의 다수가 기독교인이었음은 3.1운동에서 분명하게 드러났다. 독립선언서에 서명한 33인 중 16인이 기독교인이었으며, 전국 각지에서 일어난 독립 만세운동의 주도세력이 기독교인이었다. 그 결과 일제는 제암리 사건처럼 교회와 기독교인을 박해하기를 서슴지 않았다.

해방 이후 남북 분단과 한국전쟁으로 인해 월남하게 된 수많은 기독교인으로 인해 남쪽에서는 기독교가 사회 상층부에서 큰 세력을 떨치게 되었다. 해방 이후 남에서 군정을 실시한 미국은 한국사회에 친기독교 문화를 주입했다. 이런 배경에서, 대한민국 초대 대통령 이승만은 미국을 본받아 국가 공식 행사에 기독교 의식을 과감하게 실시하였다. 감리교 목사인 이윤영이 국회 개원식에 대표 기도를 하고, 이승만은 대통령 취임식에 '하나님과 동포 앞에서' 직무를 다할 것을 선서했으며, 이후 대부분의 국가 의식이 기독교식으로 이루어졌다. 이것이 가능했던 이유는 교회 장로출신 대통령과 더불어 초대 국회의원 21%와 내각 38%도 기독교인이었기 때문이다. 당시 한국 기독교인은 전체 국민의 5%에도 미치지 못했지만 권력자들 다수가 기독교인이었던 것이다.

여러 국가 정책에서도 기독교 국가적인 특성이 드러난다. 대표적으로 군목제도1951년 육군에 군목실을 설치했고, 1968년 군 법사제도가 시행될 때까지 오직 기독교에만 군목이라는 특혜가 주어졌다와 크리스마스 공휴일 지정이다1945년 미군정이 공휴일로 지정했고, 이승만 정부가 1949년에 정식 공휴일로 공포했다. 서구가 아닌 다종교 사회에서 성탄절을 국가 지정 공휴일로 정하는 나라는 매우 드물다. 당시 한국은 기독교 국가가 아니었지만, 적어도 정치 영역에서는 기독교 국가와 유사한 모양새를

취하고 있었다.

그러나 이승만 자유당 시대가 끝나고 군사정부가 들어서면서, 박정희 정권에서는 영부인 육영수 여사의 지원을 등에 업은 불교에게 사회 상층부 영향력 면에서 기독교가 완전히 밀리게 되었다. 정치 영역에서는 잠시나마 기독교 영향력이 세력을 떨치기는 했지만 민간 영역은 이승만 시대나 그 이후에도 여전히 기독교가 불교나 무교, 또는 무신론자들에 비하면 소수파에 지나지 않았다. 기독교인이 전체 인구에서 차지하는 비중이 여전히 5-7%에 머물러 있었기 때문이었다.

하지만 1970년대에 들어서면서 기독교는 급속하게 성장하면서 한국 사회 전반에서 세력을 떨치는 종교로 부상한다. 1973년 '빌리 그래함 전도대회', 74년 '엑스플로74 대회', 77년과 80년의 '민족복음화대성회'와 같은 대규모 전도 집회를 국가 지원으로 성대하게 치루면서 마치 세몰이를 하듯 기독교인도 급속도로 증가했다. 1907년을 한국 개신교의 '대부흥'이라고 말하지만, 실제적으로 한국사회에서 기독교 대부흥을 피부에 와 닿게 경험한 것은 1970년 이후로 보는 것이 옳을 것이다.

기독교인 증가와 활발한 교회 설립, 초대형교회의 발흥은 한국사회에서 기독교 위상을 높이게 되었고, 그 영향력은 다양한 분야에 미치게 되었다. 1990년대 이후 각종 조사에서는 불교인이 여전히 다수를 점하고 있지만(물론 종교 참여도에서는 불교가 기독교에 한참 못 미친다), 사회 영향력에서는 개신교가 압도적으로 강한 힘을 가지고 있다는 것을 보여준다. 이제는 정치인이나 사회 유명인사들, 심지어 연예인들까지도 자신이 기독교인이라는 정체성을 당당하게 드러내는 시대가 되었고, 그들의 사회적 영향력은 기독교 영향력 증대에도 이바지했다. 심지어 개신교는 10여 년 어간에 두 명의 독실한? 장로 대통령을 배출하였고, 이것은 한국 사회에서 개신교 위상을 드높여 많은 비신자들까지도 교회로 끌어들이는 떡고물을 얻으려는 욕망으로 효과를 낳게 되었다. 김영삼의 충현 교회 인맥, 이명박의 서울시 봉헌과 소망교회 인맥 2000년대에는 내각의 절반과 국회의원 40% 정도가 기독교인이 되는 수준에까지 이르렀다.

여전히 한국은 다종교사회임에도 불구하고, 기독교는 사회적 영향력 면에서 압도적인 종교가 되었다. 이 당시 한국 사회를 Christendom society라고 말하기는 어렵겠지만, 적어도 '유사 크리스텐덤' 사회로 평가할 수는 있지 않을까?

그래서 수많은 정치인들은 자신의 정치적 신념과는 무관하게 교회의 눈치를 보게 되었고, 교회는 자신의 세력으로 정치에 영향을 끼치기 위해 정치 광장으로 나오는 경우가 빈번하게 발생했다. 주5일 근무제 반대 운동, 사학법 개정 반대 운동, 북한 반인권에 대한 제재 요구와 같은 정치적인 이슈뿐만 아니라, 낙태 반대 운동, 동성 결혼 반대 운동, 마돈나와 레이디 가가의 내한 공연 반대와 같은 문화적인 이슈에도 교회가 뛰어들면서, 정치권은 교회 눈치를 살피고 때로는 교회 세력과의 결탁이 절대적으로 필요하다는 인식을 갖게 되었다. 이제 기독교는 다른 종교나 NGO, 압력단체보다 한국 사회에 더 큰 영향을 끼치는 종교로 부상하게 된 것이다.

4. 유사 크리스텐덤 시대 교회의 모습

(1) 부흥의 시대

이 시대 사람들은 기독교와 교회에 매우 호의적이어서 교회전도를 통해 비교적 쉽게 회심자를 얻을 수 있었다. '노방 전도'는 상당히 공격적인 전도 방식이었지만, 사람들은 별다른 반감 없이 복음을 받아들이면서 교회로 몰려들었다. 교회마다 경쟁적으로 전도 집회를 열었고 수많은 사람들이 집회에서 회심하게 되었다. 1950−60년대에 태동하여 아직 세력이 미약했던 학생 선교단체들도 이 시기에 급속도로 성장하면서, 각 대학 캠퍼스마다 기독 학생 집회가 빈번하게 개최되고 복음을 전하는 학생들의 모습을 수시로 목격할 수 있었다. 이미 익어 떨어지기 직전의 과일을 별다른 수고 없이 거둬들이는 듯, 교회나 선교단체는 불신자들을 교회로 이끄는 데 큰 어려움을 느끼지 않았다.

(2) 교회의 성장

기독교 부흥은 자연스럽게 교회의 크기를 키웠다. 이 시기에 웬만한 교회들은 모두 성장세에 있었고, 그 중 많은 교회들이 대형교회라는 대로를 걷게 되었다.

1970년대까지 대형교회라고 해야 교인수 수천 명 수준에 머물렀고, 그 수도 손에 꼽을 정도에 불과했다. 그러나 대부흥기 이후 교회가 폭발적으로 성장하면서 5천 명, 1만 명, 3만 명, 심지어 10만 명이 넘는 교회까지 전국 곳곳에 우후죽순 생겨나게 되었다.

교회의 대형화는 자연스럽게 교회당 건축 열풍으로 이어지게 된다. 동네의 작은 교회에 불과했던 수많은 교회들이 교인수가 더 늘어날 것을 대비하여 막대한 자금을 빌려서 대규모 건축을 진행했고, 이런 흐름은 수도권이나 지방을 막론한 전국 공통의 현상이었다.

(3) 명목상의 기독교인

유사 기독교 사회가 한 세대 넘게 진행되면서 부모에 의해 기독교인이 되는 '모태 신앙인'이 점차 많아지게 되었다. 그들은 자신의 결단으로 기독교인이 되었다기보다 기독교 집안에서 태어났기 때문에 자연스럽게 교회에 '다니는' 사람이 된 것이다. 개중에는 성장 과정 어느 시기에 직접 하나님을 만나게 되면서 부모의 신앙을 자신의 신앙으로 전환하는 경우도 종종 있지만, 다른 한편에서는 기독교를 삶의 한 구성요소로 인식하면서 형식적인 신자로 머무는 경우도 많아지게 되었다. 마치 중세 유럽 교회에서 유아세례를 통해 자동으로 신자가 되었지만, 개인의 신앙고백이 결여된 것과 유사한 모습이다. 그 결과 그들은 종교 예식 위주의 신앙에 만족하면서 삶의 각 영역에서 기독교인답게 살아간다는 것이 무엇인지 깊이 성찰하지 않게 된다. 이는 이원론적 신자를 양산하는 결과로 이어지게 된다.

각 교회는 물 들어올 때 노 젓는 식으로 교회 성장에 더욱 열을 올려, 본격적으로 교회 경쟁 시대의 문을 열게 되었다. 목회자가 엄청나게 배출되면서 전국 곳곳에 새로운 교회가 세워지게 된다. 다방보다 교회가 더 많다는 말이 나돌 정도였다. 지금은 편의점보다 교회가 더 많다는 말로 대체되었지만. 심지어 한 상가 건물에 여러 개의 교회가 들어가는 일도 흔한 모습이 되었다. 교회의 크기가 목회자 성공과 위상을 결정하는 가장 중요한 잣대가 되면서 목사들은 무슨 수를 써서라도 교회를 키우기 위해 혈안이 되었고, 교회의 내적 성장을 위해 노력해야 한다는 지적은 경쟁에서 밀려난 자들의 변명처럼 들리게 된다.

많은 사람들이 유럽 교회의 쇠락을 비웃으면서 이제 하나님이 촛대를 '동방의 예루살렘'인 한국으로 옮기셨고, 그렇기에 한국이 세계 기독교 운동을 선도해야 한다고 자부심 섞인 말들을 쏟아냈다. 실제로 세계 교회는 한국교회의 경이로운 성장을 치하했고, 한국교회의 특징인 새벽기도, 철야기도, 금식 기도, 전국 곳곳에 세워진 기도원, 수많은 선교사 파송과 세계 최대의 신학교 건립 등에 대해 경탄했다.

그러나 한국교회의 성장은 불과 한 세대 만에 멈추게 되고, 새로운 시대로 접어들게 된다.

5. Post-Christendom 시대

(1) 성장 정체

한국교회는 절정을 달리기 시작하던 1980년대부터 이미 쇠락의 기미도 함께 드러내기 시작했다. 그 변화는 다양한 곳에서 다발적으로 일어났다. 가장 큰 문제는 1970년대부터 빠른 속도로 성장하던 교인 수가 정체기를 지나 점차 감소하는 현상이었다. 비록 2000년대까지 기독교 쇠퇴의 가시적인 모습이 명확하게 드러나지 않았지만, 성장 정체와 쇠퇴라는 우울한 전망이 여기저기서 쏟아지기 시작했다. 이런 전망은 2000년대 들어 지난 10여 년 동안 대부분 교단에서 교인수가 지속적으로 줄어들고 있다는 보고를 통해 현실이 되고 있다. 이제 한국에서 기독교는 더 이상 성장하는 종교가 아니라 쇠퇴를 염려해야 하는 처지로 전락한 것이다. 더 우울한 것은 2030년쯤에는 기독교인 숫자가 1/3 정도 줄어든다는 전망이다. 빠른 속도로 성장했던 한국교회가 그보다 더 빠른 속도로 쇠락하고 있는 것이다.

(2) 반 기독교적 사회 분위기

기독교의 쇠락과 더불어 한국사회는 더 빠르게 세속화 사회로 진입하고 있다. 모더니즘 시대가 저물고 포스트모더니즘 시대가 오면서 절대 진리와 거대 담론에 대한 회의론이 득세하면서, 모든 종교는 동일한 진리를 가지고 있거나 종교다원주의 아니면 절대 진리나 절대자가 존재하지 않는다는 생각무신론이 만연하여 '오직 예수'를 부르짖고 '예수 천당'을 설파하는 기독교는 시대에 뒤떨어진 세력으로 인식되고 있다.

서구에서 부상했던 신무신론이 한국사회에도 수입되어 특히 젊은이들에게 영향을 미치게 되었다. 서구의 신무신론은 오랜 세월 동안 서구 사회를 지배하고 있던 기독교에 대항하면서 발전된 것이었기 때문에 한국에 직수입된

무신론 담론 역시 기독교가 주된 타겟이 되는 것은 자연스런 일이다. 리차드 도킨스, 크리스토퍼 히친스, 샘 해리스, 다니엘 데닛, 댄 바커 과거에도 무신론자들이 많았겠지만, 그들이 대놓고 반 기독교를 주장하는 일은 흔하지 않았다. 하지만 이제는 온라인이라는 공간 안에서 수많은 사람들이 신무신론자들의 논리를 차용하면서 기독교와 한국교회에 대한 비판은 매우 흔한 현상이 되었다. 권투에서 잽을 많이 맞으면 충격이 누적되어 결국 다운에 이르게 되는 것처럼, 기독교를 향한 무신론자들의 공격 역시 처음에는 대단하게 보이지 않았지만 시간이 갈수록 파급력이 누적되면서 한국교회에 큰 타격으로 다가오게 되었다.

(3) 잘못된 대응

무신론적 분위기와 세속주의 공격에 대해 구시대적 방식으로 대응했던 한국 교회의 행태는 기독교를 제대로 변호하지 못하고, 오히려 조롱거리로 전락 시키는 결과만 초래했다.

한국교회는 힘이 있을 때 그 힘을 자신의 이익을 챙기기 위해 사용하면서 사회의 신뢰를 상실했다. 두 명의 장로 대통령은 현재까지도 존경받는 역대 대통령 순위 밑바닥에서 헤어 나오지 못하고 있다. 그들 뒤에서 마치 기독교 시대가 열린 것처럼 세도 정치를 펼치여 세력을 떨쳤던 한국 교회 역시 그들의 몰락과 함께 나락으로 떨어져버렸다. 또한, 타종교를 예의 있게 대하지 않고 무례하게 대하는 태도, 동성애 반대를 넘어서 동성애자들의 인권을 무시하는 태도, 북한을 무조건 적대하며 대화와 타협을 통한 평화구축을 막무가내로 막아서는 모습, 창조론을 넘어서 창조과학 같은 유사 과학을 신봉하여 과학계에서 조롱을 받는 상황, 여성이 차별받는 사회를 바꾸기 위한 사회의 전방위적인 노력에도 불구하고 여전히 여성을 무시하는 발언과 행동을 쏟아내고 있는 종교지도자들의 모습들에서, 과거 힘 있을 때 큰 비판을 피했던 기독교인들의 행태는 이제 그들을 기이하고 무식하고 고집 센, 그래서 사회 발전을 저해하는 집단으로 인식되게 만들었다. 결국 기독교는 한국사회에서 영향력을 상실하고 조롱받는 상태로 전락했다.

(4) 교회의 쇠퇴

후기 기독교 사회에서 한국교회 행태는 스스로 쇠퇴하는 결과를 초래했다.

한국사회에서 기독교의 위상이 떨어지고, 평판에 큰 손상을 입게 되면서 비신자가 교회로 들어오는 길목이 점차 차단되고 있다. 이제는 더 이상 전도가 효과를 발휘하지 못하는 시대가 되었다. 사람들은 기독교가 시대에 뒤떨어진 비이성적이고 이기적인 사이비 신앙을 설파한다고 생각하면서, 전통적인 노방 전도 방식을 오히려 소음과 불쾌감을 유발하는 것으로 인식하게 되었다. 교회들이 여전히 부흥을 부르짖고, 전도를 위해 애쓰고 있지만 결과는 참담하다. 새롭게 회심하는 사람들이 크게 줄어들었는데, 특히 젊은 세대들에게 복음은 다가가기 어려운 두꺼운 장벽으로 가로막혀 있다. 전도의 문이 닫히는 것은 사회적으로 기독교가 신뢰를 상실한 직접적인 결과이기도 하다.

탈기독교 사회의 현상은 교회 내부에 있는 신자들에게도 영향을 주고 있다. 새로운 신자 유입이 감소하는 것보다 더 심각한 것은, 교회 내에 있던 기존 신자들의 이탈 현상이다. 교회에 실망한 청년들로부터 교회의 중추적인 역할을 맡고 있던 40-50대 신자들까지도 교회에 대한 열심을 상실할 뿐만 아니라, 정들었던 교회를 떠나는 사태가 벌어지고 있다. 그들은 여전히 자신을 기독교인이라 생각하지만, 문제가 많은 교회에 계속 출석하는 것은 포기하고 있다. 상대적으로 젊은 층에서 탈 교회 성도가 급격하게 증가하면서, 머리가 희끗희끗한 노인들이 대다수로 이루어진 '교회 노령화'가 일반화 되고 있다. 그 결과, 탈 교회 현상에서 한 걸음 더 나아가, 교회가 계속 존속할 수 있을지에 대해 심각한 의문이 제기되는 시대가 되었다.

이제 한국 기독교는 100여 년 전 처음 이 땅에 들어왔을 때와 유사하게 '소수파'로 전락하는 상황을 대비해야 할 때가 되었다. 이스라엘이 멸망한 후 바벨론 유배지에서 살아가면서 이방 민족들 틈에서 자신의 신앙을 지키기 위해 악전고투했던 시절처럼, 한국 기독교인들도 세속주의자들로부터 생존을 위협받는 처지에 몰리고 있는 것이다. 이것은 기독교인의 목소리가 더 이상 사회에서 중요하지 않게 됨을 뜻하고, 교회에 사람과 돈이 줄어들면서 사회적 영향력도 감소했음을 시사하며, 기독교적 가치를 지키기 위해서는 예전보다 강도가 훨씬 센 사회의 압박과 투쟁해야 할지도 모른다는 현실을 의미한다.

6. 기회

(1) 위기

탈기독교 사회가 기독교에 미치는 영향은 비관적이다.

탈교회 현상은 외적 요인뿐만 아니라 내적 요인도 큰 원인으로 작용했다. 한국 기독교는 성장과 함께 교만해져 내부적으로 썩고 곪아 부패한 모습을 적나라하게 보여주었다. 그래서 의식이 있는 많은 사람들은 부패한 교회가 오래 가지 못할 거라 비판했고, 더 나아가 한국 교회의 새 중흥은 기존 교회 구조의 완전한 전복 위에 새싹이 돋아야 실현된다는 자학적인 전망을 내놓기도 했다.

(2) 기회

하지만 교회가 무너져가는 위기 상황은 오히려 기회이기도 하다.

명목상의 기독교인예수님이 '쭉정이'라고 부르는이 더 이상 교회에 머물 이유가 없어지면서 교회에는 '알곡' 교인들만 남게 될 것이다. 그리스도인이 된다는 것이 무엇인지, 그리고 비호의적인 상황 속에서도 기독교인으로 살아가야 할 이유를 확신하는 사람들만이 사회의 압박을 견디고 손해를 감수하면서도 기독교인으로 남게 될 것이다.

또한 이 상황은 우리에게 '교회란 무엇인가?', '교회의 존재 이유는 무엇인가?' 라는 근본적인 질문을 진지하게 추구할 기회를 던진다. 그런 의미에서 재세례파는 Post-Christendom 사회의 도래에 대해 오히려 환영하는 모습을 보이고 있다. 이제야 진정으로 참된 신자와 교회가 드러나는 시대가 되었다고 여기기 때문이다. 스튜어트 머레이, 『이것이 아나뱁티스다』, 4장

(3) 빛으로 부름 받은 사람들

베드로는 로마의 박해에 직면한 성도들을 향해서 "그러나 여러분은 택하심을 받은 족속이요, 왕과 같은 제사장들이요, 거룩한 민족이요, 하나님의 소유가 된 백성입니다. 그래서 여러분을 어둠에서 불러내어 자기의 놀라운 빛 가운데로 인도하신 분의 업적을, 여러분이 선포하는 것입니다"라고 격려하고 있다. 벧전 2:9 이것은 21세기를 살아가는 우리들을 향한 말씀이기도 하다. 우리는 지금 '어두운' 세상에서 '불러낸' 사람들이다. 교회에클레시아는 바로 하나님이 '불러낸 사람들' 이다. 하나님은 왜 우리를 불러냈는가? 하나님의 '아름다운 덕을 선포' 하게 하려는 의도에서다. 빛은 어둠 속에서 더욱 빛난다. 어두울수록 더욱 빛의 가치가 드러난다. 그렇다면 세상이 이렇게 어두워졌다는 것은 오히려 참된 그리스도인의 빛을 더욱 분명하게 드러내기에 알맞은 때가 도래했다는 뜻이기도 하다. 실제로 초대교회 성도들이나 한국 초기 교회 성도들은 어둠의 세상에서 살아남았다. 그들은 주변 사람들의 오해 속에서 박해를 당하면서도 신앙의 핵심 가치들하나님만이 유일한 신이라는 믿음, 그리스도 구속의 죽음과 부활, 하나님이 예비하신 천국의 존재, 성령의 참된 공동체로서의 교

회, 거룩한 삶의 소명, 주님의 재림과 공의로운 심판을 포기하지 않았고, 사랑과 선행을 격려하며 주위에 아름다운 빛을 비춰주었다.

(4) 세상의 도전이 아니라 우리의 자세

그러므로 중요한 것은 세상의 상황이 아니다. 더 중요한 것은 우리가 참된 그리스도인지에 대한 확신이다. 우리가 하나님의 참된 빛을 품고 있는지, 우리가 하나님나라의 진리를 확실하게 붙들고 있는지, 그리고 우리가 그 가치를 중심으로 살아가고 있는지와 같은 문제들이 더 중요하다.

비록 기독교인과 교회가 세상에서 소수파로 전락하고 여러 가지 난관에 봉착하게 되더라도, 우리가 견지해야 할 태도는 세상의 흐름에 편승하여 따라가지 않고 성경적 가치를 굳게 붙드는 것이다. "죽은 것은 물살을 따라서 가고, 살아 있는 것만이 물살을 거슬러 간다"는 체스터턴의 말은 탈 기독교 사회, 기독교가 소수파로 전락한 시대, 세상 주류 문화가 기독교적 가치를 주변화하고 있는 시대에 진정한 기독교인이 가슴에 품어야 할 언명이다. 로드 드레허, 262 여기에 우리가 탈 기독교 사회에서 참된 신앙인으로 살아남을지, 한국 기독 교가 계속 생존할 수 있을지, 그리고 우리의 자녀들이 2천 년 동안 이어져 온 하나님 신앙을 계승할 수 있을지의 여부가 달려 있다.

2. 탈교회 현상의 도전

탈교회 현상에는 교회 내부 요인은 물론 교회를 떠나 홀로 신앙생활하는 것을 가능하게 해주는 외부환경도 중요한 역할을 했다. 이제는 교회를 떠나서도 어려움 없이 신앙생활을 가능하게 해주는 환경이 조성되어 있기 때문이다.

앞 장에서 Post-Christendom 시대는 교회와 관련해서 두 가지 도전을 던지고 있다고 언급했다. 외적으로는 교회가 사회에서 신뢰를 상실하면서 전도의 문이 막히고 있다는 것이고, 내적으로는 기존 성도들까지도 교회에 실망해서 교회를 떠나고 있다는 것이다. 이번 장에서는 내적 문제에 대해서 좀 더 깊이 살펴보려고 한다.

1. 쇠퇴하는 한국교회

(1) 교회 외부의 모습 : 교회에 대한 비판과 신뢰 상실

한국교회가 당면한 위기는 외부 징후를 통해서도 충분히 감지되고 있다. 갤럽 조사에 의하면 한국 사회에서 비종교인 비율이 지속적으로 상승하고 있는 것으로 나타난다. 1980년대에 약 30%정도에 불과했던 비종교인 비율은 2016년에는 거의 두 배 가까운 56.1%로 증가했다. 또한, '개인생활에서 종교가 중요한가?' 라는 질문에서 1984년에는 68%가 그렇다고 대답했지만, 2014년에는 52%만이 긍정적인 대답을 내놓았다.

한국사회에 세속화가 진행되면서 거의 대부분의 종교가 교인수 감소 추세를 보이지만, 그 중에서도 개신교는 독보적으로 빨리 쇠락하고 있다. 2000년대 초반까지는 개신교가 호감 가는 종교 1위로 꼽혔으나, 현재 그 비율이 10% 정도로 주요 종교 중에서도 가장 낮게 나타났다. 이것은 우리 사회에서 급속한 반 기독교적 정서 확산과 관련 있는 증후다.

(2) 교회 내부 모습

교회의 위기는 외부인에게서만 감지되는 특수 현상이 아니고, 기독교 안에서도 교회에 대한 회의감이 커지면서 동요를 일으켰다. 그동안 교회 여러 분야에서 적극적으로 참여했던 사람들 중에서도 열심을 잃고 무명 교인으로 물러나거나 다른 교회로 옮겨 익명으로 예배만 참석하는 경우가 증가하고, 기독교 신앙을 버리거나 다른 종교로 개종하는 사람들도 많아지고 있다. 그 중에서도 가장 눈에 띄는 현상은 교회를 이탈한 후 다른 교회에도 출석하지 않는 그리스도인들이 급속도로 늘고 있는 것이다.

소위 '탈 교회 성도' 라고 일컬어지는 그리스도인들은 여러 사정으로 교회를 떠났지만 다른 교회에도 소속되지 않은 사람들이다. 과거에도 이런 사람들이 존재했으나 최근 그 규모가 무시할 수 없는 수준에까지 이르렀다. 이들에 대한 정확한 통계는 없으나 대략 100만 명 이상으로 추정한다. 어떤 조사에서는 전체 개신교인 중에서 23.3%, 특히 대학생인 경우 28.3%를 탈 교회 성도로 예측하기도 한다. 그렇다면, 이들이 교회를 떠난 이유는 무엇일까? 그 첫 번째 이유는, '얽매이기 싫어서' 29.9%, 둘째는, '시간이 없어서' 14.6%, 셋째는, '목회자에 대한 불신' 13.4% 순으로 조사되었고, 세부적인 이유를 물었을 때는 더 다양한 답변들이 나왔다. 한국기독청년협의회와 한국기독교교회협의회 NCCK 청년위원회가 종교 개혁 500주년을 맞아 2017년 5월 15일~6월 30일 19세 이상 60세 미만 남녀 1천 325명을 대상으로 한 온라인 설문조사 먼저, 교회 내 요인이 많았다.

교회 내 요인

- 교회 분쟁에 대한 실망, 신앙 고민 미해결 문제(지적 욕구를 해소해주지 않고 맹목적 신앙 강요)
- 청년 문화 인정 없이 구세대 문화적 틀 강요

- 개인의 다양한 문화 관심에 대한 불포용
- 목사와 장로 등 교회 리더십의 권위주의
- 교회 권위주의 구조와 문화
- 율법주의 신앙행태와 그 기준으로 정죄하는 분위기
- 교회 활동(예배)의 형식화
- 청년들의 삶과 고민(공부, 취업, 결혼, 등)에 대한 무관심
- 기성 성도들의 윤리적 이중성(동성애에는 부정적이지만 세습이나 장로들의 부패에 대해서는 침묵)과 행동적 이중성(가식적인 모습)에 대한 실망
- 현대 과학에 대한 몰이해
- 교회가 갈망을 채워주지도 못하면서(영적, 정서적, 사회적) 봉사만 강요하며 이용(열정 노동)
- 청년의 자발성과 능동성을 제대로 인정하지 않는 점
- 교회의 수구적 행태와 그로 인한 실망과 창피함

교회내 요인에 더해서 개인적 요인도 교회를 떠나는데 큰 영향을 미쳤다.

개인 요인

- 교회 출석에 대한 불필요성
- 교회 봉사 탈진 현상
- 교인 사이의 갈등, 청년 세대 신앙 문제(청소년기 학업 위주 형식적 신앙생활에서 발생한 청년 시절 교회 이탈)
- 시간 부족과 얽매임, 생활의 구속(자유로운 주말여행, 취미 활동에 대한 어려움 등)

한국사회의 사회/문화 환경도 교회 이탈을 촉진하는 요인이 되었다.

사회 · 문화 환경

- 힘겨운 N포 세대의 일상생활
- 경쟁 심화(경쟁의 내면화)
- 취업난
- 개인주의
- 이기주의
- 쾌락주의
- 사회가 지닌 매력요인 증가

2. 탈 교회 현상

(1) 두 종류의 '탈 교회 성도'

'탈 교회 성도'들이 교회를 떠난 이유도 다양하지만, 교회로 다시 돌아가야 할지 고민하는 내용도 다양하다. 현재는 교회를 떠나 있지만 교회 자체의 필요성은 인식하고 좋은 교회가 더 많아져야 한다고 생각하면서, 언젠가는 다시 교회로 돌아가기를 희망하는 사람들이 있다. 이들을 '소극적 탈교회 성도'라고 부를 수 있다.

반면에, 앞으로 더 이상 교회에 속하지 않겠다고 결심한 '적극적 탈 교회 성도'도 있다. 이들은 한국 교회에 전혀 희망이 없다고 생각하거나, 한 걸음 더 나아가서 교회의 필요성을 부인하는 사람들이다. 이들은 어느 교회에도 속하기를 원치 않는다. 이들은 현실 세계에서 교회의 가치를 믿지 않는 '교회 회의주의자'들이고, 문제가 많은 교회에 속할 당위를 잃고 혼자서 하나님과 관계를 맺는 신앙생활이 가능하며 오히려 그 편이 더 낫다고 생각하는 '개인 신앙주의자'들이다.

(2) 과거의 탈교회 현상

성도들이 교회를 떠나는 현상은 과거에도 있었다.

1970년대 이전까지는 직장이나 근무지의 변동으로 먼 지역으로 이사하는 특별한 경우가 아니면 자신이 다니던 교회를 떠나 다른 교회로 이동하는 일이 거의 없었다. 그러나 사회와 경제의 변화는 교회 이동을 보다 자유롭게 만들어 주었다.

첫 번째 요인은 1970년대부터 시작된 신 주거지역 개발이었다. 서울 강남 개발로부터 시작해서 전국적으로 퍼져나간 주거지역 개발은 기존 지역에 오래 살던 주민들의 이사를 촉진시켰고, 새 주거 지역에 신생 교회들이 출현하면서 수많은 교인들이 이전에 다니던 교회를 떠나 새 터전에 설립된 교회로 이동하는 일이 빈번하게 발생했다.

그 전까지는 교회를 바꾸는 것이 정서적으로 쉽지 않았다. 주거 이동이 거의 없어 다니던 교회를 떠나도 한 동네 내에 있는 다른 교회로 옮겨야 했기에, 교회를 바꾸는 것은 한 마을 주민들로서는 어려운 선택이었다. 하지만 새로운 주거지역 개발을 통해 거주 이전이 쉬워지면서 교회 이동에 대한 심리적 압박이 완화되었다. 마음에 들지 않는 교회를 떠날 '합법적인' 이유가 생겼고, 새롭게 생겨난 현대적이고 세련된 교회들은 신도시 '라이프 스타일'과 잘 어울렸다. 신 주거지 개발은 서울 강남에만 국한되지 않고 수도권을 넘어 모든 지역으로 이어져서 부동산 열풍 속에서 교회 또한 이동과 정리의 시기를 맞이했다.

교회 이동을 자유롭게 만들어준 두 번째 요인은 교회 정보 확산에서 기인한다. 성도들은 다른 교회들에 대한 정보를 쉽게 얻게 되어 내가 속한 교회와 소위 '좋다고 알려진' 교회를 비교할 수 있게 되었고, 강남 개발로 교회 이동이 자유로워지는 현상과 맞물리면서 스스로가 선택한 '좋은' 교회로 옮겨가는 새 물결이 생겨났다. 물론 교통수단의 발달도 이런 이동을 가능하게 한 빼놓을 수 없는 요인이다.

(3) 최근의 달라진 현상

그러나 당시에는 기존 교회를 떠난다고 해도 대부분 다른 교회로의 수평 동이 일반적이었다. 비록 교회 이동이 빈번했어도 그리스도인으로서 교회에 속하지 않는 경우는 흔하지 않았고, 교회에서도 그리스도인은 당연히 교회에 속해야 한다고 강조했다. 가톨릭처럼 '교회 밖에 구원이 없다'고 할 정도의 강한 가르침이 노골적으로 선포되지는 않았지만 거의 그와 유사한 생각을 성도들이 공유한 것이 사실이다. 기존 교회를 떠나 다른 교회에도 출석하지 않는 것은 신앙을 저버리는 것과 같은 것으로 간주되었다. 즉, 교회를 다니지 않으면 그리스도인이라고 말하기 어려운 분위기였다. 그래서 성도들 스스로도 그리스도인이라는 정체성이 있다면 참여의 정도에는 차이가 있었지만 교회 소속을 당연하다고 느꼈다. 이처럼 2천 년대 이전에 벌어졌던 현상은 한 교회를 떠나 다른 교회로의 이동이지만 최근에는 기존 교회를 떠나 어떤 교회에도 속하지 않으려는 그리스도인들이 점차 증가하기 시작했다. 즉, 현재 두드러지게 나타나는 현상은 교회를 옮기는 것이 아니라 아예 교회를 떠나는 것이다. 그 숫자가 급속도로 늘어나면서 한국교회가 이 문제를 심각하게 인식하게 되었다.

3. 교회를 떠나는데 기여하는 요인들

그렇다면 한국교회는 왜 이렇게 급격하게 '탈 교회 현상'에 맞닥뜨리게 된 것일까? 그 원인은 교회 내부 요인과 외부 요인으로 나눠진다.

(1) 교회 내부 요인

성도들이 교회를 떠나는 직접적인 원인은 교회가 교회답지 않고, 목회자가 목회자답지 않아서 받은 상처 때문이다. 우리는 지난 10여 년 동안 각종 매스컴을 통해서 한국교회 지도자들이 벌인 다양한 비리와 부정, 그리고 막말에 대한 소식을 매일같이 들어왔다.

- 사회 약자를 섬기고 고통당하는 사람들에게 친구가 되어준 예수님의 이미지와는 대비되는 화려한 교회당 건축, 목회자 논문과 설교 표절, 목사 성추행, '빤스 목사'로 대표되는 목사들의 저질스런 발언들, 교회 공금 횡령과 문서 위조, 목사 은퇴 시 받는 전별금의 과도한 액수와 그것을 둘

러싼 갈등들, 자식에게 교회를 물려주는 세습 교회들
- 정치 광장에서 극우적 언사와 행동을 일삼는 일부 목사들의 행태는 한국 교회 전체를 욕 먹이는 부메랑으로 돌아왔다. 타당한 합리적 보수의 입장이 아닌 근거 없는 종북몰이에 동조하는 목사들, 세월호 진상규명을 촉구하는 유가족들을 맹비난하며 그들의 단식 투쟁 현장 앞에서 예수천당을 외치고 조롱하는 신자들과 그들을 부추기는 목사들, 합리적 토론과 이성적인 찬반 운동이 아닌 비이성적이고 폭력적인 언행을 일삼는 반동성애 운동에 앞장서는 목사와 교인들
- 교회성장주의에 매몰된 목사들이 교인들을 동원하여 자신의 야망을 실현하려 하고, 특히 청년들의 영적 성장을 위한 노력 없이 단순히 교회의 도구로만 부려먹으려는 교회 지도자들

이런 비참한 행태들은 몇몇 특별한 교회 지도자들뿐만 아니라 교회 전반에 나타나는 일반적 현상이 되어버렸다. 그 결과 기독교인들은 교회 안에서 치료되기 어려운 상처를 입고 교회와 공동체를 포기하고 떠나는 힘든 결정을 내리기도 한다.

(2) 외부 환경 요인

탈 교회 현상에는 교회 내부 요인과 더불어 교회를 떠나 홀로 신앙생활 하는 것을 가능하게 해 주는 외부 환경도 중요한 역할을 했다. 이제는 교회를 떠나서도 어려움 없이 신앙생활을 가능하게 해주는 환경이 조성되어 있기 때문이다.

인터넷에는 유명한 국내외 교회들의 예배와 설교가 넘쳐난다. 직접 교회에 가지 않고도 손쉽게 온라인을 통해 예배 참여가 가능하고, 설교나 신학 강좌도 시청할 수 있다. 또한 다양한 교회 밖 단체들을 통해서 개인 기호에 맞게

신앙의 내적 필요와 함께 세상을 섬기는 목적 모두를 달성할 수도 있다. 교회에 참여하지 않아도 기본적인 신앙생활 영유를 가능하게 하는 환경이 우리 앞에 펼쳐진 것이다. 그래서 앞으로도 한국교회가 극적으로 개선되지 않는 한 '소극적 탈 교회 성도'와 '적극적 탈 교회 성도'의 증가가 예측된다.

4. 교회를 떠나는 현상에 대한 평가

(1) 교회를 떠난 사람들에 대한 한국교회의 책임

한국교회 일각에서는 교회를 떠나는 이들을 향해 부정적인 인식을 강하게 표출하기도 한다. 심하게는 교회 존재 기반을 흔드는 사람들이며, 비신앙인과 정체성이 구분되지 않는 존재들이라고 비판한다. 소강석 목사의 비판이 대표적이다. "이런 사람들은 하나님은 좋아하지만 교회는 싫다고 합니다. 그래서 대부분 교회를 험담하고 아주 구체적으로 비판하고 공격합니다. 그러면서 기존 교회 체제를 무너뜨리거나 전복시키려고 합니다." 소강석, 163

그러나 이들이 교회를 떠난 사연을 살펴보면 대부분 교회가 가진 수많은 문제들이 직접 연루되어 있다는 것을 알 수 있다. 이는 새삼스럽지 않다. 위에서 살펴보았듯이, 한국교회는 수많은 부정적인 모습을 양산하여 이미 교회 안팎에서 극심한 비판을 받고 있다. 교회는 그 인과응보로 사회에서 신뢰를 잃었으며, 한국교회 문제는 교회 외부와 내부자 모두에게 동일한 문제로 인식된다. 문제해결과 개선을 위해서 애쓰는 사람들도 있지만, 많은 경우 문제가 해결되기보다는 오히려 그 과정에서 더 큰 상처를 받는 일이 비일비재하다. 결국 교회를 떠나기로 하는 것은 그들이 좋아서 내린 것이라기보다는 어쩔 수 없는 결정이며, 이런 점에서 교회가 그들을 밀어내고 있다고 보는 것이 옳을 것이다. 그러므로 성도들의 교회 이탈 현상의 근본원인을 개인이 아니라 교회에서 찾는 것이 더 합당하다. 이제 교회는 더 늦기 전에 그들을 향한 비판을 멈추고, 그들의 문제의식을 경청하고, 그것에 바르게 반응하면서 바른 교회 모습을 회복하는데 주력해야 한다.

(2) 소극적 탈교회 성도에 대하여

탈교회 성도에 대한 이해가 필요하고 우선되지만, 새로운 현상에 대한 평가도 분명 절실하다. 먼저 우리는 '교회 이동이 가능한가?' 라는 기초적인 질문으로 시작할 수 있다. 그리스도인이 어느 한 '지역 교회'에 속하게 되면 평생 그 교회에 다녀야 하는가? 아니면 다른 교회로 옮길 수 있는가? 이에 대해서 원론적으로는 '안 된다' 고 말할 수는 없을 것이다. 한 사람이 어느 교회에 소속되어 있다고 평생 특정 교회에만 소속해야 하는 의무는 없다. 과거에는 그래야 할 압박이 강해서 평생 한 교회에만 머무르는 사람들이 많았지만, 지금은 주거 지역의 이동과 같은 다양한 변수로 인해 교회의 수평이동이 자연스러워졌다. 우리가 모두 우주적 교회의 일원이라는 근본 신념은 변할 수 없겠지만, 지역 교회는 일시적인 것이고 또한 필요에 따라 세워지고 사라지기도 하는 것이기 때문에 우리가 영원히 하나의 특정 지역 교회에 속해야 한다고 주장하기는 어렵다. 따라서 교회 옮김 현상에 대해 다양한 평가는 가능하나 원칙적으로 그 현상 자체를 비성경적 또는 비윤리적이라고 정죄할 수는 없다.

그러나 교회 이동에는 조심스럽고 성급하지 않은 태도가 필요하다. 교회가 내 마음에 들지 않고 못마땅하거나 갈등관계 있는 사람이 있다고 해서 너무 쉽게 교회를 옮기는 것은 성숙하지 않은 태도다. 교회는 다양한 사람들이 모인 공동체이기에 내 마음에 드는 사람들과 그렇지 않은 사람들이 혼재되어 있는 현실을 인정해야 한다. 또한 교회는 하나님의 인도하심으로 부름 받았으나 구성원 모두가 불완전한 죄인들이기에, 결코 완벽한 교회는 존재하지 않고 우리 바람을 완전히 충족시킬 교회도 존재할 수 없다. 만약 맘에 들지 않은 성도나 눈에 차지 않는 교회 상황을 이유삼아 수평이동을 지속한다면, 우리는 평생 동안 교회를 옮겨 다닐 수밖에 없을 것이다.

한편 교회는 우리를 훈련하고 성장시키는 하나님의 학교로서의 기능도 지닌다. 그러므로 나와 성향이 다르고 마음에 완전히 들지 않는 인간관계를, 다른 시각으로는 하나님이 나를 훈련시키는 도구로 간주할 수 있을 것이다. 따라서 우리가 불편함을 느끼는 상황들을 모두 거부하는 것은 나를 훈련시키시는 하나님의 손길을 거부하는 것과 같다. 이처럼 원칙적으로 교회 이동이 가능하고, 어떤 때는 인내의 한계를 넘어선 문제로 어쩔 수 없이 교회를 옮기는 것이 필요할 때도 있지만, 그럴 때라도 항상 신중하고 조심스럽게 살핀 후에 결정해야 한다.

그리스도인 개인은 장작불 속 나뭇가지 하나와 같다. 혼자 있으면 잠시 동안은 불기가 남아 있지만, 오래 가지 못해 곧 사그라지게 된다. 그러므로 탈교회 성도로 머무는 기간을 최소화하고, 되도록 빨리 다른 공동체를 찾는 것이 필요하다. 그리고 새 공동체에 들어갈 때는 사람들에 대해 열린 마음과 배우려는 태도가 요구된다. 그래야 기존 멤버들과 잘 동화되면서 자신도 공동체에 기여하는 멤버가 될 수 있기 때문이다.

(3) 적극적 탈 교회 성도에 대하여

교회 이동이 가능하다고 했지만, 그러면 교회와의 관계를 완전히 끊고 혼자서 신앙생활 하는 것은 어떤가? 그리스도인에게 이것이 가능한 일인가?

얼마 전에 어느 집회에서 '한국교회가 문제가 많고 부패했지만 여전히 교회는 중요하며 우리는 교회로 부르심을 받았다' 고 강의했더니 어떤 형제가 반발하면서 '좋은 교회가 도대체 어디에 있나? 내 주변에는 좋은 교회를 찾기 어렵다' 라고 하면서 한국에는 '좋은 교회' 나 '내가 다닐만한 교회' 는 없다고 주장하였다. 이런 생각은 옳은 것인가?

교회에 대한 실망과 함께 받은 상처 자체를 부인할 수는 없다. 현재 한국에는 자신 있게 추천할만한 좋은 교회가 그렇게 많지는 않다는 사실을 안타깝지만 인정할 수밖에 없다. 하지만 좋은 교회가 많지 않다고 내가 속할 수 있는 교회가 하나도 없다고 단정하는 것이 옳은 태도인가? 한국에 있는 '모든' 교회들이 부패하고, 문제 많고, 비성경적이어서 내가 속할만한 가치가 없다고 확신할 수 있는가?

이런 주장에는 두 가지 문제가 있다.

첫째, 그 사람이 내린 결론은 너무 성급한 일반화의 오류를 범하고 있다. 그는 한국의 5만 개가 넘는 모든 교회, 아니 자신이 사는 지역에 있는 교회들만이라도 모두 방문한 후, 모든 교회가 부패했고 교회답지 못하다고 결론내린 것인가? 아마 그렇지는 않을 것이다. 그럴만한 시간도 없고 열정도 없었을 것이다. 그렇다면 한국교회 모두가 썩었다는 생각은 과도한 추정일 뿐이다. 우리나라에 서울에만 1만 개가 넘는 교회가 있는데, 자신이 경험했던 소수의 교회가 타락했다고 모든 교회가 문제라고 간주하는 것은 과도하고 성급한 결론이다. 이것은 마치 일부 한국 사람들이 외국 관광지에서 보인 예의 없는 행동으로 인해, 모든 한국 사람들이 평가절하 되는 것과 동일한 오류라고 볼 수 있다. 나는 암울한 한국교회 상황에서도 하나님을 따르려고 애쓰는 교회들이 아직도 도처에 있다고 생각한다. 그러므로 극단적이고 비관적인 입장으로 결론 내리기 전에, 좀 더 나은 교회를 찾으려는 노력을 포기하지 않아야 하지 않을까? 교회는 그런 수고와 노력을 들일 가치를 분명히 지니기 때문이다.

둘째, 교회에 대한 극단적인 실망의 표현 밑바닥에는 종종 내 마음 속 '완벽한 교회'에 대한 작위적인 욕망이 도사리고 있을 수 있다. 이는 교회에 대한 '완벽주의 성향'의 표출이다. '교회 완벽주의'는 두 가지 방향으로 나타난다. 하나는 교회 이탈, 즉 탈 교회성도가 되는 것이고, 또 다른 하나는 교회에 머무르지만 교회와 공동체 활동에 참여하지 않고 냉소적인 태도를 보이는 것이다. 내 기준에 맞지 않거나 마음에 들지 않을 때, 교회를 떠나지는 않지만 깊이 관여하지 않는 것 역시 완벽한 교회를 요구하는 심리와 같은 것이다.

그러나 현실 세상에서 완벽한 교회는 존재하지 않는다. 사실상 지구에 존재했던 모든 교회가 불완전했다고 말해도 과언이 아니다. 심지어 성경 시대의 교회들도 결코 완벽한 교회는 아니었다. 교회의 원형인 예루살렘 교회는 사도행전 2장에서는 너무나 멋진 모습을 보여주지만, 시간이 지나면서 사도행전 6장에서 증거하듯 헬라파와 히브리파의 갈등이 일어나면서 온전치 못한 모습이 드러난다. 사도행전 2장과 4장에서 유무상통의 멋진 공동체 모습을 보여주었지만 그 헌신은 오래 가지 못하고, 몇 년 후에는 가난한 공동체가 되어 다른 지역 교회들의 도움을 받는 처지가 되었다. 예전의 멋진 공동체는 어디로 간 것일까?

바울이 세운 대부분의 교회들 역시 몇 년이 지나지 않아 수많은 문제로 몸살을 앓게 된다. 고린도 교회는 죄를 짓는 교인을 제대로 처리하지 못해서 내홍을 겪기도 했고, 빌립보교회도 권력욕에 사로잡힌 두 여인으로 인해 갈등이 첨예하게 나타났다. 위대한 사도바울이 세웠을 뿐만 아니라, 어떤 교회는 그가 직접 오랜 기간 목회를 했지만 여전히 부족한 모습을 보여주었다. 그 교회들에게 보낸 바울의 편지는 책망과 권면으로 가득 차 있다. 이 기록은 그 교회들이 수많은 문제들에 둘러싸였던 불완전한 교회라는 사실을 입증한다. 초대 교회 이후 오늘날까지 역사에 존재했던 교회들 역시 매한가지일 것이다. 불완전한 사람들이 형성한 공동체인 교회 역시 불완전한 것은 직접 확인해보지 않고도 충분히 짐작되기 때문이다.

그러므로 자신이 속했던 교회에 크게 실망하고 한국교회의 부정적인 소식에 진절머리를 치면서, 이 땅에는 더 이상 좋은 교회가 없다고 간주하고 교회를 떠나는 것은 성급한 판단이다. 우리가 사는 세상 어느 곳, 어느 분야도 완벽할 수 없다. 모두 나름의 문제를 가지고 있다. 정치, 경제, 사회, 문화, 교육, 기업, 학교, 그 어디에도 완벽한 집단이나 모임은 존재하지 않는다. 그걸 알면서도 우리는 그곳으로부터 완전히 떠나지 않고 여전히 그 안에 머무른다. 불완전함을 인정하면서도 그 한계 내에서 긍정적인 면을 찾아 누리려고 노력한다. 그렇다면 왜 교회에만 유독 엄격한 잣대로 완벽을 요구하고 그 요구가 충족되지 않을 때는 미련 없이 떠나도 된다고 생각하는가? 이런 태도가 공정한 것인가?

(4) 적극적 탈교회 성도의 심리적 요인

적극적 탈 교회 성도의 심리적 요인 교회의 필요성을 부정하고 혼자서 신앙생활을 하겠다는 생각의 배후에는 두 가지 심리적 요인이 작용하고 있다.

첫째는 '편의주의' 다. 교회 밖에 존재하는 다양한 기회도 가나안 성도 증가에 기여했지만, 개인이 교회를 완전히 떠나는 결정을 하는 심층에는 편의주의가 자리 잡혀 있음을 부정하기는 어렵다. 실제로 탈 교회 성도들을 조사한 결과에 의하면, 교회를 떠난 이유 중에 '바빠서', '시간이 없어서', '자유로운 생활에 구속받기 싫어서' 주말여행, 취미 활동 등 라고 응답한 사람들이 상당수다. 또한 '새로운 공동체에 적응하기가 힘들 것 같아서', '얽매이기 싫어서', '교회에 안 가니 편해서', '새로운 교회를 찾는 것이 귀찮아서' 라는 응답도 많다. 이것은 불편과 귀찮음 그리고 어색함을 이유로 더 이상 소속할 교회를 찾지 않겠다는 뜻을 내보이기에 편의주의적 판단이라고 결론지어도 무리가 없을 것이다.

두 번째는 '개인주의' 다. 교회가 더 이상 내게 필요하지 않다고 생각하는 그리스도인은 혼자서도 신앙생활이 가능하다고 생각한다. 이것은 편협한 신학적 견해다. 이런 사람은 교회가 군이 필요하다고 생각하지 않고 교회의 중요성과 필요성을 부정하면서, 그리스도인으로서의 삶은 혼자서도 가능하며 오히려 혼자서 할 때 더 좋다고 생각한다. 그러나 교회는 하나님의 지혜로운 계획 속에서 우리를 위해 의도를 가지고 직접 만드셨기 때문에 중요한 것이다. 그러기에 우리는 지역 교회에 속해야 하고 그 교회를 좋은 곳으로 만들려는 노력을 기울여야 한다. 만약 내가 속한 교회에 더 이상 머무르기 힘들 때는 다른 공동체를 찾고 그 일원이 되기 위해 시간과 노력을 쏟아야 한다. 교회는 그럴만한 가치가 있기 때문이다.

결론

비록 한국교회가 타락했다는 점을 부정하기는 힘들지만, 한국에 있는 모든 교회가 타락했다는 속단은 금해야 한다. 이런 암울한 상황 속에서도 하나님을 진실되게 섬기려 애쓰는 교회, 하나님나라의 복음을 붙들고 사명을 감당하려고 분투하는 교회, 그리스도의 제자로 함께 성장하며 이웃을 섬기려고 몸부림치는 교회가 아직도 많이 존재하고 있기 때문이다. 그러므로 한국교회 전체를 섣부르게 정죄하면서 거기로부터 탈출하여, 한국교회와 등 돌리고 혼자서만 고고한 체하는 유혹에 빠지지 않도록 조심해야 한다.

3. 교회의 중요성과 필요성

하나님의 교회는 아직 완성되지 않았다. 그리스도인 개인이 하나님을 알게
되고 은혜를 체험한 후에도 자신의 부족함을 인식하고 부르심의 상을 좇아 한
걸음씩 나아가려고 애쓰는 것처럼, 교회는 수많은 문제를 안고서 그 문제를
직시하고 해결하는 노력 속에서 만들어져 간다.

앞 장에서는 교회의 신뢰가 상실되고 무너지면서 많은 성도들이 교회를 이탈하는 현상을 살펴보았다. 안타깝게도 이 현상은 당분간 지속될 것으로 예측된다.

교회가 위기를 겪는 혼란 속에서 많은 성도들이 교회를 떠나가고, 시대 상황도 교회의 필요성을 더 이상 주장하기 힘들게 만들지만, 그럼에도 불구하고 교회는 여전히 하나님의 계획 속에서 그 분의 의도를 성취할 중요한 도구라는 것은 분명하다. 이번 장에서는 바로 그 점, 교회의 중요성과 필요성에 대해서 중점으로 다루려고 한다.

1. 예수님이 세우신 공동체

(1) 예수님은 교회를 의도하셨을까?

교회를 뜻하는 헬라어 '에클레시아ἐκκλεσια'는 신약성경에만 114회, 70인역에서는 히브리어קָהָל qahal '카할'의 번역어로 약 100회 나온다. 교회는 ἡ ἐκκλεσια ἡ κυριακῇ 헤 에클레시아 헤 퀴리아케주님의 모임가 단축되고 영어화된 형태다. 크레이그 에반스, 54 복음서에는 단 3번, 마태복음에서만 두 절에서 언급되고 있다. 마 16:18; 18:17 "만일 그들의 말도 듣지 않거든 교회에 말하고 교회의 말도 듣지 않거든 이방인과 세리와 같이 여기라"

이 용어를 예수님이 직접 하신 말씀인지, 아니면 후대에 마태나 그의 공동체에서 사용한 것인지를 가늠할 명백한 자료는 없다. 또한 용어의 유래, 조직

명칭, 성격, 사명 모두가 불명확하지만, 마태복음 18:17을 근거로 에클레시아는 여러 사람들이 모여 있는 공동체나 모임이었음을 유추할 수 있다. 그런 의미에서, 제자들이 이해하는 예수님은 스스로를 "살아계신 하나님의 아들"로 주장하고 그의 교훈을 따르는 사람들로 공동체를 만들고자 노력하신 분으로 보는 시각은 전혀 무리가 없다.

(2) 예수님이 의도하신 공동체

복음서에 나타난 예수님의 말씀과 행적을 살펴보면 예수님은 교회처럼 성도들의 공동체를 의도하셨다는 것이 더 분명하게 드러난다.

첫째, 예수님이 12명의 제자들을 부르시고 3년 동안 그들과 공동체 생활을 하신 생활은 당시 에세네 공동체의 모습과 유사하다. 크레이그 에반스, 56-58 예수님과 쿰란 공동체의 유사성은, 새로운 운동은 공동체와 유기적 관계를 가진다는 것과 예수님께서 이 공동체를 통해 그의 뜻을 전승할 것을 기대했다는 것을 동시에 보여준다.

그러나 예수님의 의도는 짐작보다 훨씬 심오하다. 예수님께서 열 두 제자를 부르신 것은 이스라엘의 열 두 지파 공동체를 염두에 둔 것이다. 당시 선지자들을 비롯한 유대인들은 메시아가 이스라엘을 회복하기를 기대하고 있었다. 겔 39:23-29 따라서 예수님이 하나님나라의 복음을 전파하면서 동시에 열 두 명의 제자들을 부른 것은 우연이 아니라 매우 의도적인 행위, 즉 "선지자적 상징 행위"라고 보는 것이 옳다. 케빈 길레스, 58 이 새로운 이스라엘의 창조가 시작됐다는 뜻이며, 선발된 12명은 그 공동체의 토대가 될 것이다.

그러나 새로운 이스라엘의 회복은 이스라엘 전체를 정치적으로 회복하는 것을 의미하지 않는다. 비록 예수님의 말씀을 받고 따르는 자들은 소수에 지나지 않지만, 이들은 선지자들이 예언한 '남은 자'를 대표한다. 사 10:21; 렘

23:2; 슥3:32 예수님은 남은 자를 추수하여 자신을 따르는 '적은 무리'를 형성한 것이다. 눅 12:32 그러나 예수님이 부르신 '남은 자'들은 단순히 정치적으로만 구별되지 않았다. 그들은 자신의 죄를 회개하고 예수님이 선포하신 '하나님나라의 복음'을 받아들인 사람들이다. 결국 이것은 '영적인 새로운 공동체'를 의미한다. 그래서 이 새로운 공동체는 옛 이스라엘 공동체의 영적 회복이며, 하나님의 공동체인 이스라엘과 같이 하나님의 새 언약 공동체가 된다. 이것은 이스라엘이라는 공동체가 중요한 만큼 교회라는 공동체도 하나님께 얼마나 중요한지 잘 보여준다.

공동체의 중요성은 야고보가 편지를 쓰면서 수신자를 "흩어져 있는 열 두 지파"라고 언급한 데서 더 확실하게 드러난다. 약 1:1 이스라엘이 열 두 지파 공동체였듯이, 현재 성도들의 공동체는 하나님이 새롭게 회복하실 '공동체'라는 의미를 담고 있다. 이것은 단지 새 하늘과 새 땅에서 완전하게 회복될 미래 공동체가 아니라, '지금 여기서' 복음으로 새롭게 구성되는 공동체를 의미한다.

둘째, 예수님이 자신을 따르는 자들에게 요구하는 것이나 눅 9:23-26 서로 섬김에 대한 권면과 같은 것은 공동체를 전제로 한다. 요 13:14-15 "주이며 선생인 내가 너희의 발을 씻겨 주었으니, 너희도 서로 남의 발을 씻겨 주어야 한다. 내가 너희에게 한 것과 같이, 너희도 이렇게 하라고, 내가 본을 보여 준 것이다" 그러므로 예수님의 가르침을 실천하기 위해서는 공동체가 당연히 필요하게 된다.

셋째, 예수님의 '대제사장의 기도' 요 17:11; 21-23는 예수님을 따르는 '사람들'을 위한 기도이다. 9절 "아버지께서 내게 주신 사람들" 예수님은 그들이 하나가 되기를 구한다. 11절 "우리가 하나인 것 같이, 그들도 하나가 되게 하여 주십시오" 이것은 그들이 떨어져 있는 개인이 아닌 함께 하는 공동체라는 전제로, 하나님의 의도대로 진정으로 하나가 되는 공동체를 이루기를 바라는 기도이다. 이렇게 '하나 됨'이 중요한 이유는 그것이 삼위일체 하나님의 존재 방식을 반영하기 때문이다. 이것은 나중에 바울의 교회론에서 반복된다. 엡 4:3 "성령이 여러분을 평화의 띠로 묶어서, 하나가 되게 해 주신 것을 힘써 지키십시오." 이 하나 됨은 추상적 이념이 아닌 구체적인 공동체를 전제로 한다.

넷째, 예수님을 따르는 자들의 하나 됨을 상징적이고 극적으로 보여주는 성만찬은 예수님과 제자들이 함께 한 최후의 만찬을 이어받았다. 그것은 예수님의 새 언약에 동참한 자들이 하나 됨을 선포하는 예식인데, 예수님은 제자들과 최후의 만찬 후에 "이것을 행하여 나를 기억하여라"눅 22:19; cf. 고전 11:24-25고 말씀하시면서 자신의 죽음과 부활, 그리고 승천 후에 남아 있는 자들이 실체를 가진 공동체를 형성하고 성만찬을 지속하도록 요청하셨다. 그 의식이 "주님의 죽으심을 그가 오실 때까지 선포하는 것"으로 인식되기 때문이다. 고전 11:26 그러므로 이 의식을 이어간다는 것은 새 언약에 동참하는 사람들의 공동체가 지속될 뿐만 아니라 정기적으로 모임을 갖는다는 것을 전제로 하는 것이다. 케빈 길레스, 71

다섯째, 예수님은 "우리가 하나인 것 같이, 그들도 하나가 되게 하여 주십시오"라고 간구하면서요 17:11 죽음과 승천 이후에 남겨진 제자들이 '하나'가 된, 즉 매우 밀접한 관계를 가진 공동체로 성장하기를 염원하셨다. 이 공동체에는 제자들과 그들을 통해 예수를 믿는 사람들도 포함된다. 요 17:20

지금까지 언급한 것을 통해 볼 때, 우리는 길레스의 다음과 같은 주장에 동의할 수 있을 것이다. "예수께서는 신학적으로 교회로 정의되는 크리스천 공동체를 불러 세우셨다. 그리고 회개하고 믿는 자들에게 죄의 용서함을 주시며 그들을 자신의 가족으로 삼으셨다. 그리고 그들을 양떼라 부르시며 직접 그들의 목자가 되어 주셨다. 그리고 그들에게 사명을 주어 세상으로 보내시고 영적인 양식을 제공하시며 그들을 위하여 영적인 지도자들을 세워 주셨다. 만일 이러한 것들이 교회의 구성 요소가 되는 것이라면 예수께서는 틀림없는 교회의 창시자이시다."케빈 길레스, 78 그러므로 우리는 예수님께서 자신의 가르침을 받아들인 사람들의 공동체나 모임을 의도했으며, 그 공동체는 주님께서 다시 오시는 날까지 계속 이어져야 한다고 보는 것이 옳을 것이다. 마 28:19-20 그레이그 에반스, 56

2. '에클레시아'

(1) 다층적 의미

70인 역에서 히브리어 '카할'이 번역된 '에클레시아'는 하나님을 만나기 위해 소집되었던 이스라엘의 '회중'이나 '집회'를 묘사하기 위해 사용되었다. 신 4:10; 9:10; 18:16; 삿 20:2 '광야 교회'라는 표현에서 알 수 있듯이 단어는 하나님에 의해 '특별하게' 부름 받고 '특별한' 공동체를 이루어 '특별한' 곳으로 향해 나아가는 무리들을 지칭하는 말이다.

헬라어 신약 성경에서도 '에클레시아'는 다양한 의미로 사용된다. 때로는 시내산에 모인 이스라엘 백성들을 지칭하기도 하고행 7:38, 단순히 모여 있는 군중을 의미하기도 했으며행 19:32, 그리스도인들의 모임을 뜻하기도 한다. 고전 11:18

영어 성경 번역자인 틴데일은 에클레시아를 모두 congregation으로 번역했지만 KJV에는 church로 표기되어 있다. 이는 '주님의 집'을 의미하는 헬라어 형용사 키리아코스*κυριακος*에서 유래한 것으로 보인다. 마이클 그리피스, 14-15 이 단어church가 지금까지 이어져 조직, 기관, 건물이라는 현재 이미지를 갖게 되었다. 그러나 에클레시아의 본래 의미는 사람들의 모임, 즉 공동체를 지칭한다. 따라서 '교회' 보다는 '공동체' 가 성경 개념을 올바르게 반영한 표현이다.

(2) 가시적 교회와 비가시적 교회

에클레시아' 는 그리스도인들의 모임을 가리킬 때에도 다양하게 사용된다. 이 세상에 존재하는 모든 그리스도인들고전 10:32; 갈 1:13; 엡 1:22 , 한 도시에 있는 모든 그리스도인들행 9:31; 고전 1:2; 살전 1:1 , 특정 장소에서 모임을 갖는 성도들롬 16:5; 고전 16:19; 골 4:15 케빈 길레스, 23. 에드먼드 클라우니, 129

이와 같은 '에클레시아' 의 다양한 용법에 근거하여, 우리가 모두 '우주적 교회' 비가시적 교회에 소속되어 있기 때문에 '지역 교회' 가시적 교회에 반드시 소속될 필요가 없다고 말하는 사람들이 종종 있다.

가시적 교회와 비가시적 교회에 대한 구별은 어거스틴이 처음 시도한 것으로 알려졌다. 그러나 그가 구별한 의도는 지금 우리의 생각과 사뭇 다르다. 어거스틴의 시점에서 볼때, 기독교 국가인 로마는 모든 로마 시민을 기독교인이라 부르지만 그들 중 살인자, 간음자, 사기꾼이 포함되어 있어서, 시민 모두를 하나님 교회의 백성으로 인정하기는 어렵다고 생각했다. 그래서 아무리 그들이 지역교회의 일원이어도 실제 하나님 백성으로는 간주될 수 없어, '가시적 지역 교회' 소속이 '비가시적, 우주적 교회' 소속을 약속하지 않는다고 강조한다. 이 구분은 지역교회에 속하기를 거부하면서 우주적 교회 소속만을 주장하는 사람들을 옹호하기 위해 만들어진 것은 아니다. 케빈 길레스, 281

종교개혁가들은 로마 가톨릭에 대항하면서 완전한 교회의 모습으로 비가시적 교회를 강조했다. 우리 눈에 보이는 가시적 교회가 아니라 하나님만 보실 수 있는 비가시적 교회만 완전하다고 주장한다. 그러나 종교개혁가들도 기독교 국가 사회에서는 모든 시민이 교회에 속해 있기에 자동적으로 기독교인으로 간주되지만, 실제로는 그 모든 사람들이 구원받은 하나님의 백성이라고 볼 수 없다는 것으로 인해, 비록 가시적 교회에는 속하지만 구원과는 전혀 상관없는 사람들이 있을 수 있다고 말하면서 '우주적, 비가시적 교회'에 대해서 말한다는 점에서 어거스틴과 뜻을 같이 한다. 케빈 길레스, 282 그러나 칼빈은 이러한 구분에 그치지 않고, 비가시적 교회에 속한 모든 성도들도 가시적 교회에 당연히 소속되어야 한다고 주장한다. 가시적 교회 안에 속할 때 성도는 양육 받아 성장할 수 있기 때문이다. John Calvin, 1016

성경에서 '에클레시아'는 거의 대부분 어느 특정 지역에 존재하는 성도들의 공동체를 의미한다. 설령 지구상에 존재하는 모든 성도들의 공동체를 '비가시적 교회'로 생각할 수 있지만, 그것은 성경 저자들의 일차적 관심 대상도 아니며 교회에 관한 가르침을 줄 때 염두에 둔 대상도 아니다. 그래서 "신약성서에서 '교회'와 관련하여 사용된 모든 고상한 어구들은 신자들로 이루어지는 각각의 회중에도 그대로 적용된다"고 한 그렌즈의 주장은 신빙성을 얻는다. 스탠리 그렌즈, 671 하나의 지역 교회 공동체는 전체 교회우주적 교회를 대표하면서 그것을 구체적으로 보여주는 실체이기 때문이다.

그렇기에 개개인의 그리스도인에게 가시적 교회와 비가시적 교회는 '부분과 전체'로 구분될 뿐, 둘 중 하나를 취사선택할 수 있는 것이 아니다. 그리스도인 개인은 특정한 한 장소에서 모이는 '에클레시아'의 일원이면서, 그 지역 성도들에클레시아의 일원이며, 나아가 이 세상에 존재하는 전체 그리스인 모임보통 우주적 교회라고 하는의 일원이 된다. 우주적 교회비가시적 교회와 지역교회가시적 교회는 개념에 따른 분류이지 실제적으로 구분되는 것이 아니다. "비가시적 교회는 오로지 가시적 교회들의 복수성 속에서만 구체적으로 존속할 뿐"이기 때문이다. 미로슬라프 볼프, 292 성경 저자들은 '에클레시아'를 사용할 때, 모든 그리스도인은 우주적 교회의 일원이면서 아주 특별한 상황을 제외하면 동시에 지역교회의 일원이 된다는 사실을 의도한 것이다.

따라서 우주적인 교회와 지역 교회를 양자택일할 선택권은 우리에게 주어지지 않는다. 성경 어디에도 선택 가능성에 대한 구절은 찾을 수 없다. 이런 점에서 "종말에 전체 하나님의 백성이 삼위 하나님의 통일성 속에 모이게 될 때, 보편 교회와 지역 교회의 구분은 사라질 것이고, 인간 존재는 삼위 하나님과 온전한 교제를 누리"게 될 것이며, "이미 모든 지역 교회가 이러한 종말론적 공동체의 구체적인 선취이기 때문에, 우리가 삼위일체에 상응하는 통로로 주어진 지역 교회 안의 관계들을 살아가고 그것을 이해하는 것은 결정적으로 중요하다"는 볼프의 언급은 지역교회를 종말론적 관점에서 우주적 교회와 연결시키는 중요한 시각을 제시해준다. 미로슬라프 볼프, 339

따라서 성경의 가르침을 충실히 따르고자 한다면, 지금 우리는 우주적 교회가 아니라 이 땅에 살고 있는 그리스도인들로 구성된 '지역교회', 내가 속해 있는 구체적인 하나님의 공동체, 이 세상에 하나님의 구원 사역을 증거할 실존하는 교회에 관심을 집중해야 한다.

(3) 교회 밖에는 구원이 없는가?

하나님의 구원이 공동체와 밀접하게 관련 있다는 주장은 '교회 밖에는 구원이 없는가?'라는 또 다른 문제를 제기한다. 가톨릭 신학에서 이 주장을 하게 된 데에는 두 가지 배경이 있다.

첫째, 초기 기독교 그리스도인은 자신이 속한 사회에서 급격하게 분리되어 그리스도 공동체 안에서 완전히 다른 삶을 지향하였기에, 회심자들은 교회 소속을 당연하게 여기고 공동체를 의지할 수밖에 없었다. 이런 사회 정황 안에서, 교회 소속은 중요한 신앙고백으로 받아들여졌고 교회에 속하지 않은 상태로는 그리스도인의 정체성을 가질 수 없다고 생각했다. 둘째, 기독교 교리가 발전하면서, 교회는 하나이자 보편적이고 거룩한 하나의 공동체라는 개념으로 확실하게 자리 잡게 되었다. 그래서 교회는 고대 이스라엘의 공동체와 사도 전통을 계승하는 유일한 기관으로 인식되면서, 교회를 떠나서는 구원을 생각할 수 없다고 주장하게 되었다. Wallace M. Alston Jr., 62

그러나 예수님의 말씀대로 교회 내에도 알곡과 쭉정이가 섞여 있어, 지역교회에 속한 사람 모두가 구원받는다고 속단할 수는 없다. 반대로, 하나님의 구원은 진정한 믿음에 기반을 두는 것이기에 단순히 지역교회 소속 자체가 구원을 위한 약속이 될 수도 없다. 하나님은 교회 밖에서도 얼마든지 구원 역사를 이루실 수 있는 분이기 때문이다. 우리에게는 하나님의 전지전능함을 제한할 능력이 없음을 기억해야 한다. 그러므로 "성령이 교회에 제한될 수 없는 것은 하나님의 나라가 교회와 동일시될 수 없는 것과 마찬가지다"라는 클라우니의 말을 잊지 말아야 한다. 에드먼드 클라우니, 65

하지만 이 개념은 교회의 중요성을 무시하는 방향으로 역이용 되어서는 안된다. 오히려 그리스도인은 삼위 하나님의 관계성을 담지하고 있기에, 온전한 그리스도인의 삶을 살아가는데 다른 그리스도인들과 분리된 신앙생활을 고수하면, 하나님의 구원 의도를 완전히 오해하고 무시하는 것이라는 점을 상기해야 한다. 그래서 볼프는 "구원은 필수불가결하게 교회적인 구조를 가진다"고까지 주장하는 것이다. 미로슬라프 볼프, 345

교회는 하나님의 복음 전파를 위한 핵심적인 수단이고, 성도들을 양육하고 성장시키는 훈련장이며, 하나님이 창조하실 거룩한 공동체의 모범이므로, 단지 교회가 구원의 유일한 담지자가 아니라는 이유를 들어 교회의 중요성을 무시할 수는 없을 것이다.

3. 신약 서신의 주요 수신자 – '공동체'

신약 성경 대부분의 수신자는 공동체다. 개인에게 보내진 편지는 소수에 지나지 않는다. 고린도전서 1장 2절에서 바울은 "고린도에 있는 하나님의 교회에 이 편지를 씁니다"고 밝히면서 어떤 개인에 한정시키지 않고 공동체 전체를 수신자로 분명하게 명시했다. 고린도교회를 포함한 11개 편지에는 수신자가 특정 지역의 '교회'로 되어 있고, 요한계시록도 아시아에 있는 일곱 교회에 보내진 계시다. 계 1:4 이렇게 공동체에 보낸 편지를 중심으로 구성된 신약 성경은 기독교 초기부터 교회라는 공동체가 그리스도인의 삶에서 보편적이고 당연하게 인식되었다는 것을 보여준다. 공동체를 향한 수많은 말씀들을 통해서 우리는 공동체가 하나님의 뜻을 의미 있게 담은 존재이며 공동체의 존속이 성경 저자와 하나님 모두의 주된 관심사라는 사실을 발견하게 된다. 또한 성경의 수많은 권면도 공동체를 건강하게 세우기 위한 목적으로 주어졌다는 것도 분명하다. 교회의 필요성이 인정되지 않는다면 교회를 위한 권면도 아무 소용없다. 교회의 중요성을 인식하기 때문에 바른 길을 내딛도록 성경은 권면과 책망을 통해 공동체를 인도하는 것이다.

우리가 성경을 여전히 의미 있고 따라야 할 지침으로 생각한다면, 성경이 중시한 그리스도인의 '공동체'를 가치 있게 여기는 것 역시 당연하다. 만약 우리가 성경을 단순히 개인의 관점으로만 읽으면 성경 저자들의 의도를 무시하게 되면서, 말씀의 본 뜻을 오해하게 될 것이고, 따라서 성경 저자의 의도대로 바르게 실천할 수도 없게 될 것이다. 이것은 선생님이 친구들과 나눠 먹으라고 주신 빵 10개를 친구들에게 주지 않고 혼자 다 먹으면서, '먹으라고 준 빵'이란 말에만 초점을 맞춰 '혼자 먹기'를 스스로 정당화하는 행동과 유사하다. 성경을 주신 하나님의 의도를 바르게 이해하고 실천하기 위해서는 공동체가 반드시 필요하고, 또한 그 공동체 안에 우리가 속해 있어야 한다.

4. 복음전도와 교회

'에클레시아'는 사도행전에서 23번, 바울서신에서 60번 정도 나온다. 이는 당시 그리스도인들이 '모임'을 구성했고 이미 '교회'라는 용어가 보편적으로 사용되었으며, 유대인의 '회당' * δυναγωγη* 대신 '교회' 에클레시아를 선호하면서 그리스도인과 유대인의 모임이 구분되었음을 보여주는 증거들이다. 교회에 대한 빈번한 언급에서 우리는 바울과 다른 사도들이 추구한 선교의 모습을 엿볼 수 있다. 그들이 전한 복음을 받은 성도들은 개인 성도로 머무르지 않고 함께 모여 교회를 구성했다. 사도들이 선교 지역을 떠난 후에도 사도들의 교회에 대한 관심은 성도들에 대한 관심과 동일시되었다.

그 시대에 그리스도인들이 가정이나 다른 장소나 어디에서 모이든지 상관없이, 바울이나 사도들은 그들의 모임을 '교회'로 불렀다. 사도들은 교회를 어떤 조직이나 건물이 아닌 신자들의 공동체로 인식하였다. 이와 더불어서, "믿는 자들이 믿는다고 하면서 자기가 몸담고 있는 도시나 마을에 살고 있는 다른 크리스천들과 모임을 통하여 유대 관계를 가지지 않는다는 것은 당시 신약의 저자들로서는 상상할 수도 없는 일이었다"는 것도 분명했다. 케빈 길레스, 277 비록 신약 시대 교회들도 수많은 문제를 가지고 있었지만, 사도들은 교회의 존재를 당연하게 여겼고, 교회를 중심으로 선교하면서 교회성도들의 공동체의 안부를 묻고 그들의 평안에 큰 관심을 가졌다. 그 시절 사도들은 지금 우리보다 교회를 훨씬 더 중요한 가치로 여긴 것이다.

성령의 임재와 복음 전도의 결과가 단지 개인 그리스도인들만을 형성한 것이 아니라 성도들의 공동체인 교회 형성으로 이어진 것은 복음의 역사에서 교회의 중요성을 잘 보여주는 대목이다. 그래서 사도행전의 역사는 교회가 생기고 발전하고 난관에 부딪치고 확장되는 역사이기도 하다. 예루살렘교회에서 제자들은 결원이 생긴 지도자사도를 보충하고행 1:15-26, 성령 충만한 후에 '모임'을 결성하고행 2장, 그들과 더불어 다양한 활동을 하고구제와 복음전도, 조직을 만들고행 6장 일곱 집사, 회의를 소집하여 중요한 결정을 한다. 행 15장 예루살렘 회의 사도들은 다른 지역으로 흩어져서도 복음을 전하고, 회심한 사람들을 중심으로 교회를 설립하였다. 이는 단지 교회성장 운동의 일환에 머무르지 않은 복음의 본질을 실천한 행동이다. 복음이 전파되는 곳에서 회심이 일어났고, 주님께로 돌아온 자들은 공동체를 형성한 것이다.

5. 성령의 은사와 교회

예수 그리스도를 닮은 온전한 그리스도인은 공동체 안에서 성장하며 만들어진다. 교회는 성도들을 훈련하여 그리스도의 장성한 분량으로 성장시키는 사명을 받았다. "그분이 어떤 사람은 사도로, 어떤 사람은 예언자로, 어떤 사람은 복음 전도자로, 또 어떤 사람은 목사와 교사로 삼으셨습니다. 그것은 성도들을 준비시켜서, 봉사의 일을 하게 하고, 그리스도의 몸을 세우게 하려고 하는 것입니다. … 우리는 사랑으로 진리를 말하고 살면서, 모든 면에서 자라나서, 머리가 되시는 그리스도에게까지 다다라야 합니다. 온 몸은 머리이신 그리스도께 속해 있으며, 몸에 갖추어져 있는 각 마디를 통하여 연결되고 결합됩니다. 각 지체가 그 맡은 분량대로 활동함을 따라 몸이 자라며 사랑 안에서 몸이 건설됩니다." 엡 4:11-16

성령의 은사는 성도들의 성장을 위해 주어졌다. 은사는 다른 성도들을 온전하게 세우고 그리스도의 몸인 공동체를 자라나도록 주어진다. 모든 성도들은 성령의 은사를 받았으나 롬 12:5-6 은사는 공동체와 무관하게 주어지지 않는다. 은사는 공동체 안에서 공동체를 섬기기 위한 목적으로 주어지며, 공동체 안에서 분별되고 또한 활용된다. 고전 12:7 "각 사람에게 성령을 나타내 주시는 것은 공동 이익을 위한 것입니다"

이렇게 은사가 공동체를 기반으로 주어지고 활용된다면, 성도의 진정한 성장은 교회라는 공동체적 관계 속에서 이루어질 수밖에 없다. 외톨이로 성장하는 것에는 한계가 있을 수밖에 없다. 성도는 사람들과 더불어, 부대끼고, 자극 받고, 교정 받고, 서로 가르치고 배우면서 성장하는 것이다. 알스톤은 이 점을 분명하게 언급한다. "교회는 우리에게 준 하나님의 선물이고, 우리의 연약함을 위한 하나님의 공급이고, 우리의 필요를 채우기 위한 것이고, 우리가 세상에서 그리스도인으로 존재하고 머물기 위해 필요한 도움을 주는 하나님의 방법이다." Wallace M. Alston Jr., 33

우리는 다른 사람들이 그리스도의 성숙한 제자로 성장할 수 있도록 도움을 준다. 우리가 공동체 안에 거하면서 성령이 각 사람에게 주신 은사로 서로 도움을 주고받을 때 성령의 열매를 맺게 된다. 그래서 그리피스는 "성령의 열매 갈 5:22-23는 결코 혼자서 경험할 수 있는 그 무엇이 아니라는 사실은 의미심장하다. 사랑, 오래 참음, 친절, 자비, 온유 그리고 절제는 적어도 한 명 이상의 다른 사람이 있을 때에 의미를 지닌다"고 말하는 것이다. 마이클 그리피스, 71 단순히 같이 있다는 것이 아니라 서로를 섬기는 깊은 관계 속에서 열매가 나타난다. 볼프의 말대로, 그리스도인이 "공동체 안에서 사회적 존재가 되지 않는다면" 온전한 신앙인으로 성장할 수 없다. 미로슬라프 볼프, 292

6. 두 가지 유보

지금까지 공동체로서 교회의 필요성과 중요성에 대해서 살펴보았지만, 이와 관련해서 제기될 수 있는 두 가지 문제에 대한 답이 필요하다.

(1) 첫째, 공동체에 속하지 않고 신앙생활은 불가능한가? 혹은 그리스도인이라고 할 수 없는가?

결론부터 말한다면, 그렇게 말할 수는 없다. 이것은 하나님의 뜻에 '완전히' 순종하지 않는 그리스도인은 더 이상 그리스도인이 아니라고 말할 수 없는 것과 같다. 부족하다고 해서 완전히 틀렸다고 규정할 수 없기 때문이다. 성경적/신학적으로 바람직하지 않다고 말하는 것과 그리스도인이 아니라고 규정하는 것은 전혀 다른 문제다. 어쩔 수 없이 개별적 신앙인으로 남을 수밖에 없는 특수한 상황이 있을 수 있기 때문이다. 기독교 신앙이 금지된 국가에서 홀로 남모르게 신앙을 간직하는 것, 선교지에서 회심자가 없을 때 선교사가 홀로 신앙생활하는 것 등 예외적인 상황은 늘 존재하기 때문이다.

그러므로 모든 그리스도인이 공동체에 속해야 한다고 말하는 것은, 이 문제가 구원과 관련 있다고 주장하는 것도 아니며, 윤리적으로 크게 정죄 받아야 할 죄라고 판단하는 것도 아니다. 공동체 소속은 성경에 계시된 하나님의 뜻을 분별하는 자세와 관련된다. 우리가 공동체에 속하는 것이 세상 속에서 복음이 살아나게 하고 그리스도인들을 훈련시키고 세우는 하나님의 지혜이며, 다른 형제자매들과의 긴밀한 교제를 통해서 하나님이 주신 복을 누리는 길이고, 세상에 빛을 비추어 사람들을 참된 복의 근원으로 나아오게 하려는 하나님의 계획을 실현하는 방안이기 때문에 하나님은 우리를 공동체로 부르신 것이다. 안디옥의 이그나티우스의 "그리스도가 존재하는 곳 어디에나 전일적 교회가 있다"라고 한 말과 이레니우스의 "하나님의 영이 있는 곳, 바로 그곳에 교회가 있으며 모든 은혜가 있다"는 언급이 공동체 소속 없는 개별 신앙인과 교회는 다르지 않다는 주장에 대한 근거로 사용되기도 한다. 그러나 이런 주장은, 그리스도와 성령은 온 우주에 상존하시기 때문에 결국 온 우주가 교회라는 말과 같은 주장이고, 그렇게 되면 성경에서 말하는 실체로서의 '에클레시아', 즉 고린도 교회, 데살로니가 교회, 서머나 교회, 에베소 교회와 같은 교회의 의미를 퇴색시켜버리며, 하나님 임재의 장소가 되는 '성소', '성전', '하나님나라'의 개념도 희석시키며, 더 심각하게는 기독교인과 비기독교인의 구분도 무효화시켜버린다. 따라서 이 견해는 하나님의 일반은총과 특별은총, 성령의 구속적 사역과 문화 창조적 사역, 그리고 볼프가 바르게 지적한대로, "성령의 일반적 현존과 특수한 현존"을 구분하지 못해서 발생된 오류로 볼 수 있다. 미로슬라프 볼프, 223

(2) 둘째, 교회는 공동체의 필요성을 강조하면서 역사 속에 존재하는 '어떤 특별한 형태나 조직' 모습을 고수해야 할 필요는 없다.

교회와 관련해서 우리는 성경에서 강조하는 '본질적인 것'과 '허용된 영역'을 구분할 필요가 있다. 공동체로서 교회의 필요성에 대해서는 성경이 분명하게 강조하지만, 신앙 공동체의 형태나 조직에 대해서는 명확한 규정이 없다. 비록 제도적 교회가 성경을 기초로 발전했으나, 현재 존재하는 제도적 교회들이 성경적 교회를 100% 구현하고 있다고 말할 수는 없다. 그렇기 때문에 로마 가톨릭의 계급적 교회, 감리교의 감독제 교회, 침례교의 회중 교회, 또는 전혀 직제를 가지지 않는 평신도 교회, 가정교회, 혹은 '무교회'라 할지라도 성경적으로 크게 문제되지 않는다.

세상에 존재하는 교회들은 다양한 형태와 조직 그리고 목표나 사명을 가지지만, 교회는 성도들의 공동체라는 한 가지 가치를 모두 공유한다. 이 공유 가치는 로잔 언약에도 분명하게 언급되어 있다. 로잔 언약은 6장에서 "교회는 제도라기보다는 하나님 백성의 공동체"라고 적시하고 있다. 그래서 성도들이 모여 교회를 형성하여 다함께 다양한 활동을 하는 것이다. "제도가 아니라 하나님 백성의 공동체로서의 교회는 성경적으로나 현실적 관점으로나 매우 중요하다"는 하워드 스나이더의 언급도 로잔 언약의 가치를 재확인시킨다. 하워드 스나이더, 『새로 세워가는 교회』, 39 따라서 교회의 중요성을 말하는 것은 어떤 특정한 교회 형태를 주장하는 것이 아니라, 그리스도인의 친밀한 공동체를 이루어야 할 필요성에 대해 말하는 것이다.

결론

(1) 우리는 교회의 중요성을 너무 가볍게 생각하는 오류를 피해야 한다. 지금까지 교회는 '끊임없이' 타락해왔다. 교회사는 '교회 타락의 역사'라고 볼 수도 있다. 신약 시대의 교회도 온전한 모습은 아니었다. 사도행전의 예루살렘 공동체는 얼마 지나지 않아 갈등에 휩싸였고, 고린도 교회도 이방 사회에서도 보기 어려운 비행들을 저질렀으며, 빌립보 교회는 세력 다툼으로 분열 위기에 처해 있었고, 야고보가 목격한 교회는 차별과 배제로 물든, 공동체라고 보기 어려운 민망한 수준이었고, 소아시아의 교회들도 주님이 촛대를 옮기려고 마음먹을 정도로 타락한 모습이었다. 성직 매매, 면벌부 판매, 사제의 성적 타락, 권력남용, 성물 숭배와 같은 각종 문제들로 가득했던 중세교회의 타락상은 상상을 초월했다. 신사참배를 결의하고, 독재 정권에 부역하고, 돈과 권력에 결탁한 한국교회의 역사도 중세 교회와 비교해 뒤지지 않는 타락상을 보여주었다. 이렇게 비참한 교회의 흑역사 속에서도, 우리는 교회 역사를 통해 두 가지 사실을 확인할 수 있다. 교회의 역사가 '타락의 역사'였지만 교회 자체가 사라지지 않았다는 것과 교회에 대한 비판에 맞서 타락한 교회를 갱신하고 새로운 공동체를 만들려는 시도가 끊임없이 지속되었다는 사실이다. (수도원 운동, 종교개혁, 재세례파의 발흥, 근본주의를 극복하려는 신복음주의자들의 노력, 합리적/이성적인 신앙의 병폐를 극복하려는 오순절 성령 운동 등등)

(2) 신약시대 교회들은 많은 문제를 양산했고 바울은 그들을 비판했지만, 그는 교회 해체를 추진하거나 그리스도인들이 공동체를 떠나 개인 신앙생활을 하도록 권하지 않았다.

바울의 진심어린 권면은 바른 교회를 만들어가기 위한 노력에 대한 강조일 뿐, 교회를 폐지하거나 떠나라는 뜻은 아니다. 교회가 하나님이 의도하신 공동체요, "하나님께서 자기 아들의 피로 사신" 행 20:28 귀하고 소중한 공동체라는 깊은 인식이 있었기 때문이다.

현실 교회가 보여주는 모습에 교회 존립이 결정되지 않고 오직 하나님의 계획과 의지에 의해서 좌우된다. 하나님은 영원한 계획 속에서 세운 교회를 그 사명이 다할 때까지 폐지하지 않으신다. 오히려 현실 교회가 가진 문제가 많기에 하나님은 교회에 더 많은 관심을 쏟으시고, 교회의 공동체성이 회복되기를 원하시고, 교회가 정신 차리고 재기하기를 기대하고 계실 것이다.

(3) 현실 교회가 품은 문제가 아무리 많아도 교회를 향한 하나님의 계획은 사라지지 않을 것이다.

우리가 위에서 살펴보았듯이, 교회는 하나님의 구원 계획을 이룰 필수요소이자 시대나 환경의 변화를 막론하고 그 필요성이 끊이지 않기 때문이다. 또한 "교회는 우리에게 준 하나님의 선물이고, 우리의 연약함을 위한 하나님의 공급이고, 우리의 필요를 채우기 위한 것이고, 우리가 세상에서 그리스도인으로 존재하고 머물기 위해 필요한 도움을 주는 하나님의 방법"이기 때문이다. Alston Jr., 33

그런 의미에서 그리스도인에게 교회 공동체 일원이 되는 행동은 하나님의 구원 계획과 부합된다. 특히 개인의 자아실현과 행복, 권리, 자유가 최상위 가치로 간주되면서 공동체의 가치가 부차적으로 밀려나는 시대를 맞아, 하나님나라의 새로운 가족 공동체는 오히려 하나님나라를 증거하는 빛으로 더욱 두드러진 기능을 하게 될 것이다.

하나님의 교회는 아직 완성되지 않았다. 그리스도인 개인이 하나님을 알게 되고 은혜를 체험한 후에도 자신의 부족함을 인식하고 부르심의 상을 좇아 한 걸음씩 나아가려고 애쓰는 것처럼, 교회는 수많은 문제를 안고서 그 문제를 직시하고 해결하는 노력 속에서 만들어져 간다. 그러므로 우리 주변에 있는 교회들이 각종 문제로 가득 차 있다고 해서 그 교회들이 무의미하다고 단정하는 것은 그리스도인이 아직 온전한 성도의 모습을 보여주지 못하니 존재 의미가 없다고 말하는 것과 비슷한 성급한 판단이다. 우리가 병에 걸렸을 때 치료를 포기하지 않고 정성껏 돌보며 건강을 회복하듯이 교회의 환부도 도려내고 치료하는 노력을 기울여야 한다.

(4) 삼위일체 하나님의 형상으로 창조된 우리는 무너지는 교회를 바라보면서 냉소하면서 비판하는데 머무르지 말고 비판을 초월한 재창조의 열정을 불붙일 의무가 있다.

무너지는 교회 속에서 우리는 역으로 재창조의 기회를 얻을 수 있기 때문이다. 세상에는 결코 '완전한 교회'란 존재하지 않지만 인간의 한계 속에서도 하나님의 뜻을 붙잡고 분투하는 공동체는 분명히 있다. 하나님이 지금도 교회를 세우시고 교회를 통해서 일하시기에, 또한 하나님나라의 모델이 되는 공동체를 형성하라는 예수님의 파송의 말씀을 소중하게 여기며 분투하는 사람들이 있기에, 하나님나라는 교회를 통해서 한 걸음씩 전진해 나갈 것이다.

4. 공동체로서의 교회

물리적 삶의 거리가 멀면 공동체적 삶을 공유하며 살아가기가 어렵다.

그러므로 삶을 나누는 것이 가능한 생활권에 모여 살면서 결집된 공동체를

형성하는것이현실적으로필요하다.

Post-Christendom 시대라는 사회 환경은 한국교회에 적지 않은 위협이 되고 있다. 2장에서 우리는 현재 기독교가 당면한 두 가지 위협에 대해서 살펴보았다. 외적으로는 기독교의 신뢰성 상실과 전도의 문이 닫힌 것과 내적으로는 신앙의 계승이 끊어지고 교회를 이탈하는 성도가 급증하는 것이다. 3장에서는 교회가 부패했으나 여전히 하나님의 계획 안에서 이 시대를 위한 중요한 사명을 가진다는 점을 살펴보았다. 하지만 교회의 중요성을 강조한다는 것은 단순히 기존 교회의 회복만을 추구하는 것은 아니다.

유사 Christendom 시대에서 기독교가 빠른 속도로 성장 기회를 얻었을 때, 교회는 공격적인 선교 전략으로 몸집을 키워나갔고 한국 선교의 신화를 이룩하였다. 하지만 급속한 성장은 내부의 허약함을 드러냈고 교회의 본질을 상실하는 위험도 키워나갔다. 그러나 당시의 호의적인 분위기 때문에 이 문제는 크게 드러나지 않았다.

교회 성장이 멈추고 Post-Christendom 시대가 열리면서 마치 안개가 걷혀 실체가 드러나듯 한국 교회의 약점이 분명하게 드러났다. 지금까지 우리가 형성해 온 것이 진정한 교회의 모습인가? 우리는 교회의 본질을 바르게 이해하고 있는가? 하나님이 교회를 세상의 빛으로 세웠을 때 의도했던 교회의 모습이 이런 것인가? 외적인 한계에 부딪히면서 '교회됨'의 본질을 성찰하는 흐름이 생겨나게 된 것이다.

이 흐름 속에서 다시 부각되는 요소가 교회의 또 다른 표현인 '공동체'다. 그리스도인의 공동체와 교회는 사실상 동의어이지만, 교회 성장기에 사람들은 교회를 공동체 보다는 기관이나 단체로 인식했다. 관계성보다는 기능성에 초점을 맞춘 것이다. 그러나 교회 성장의 정체기에 내부의 성찰을 통하여 교회의 본질은 공동체였다는 사실을 재확인하게 되었다. 한동안 '영성'이 기독교 내 트렌드가 되었듯이 요즘은 '공동체'에 대한 관심이 뜨겁다.

많은 사람들이 교회를 공동체로 생각한다. 맞다! 교회는 공동체다. 교회는 하나님나라의 공동체, 예수 그리스도를 주님으로 모신 공동체, 하나님의 뜻을 따라가는 공동체, 서로 형제와 자매가 된 운명 공동체, 세상에서 나그네로 살아가는 구별된 공동체다. 이것에 대해 이의를 제기할 사람은 없다. 그래서 요즘에는 이름에 community라는 표현이 들어간 교회가 흔하다. 그러나 교회를 공동체로 부르고 이름에 community를 집어넣는다고 해서 모든 교회가 성경이 의도한 진정한 공동체가 되지 않는다. 오히려 Christendom Society에서 대부분의 교회들은 성경이 강조하는 참된 공동체성을 상실하고, 조직·구조·건물·기능만을 남겼다. 예수님은 어떤 기관이나 조직이 아니라 가족, 한 몸, 한 건물과 같은 긴밀한 관계적 공동체인 교회를 만들었지만, 많은 교회들은 성도들의 관계가 피상적이면서도 여전히 공동체라고 주장한다. 이는 성경이 의도하는 공동체로서의 교회의 의미를 제대로 파악하지 못했기 때문이다.

기독교가 점차 사회에서 소수파로 전락하는 상황에서, 교회의 가장 핵심 본질인 공동체성을 회복해야 할 필요성이 더욱 커졌다. 현 시대는 짝퉁이 아닌 진품만을 원한다. 세상의 빛과 소금의 역할은 진품 교회만이 감당할 수 있다. Post-Christendom 시대는 거품을 걷어내고 교회의 본질인 참된 공동체로 복귀할 수 있는 좋은 기회를 제공해주고 있다. 교회는 성경에서 말하고 하나님이 의도하는 참된 공동체의 모습을 회복해야 할 시대에 진입했다.

이번 장에서는 교회가 공동체라는 의미를 좀 더 깊이 살펴볼 것이다.

1. 교회 공동체를 향한 하나님의 계획

(1) 공동체적 인간

① 교제하는 존재

사회생활은 다양한 모임을 만들고 참여하면서 시작된다. 학교나 직장과 같은 조직에 참여하여 다른 사람들과 교류하거나, 동일한 관심사를 중심으로 모여 교제한다. 비슷한 취미를 가진 사람들이 모인 각종 동호회, 특정 연예인을 좋아하고 응원하기 위해 만든 팬클럽, 아이를 키운다는 공통점을 중심으로 모인 맘클럽 등등.

사람들이 자신의 시간과 돈을 투자하여 모임을 만들고 참여하는 이유는 무엇일까? 무엇보다도 자신의 이익을 도모하려는 목적이 클 것이다. 그 이익은 경제적 수입이 될 수도 있고 단순한 재미일 수도 있다. 또는 순수하게 다른 사람들과 교제하고 싶은 마음일 수도 있다. 모임 참석은 소속감이라는 든든한 울타리를 제공한다. 내가 어떤 공동체에 속하고 있다는 소속감 없이 외톨이로 살아가기에는 현실은 녹록치 않고 험하기 때문이다.

근래에 개인주의가 득세하고, 혼자 살아도 충분한 사회적 기반이 형성되면서 다른 사람들과 관계를 맺지 않고 혼자 생활하는 사람들이 많아졌다. 철학에서 고독은 인간을 서서히 죽이는 심각한 질병이라고 말했지만, 이제는 '혼족'이 사회적 트렌드가 되었다. 그러나 혼자 사는 삶은 장점만 있지 않다. '혼 라이프'가 성행하면서 많은 사회적 부작용도 드러나고 있기 때문이다. 히키코모리은둔형 외톨이, 싸이코 패스, 극우적 키보드 워리어, 치매다른 사람들과 교류가 적은 사람일수록 치매 확률이 높아진다고 한다, 자살친밀한 관계망이 적을수록 자살률이 높아진다과 같은 사회적 현상이 홀로 사는 삶과 밀접한 관계가 있다. 아무리 '혼 라이프'가 성행해도 사람들 내면에 자리 잡은 관계적 욕구는 사라질 수 없고 그 욕구가 부족할 때 나타나는 부작용도 줄어들지 않을 것이다.

② 공동체적 존재

사람들이 모임을 만들어 참여하려는 이유나 관계망에서 멀어질 때 발생하는 각종 부작용의 근본적 원인은 인간이 본질적으로 공동체적 존재라는데 있다. 이것을 이해하기 위해서는 먼저 하나님의 존재 방식인 삼위일체의 관계성에 대해 이해해야 한다. 하나님은 존재 자체가 관계적이다. 삼위 하나님이 함께 하고 있기 때문이다. 삼위일체는 하나님의 본질을 나타내는 신비이기에 우리가 완전히 이해할 수 없지만, 하나님의 존재가 관계성에 기반하고 있다는 사실은 분명하게 이해할 수 있다.

삼위일체 하나님의 관계성을 특히 잘 보여주는 개념이 '페리코레시스' 다. 삼위 하나님의 세 위격은 독립된 인격이고 각각 완전한 하나님이지만, 동시에 완전히 분리되지 않은 존재이다. "그 날에 너희는, 내가 내 아버지 안에 있고, 너희가 내 안에 있으며, 또 내가 너희 안에 있음을 알게 될 것이다"요 14:20는 말씀처럼, 예수님은 자신이 하나님 안에 거하면서 또한 성부 하나님이 예수님 안에 있다고 말씀하신다. 요 10:37-38; 14:9-11; 17:21 성령이 우리 안에 계시면 그 성령을 통해서 예수님도 우리 안에 거하게 되고, 예수님 안에 있는 성부도 우리 안에 거하게 된다. 이는 성자와 성부가 성령 안에 계시다는 뜻이다.

이처럼 세 위격은 서로의 안에 내주한다. 이것을 헬라어로 *περιχρησιζ* 페리코레시스 :상호내주, 상호공재, 상호침투, 상호의존라고 한다. '페리' 는 원을 도는 것, '코레시스' 는 춤을 의미한다. 그래서 페리코레시스는 마치 강강술래처럼 원을 만들어 춤추면서 도는 것인데 원형으로 도는 것이 아니라 원 안으로 들어갔다가 다시 밖으로 나오는 과정을 반복하는 것처럼 매우 긴밀한 관계를 표현해주는 용어다. 성부는 성자와 성령 안에, 성자는 성부와 성령 안에, 성령은 성부와 성자 안에서 완전하고 총체적인 존재로 내주하신다. 그렇게 해서 하나의 통일체를 이룬다. 상호내주는 서로 얽혀서 서로에게 의존하고 서로 협력한다는 뜻도 포함한다. mutual dependence 세 위격은 서로에게 자신의 존재를 의탁하고 있다. 상호의존 그래서 일할 때에도 혼자 하지 않고 항상 협력한다공동 사역. 우리는 삼위 하나님이 협력해서 일하는 모습을 창조와 구원사역에서 목격했다. 이처럼 하나님은 존재 자체가 관계에 기반하고 관계성 안에서 활동하는 완전한 '관계적 존재다.

하나님께서 삼위일체의 관계적 존재라는 사실은 인간 존재에 어떤 의미를 부여하는가? 그것은 인간이 하나님의 형상으로 창조되었다는 사실에 잘 나타나 있다. 인간은 다른 피조물과 달리 독특한 존재로 창조되었는데, 그 독특함의 출발점이자 정점은 '하나님의 형상'으로 창조되었다는 사실이다. 하나님의 형상이 무엇인지에 대해서 많은 신학자들은 여러 의견을 내놓았지만, 현재 가장 설득력 있는 의견은 삼위 하나님의 관계를 본받는 '관계적인 존재' 라는 견해이다. 켈리 케이픽 & 브루스 맥코맥, 247-57

'관계적인 존재' 는 우선 하나님과의 관계로부터 시작한다. 인류의 첫 번째 사람은 하나님과 직접적인 관계 맺기가 가능했다. 사람과 하나님의 관계 맺기는 다른 피조물이 하나님과 맺는 관계와는 질적으로 달랐다. 왜냐하면 이 관계는 '인격성' 에 기초하기 때문이다. 인간의 관계성은 다른 피조물과의 관계에서도 분명하게 드러난다. 하나님은 아담을 창조하신 후에 그에게 피조물을 다스리라는 사명을 주셨다. 창 1:28 다스림의 기초는 관계이고 이 관계성은 피조물의 이름 짓는 모습에서 잘 드러난다.

그러나 하나님은 인간이 관계를 맺는 대상이 하나님이나 다른 피조물로만 국한될 수 없다는 것을 아셨다. 인간은 다른 인간과의 관계도 필요한 존재였다. 그래서 하나님은 아담을 위해 하와를 창조하셨다. 창 2:18 하와의 창조는 남자와 여자라는 부부적 결합보다는 인간 사이의 관계성을 충족시키는데 주 목적이 있었다. 즉 하나님은 한 인간에게 또 다른 사람이 필요함을 아시고 아담에게 하와를 보내셨다. 아담과 하와가 함께 하면서 비로소 하나님의 형상이 완성되었다. 이렇게 창조 때부터 인간은 홀로 존재하지 않고 하나님과 다른 피조물, 그리고 다른 인간과 관계를 맺는 존재로 창조되었다. 따라서 인간은 다른 사람들과 "고립된 개인으로서 서지 않는다. 이러한 종류의 고립된 개인은 존재하지 않는다."미로슬라프 볼프, 307 "관계없이는 어떠한 인격도 존재하지 않는다"는 몰트만의 언급도 삼위 하나님의 관계성에 기초한 인간 존재 본질에 대한 통찰이다.Jurgen Moltmann, 172 공동체적 관계는 이미 영원 전부터 하나님께서 의도하셨고 인간이 창조되면서 그 관계가 지구 전역으로 전이되었다. 이러한 인간의 관계적 속성으로부터 가족, 씨족, 부족, 민족, 국가가 형성되며, 그 모든 단위의 핵심은 관계성이다. "다양한 공동체는 인간 실존에 내재되어" 있기 때문이다. 필립 셸드레이크, 197

이처럼 인간은 본질적으로 공동체적 존재다.

③ 죄의 결과

인간은 창조자 하나님과 자신의 위계적 관계에 만족하지 못하고 반역을 저질렀다. 최초의 죄의 본질은 하나님과 자신의 위치의 전복을 꿈꾼 것이다. 하나님처럼 되려는 인간의 욕망은 하나님의 말씀을 무시하고 자신의 판단을 신뢰하며 스스로 결정하고 행동하게 만들었다. 관계를 부정하며 시작된 죄는 필연적으로 관계의 점진적 파괴를 초래한다. 따라서 인간이 지은 죄는 인간이 맺고 있던 세 가지 관계를 파괴하였다.

첫 번째는 하나님과 인간의 관계가 파괴되면서 영적 단절이 일어났다. 그들은 처음에는 하나님과 친밀한 교제를 가졌지만, 죄를 지은 후에는 하나님의 눈을 피해 숨어버렸다. 그리고 그들은 에덴에서 쫓겨나 더 이상 하나님을 자유롭게 만날 수 없는 관계의 단절을 경험하게 되었다.

두 번째는 사람들 사이의 관계가 파괴되어, 서로에게 책임을 전가하는 분열과 대립을 초래했다. "네가 남편을 지배하려고 해도 남편이 너를 다스릴 것"이라는 여자에게 준 심판창 3:16은 "내 뼈 중의 뼈요 살 중의 살"창 2:23처럼 뗄 수 없이 친밀했던 관계가 파괴되었다는 것을 비극적으로 묘사한다. 인간 관계 파괴의 절정은 가인이 형제 아벨을 죽인 장면에서 찾을 수 있다. 이제는 가족끼리도 서로를 믿지 못하고 상처 주고 해를 끼치는 단독자의 삶으로 처절하게 분리되어 버렸다.

세 번째는 인간과 자연의 관계 파괴다. 하나님의 창조 원리는 인간이 자연을 잘 보존하고 관리하고, 자연도 인간 생존에 필요한 필수품을 공급하는 공동체적 관계에 기초했다. 하지만 인간은 자신의 욕심을 채우기 위해 자연을 착취하였고, 자연은 인간 착취에 대응하고 '역습' 하며 인간의 요구에 순순히 응하지 않았다. 인간은 이렇게 자연과도 분리되어 땅으로부터도 유리된 존재가 된 것이다.

이처럼 죄의 삼중 결과는 모든 공동체적 관계의 파괴를 의미하며, 선한 관계를 맺고 있는 상대와 분리되는 '소외' 를 맞보게 한다. 지금 인간 사회에서 목도되는 현상은 사람들 사이의 공동체적 관계가 파괴되면서 상대를 이용하고 착취하는 모습이다. 전쟁, 범죄, 인종과 민족의 분열, 배제와 차별, 빈부격차, 토지와 같은 생산수단의 독점은 사회 전반에 공동체 원리가 유실되고, 압제와 착취, 승자 독식, 각자도생의 삶의 방식을 채택한 표시이자 증상이며 결과다. 우리는 공동체가 파괴된 사회적 고통을 전 인류가 체감하는 시대에 살면서 그 결과를 온몸으로 겪어내고 있다.

(2) 교회는 하나님의 영원한 계획으로 형성된 그의 백성들의 공동체다.

① 하나님의 '백성' 을 만들려는 계획

인간의 죄는 하나님의 심판을 자초했다. 그 결과 인간은 낙원에서 쫓겨나 생명나무 열매를 먹지 못하게 되었으며 이마에 땀을 흘리는 노동을 통해서만 주식이 해결되었다. 비록 '반드시 죽게 될 것이다' 라는 하나님의 심판은 유예되었지만, 죄의 노예가 되어 신음하는 삶을 면제받을 수는 없었다. 하지만 하나님은 삼중적인 관계가 파괴된 상황에서도 관계 회복을 위한 작업을 시도하셨고, 그 표시로 아벨 대신 '셋'을 아담과 하와 가정에 주셨다. 이는 파괴된 가족 공동체를 회복하겠다는 하나님의 의지를 보여주는 상징이다. 이후에도 인간이 계속해서 죄를 지으면서 하나님을 거역하는 삶을 살아갔지만, 하나님은 인류의 대부분을 심판할 때에도 노아와 그의 가족은 지켜주시며 인류를 보존하고 회복하려는 자신의 의도를 내비치셨다.

죄로 인해 파괴된 세상에서 하나님이 공동체를 다시 회복하려는 의지를 본격적으로 보여주신 것은 아브라함을 부르신 사건이다. 하나님은 아브라함과 언약을 맺고 세 가지 약속을 주셨다. 이 땅을 너와 너의 후손에게 주겠다, 너의 자손이 많아질 것이다, 너는 복의 근원이 될 것이다. 이 세 가지 약속은 아브라함 개인보다는 그의 후손이 형성할 '민족 공동체'에게 주어진 것이다. 하나님은 아브라함을 통해 새로운 공동체 형성을 계획하셨고, 그 공동체를 매개로 세상에 다시 복을 내리는 작업을 시작하였다. 창 12:3; 18:18 복은 본인이 누리지만, 복의 근원이 된다는 의미는 타인에게 복을 나눠주는 주체가 되는 것이다. 하나님은 이스라엘에게 복을 주어 땅을 차지하고 큰 민족을 이루도록 허락하였고, 이스라엘은 받은 복을 혼자서 간직하지 않고 다른 민족들에게 나눠주는 통로가 되었다. 하나님은 아브라함에게 주신 약속을 출애굽을 통해서 이스라엘이라는 한 민족을 형성하는 모습으로 구체화하셨다. 그들은 공동체를 형성하여 하나님이 허락하신 가나안에 들어가 하나님이 주신 복을 누리며 세상에 복을 나누는 '공동체'가 될 것이다.

②복의 근원

'복의 근원'이 되는 방식, 복을 나눠주는 방식은 무엇인가? 두 가지 측면으로 생각할 수 있다.

첫째는, 자신이 먼저 하나님과 관계를 회복하고 그 회복된 관계를 다른 사람들에게 알리는 것이다. 이것을 '구속적 측면'이라고 말할 수 있을 것이다. 하나님은 참된 신이며 그를 인정하고 믿으면 구원을 얻을 수 있다는 사실을 열방에게 알려주는 것이다. 이스라엘 백성들은 적극적으로 이방 민족들을 찾아다니며 하나님을 소개하지는 않았다. 그러나 민족과 민족이 대치하며 전쟁을 일삼고 서로 다른 신들을 섬기던 시대에 이스라엘은 이방 사람들이 여호와께로 오는 것을 막지 않았고, 그들에게 여호와의 유일성과 능력을 증거하며 여호와만이 참된 신이라는 진리를 일깨우려 노력했다. 그 결과는 이스라엘에 속하지 않았던 이방인들이 자발적으로 여호와를 섬기려 자신의 민족과 신들을 버리고 이스라엘로 귀화하는 현상으로 이어졌다. 출애굽 때 따라 나온 '수많은 잡족' 출 12:38, 라합, 룻 이스라엘은 결코 순전한 혈연 공동체가 아니었다. 그들은 비록 야곱의 열 두 아들의 후손인 열두 지파에서 출발했지만, 민족적 기원에 얽매이지 않고 원하는 사람은 누구든지 이스라엘에 편입해 들어올 수 있도록 문을 열어 놓은 개방된 공동체였다. 그러므로 이방 민족이라 할지라도 여호와를 참된 신으로 인정하고 이스라엘 백성의 일원으로 들어올 때 이스라엘이 누리던 복을 동일하게 누리는 자격이 주어졌다. 이렇게 아브라함의 후손은 세상에서 복의 근원이 되었다.

두 번째 방식은 죄로 인해 관계가 파괴된 세상, 빈부격차가 극심한 세상, 힘 있는 자가 약한 자를 억누르는 세상, 허상인 우상에게 압제를 당하는 세상과는 다른, 하나님의 의도대로 정의와 공평이 기초가 되고 약자를 돌보는 사 1:17, 암 5:15 멋진 공동체적인 사회를 형성하여 다른 민족들이 이 모습을 본받아 자신의 사회도 변혁하여 같은 복을 누리게 하는 것이다. 이것은 '창조적 측면'이라고 말할 수 있다. 우리 옆에 있는 건강한 이웃 사회는 우리 자신을 비추는 거울이 되어 우리 사회가 품은 문제를 자각하고 해결하고 변화하려는 열망을 품게 한다. 인류 역사는 한 지점에서 시작된 개혁과 변화가 다른 지역과 민족에게 점진적으로 전파된 예를 시연한다. 특별히 선한 영향력은 전파되고 확산되어 세계 곳곳에 많은 변화를 일으켰다. 여성 참정권 인정 확장, 노예제 폐지 확산, 복지국가 개념 확산, 어린이 보호 개념 확산, 인권 개념 확장 등등 하나님께서 이스라엘을 복의 근원으로 삼은 이유도 동일하다. 그들을 '모델 민족'으로 삼아 주변 세상에 선한 영향을 끼쳐 복을 나누려고 하신 것이다.

이스라엘 민족이 '복의 근원'이 되려면 선행해야 할 일들이 있었다. 먼저 자신의 사회가 관계를 회복한 '좋은 사회'의 모습을 갖추어야 했다. 어떻게 하면 그런 사회를 만들 수 있을까? 그 해답은 하나님이 주신 율법을 따르는 것이다. 십계명을 포함한 구약의 모든 율법은 이스라엘 백성을 얽매기 위해 선포되지 않았고, 하나님을 유일한 신으로 섬기면서 정의의 기반 위에서 서로를 보호하고 약자를 돌보는 '대안 공동체'를 만들기 위해 규정되었다. 율법의 규정을 따르는 것은 당시 이방 민족들의 삶의 방식과 완전히 구별된 삶을 사는 것을 의미한다. 나그네 대접, 고아와 과부 돌봄, 안식년레 25:4-6; 35-36과 희년법레 25:40-41 준수, 재판에서의 공정성 확보신 24:17, 도피성 제도, 인신 제사 금지, 고리대금 금지 등의 율법은 하나님께서 계획하신 구별된 공동체를 만들어 열방의 빛이 되고 복을 나누는 직분을 감당하기 위한 도구였다. 그러나 이스라엘은 실패했다. 그들은 하나님의 '좋은 사회 지침서'인 율법을 무시하고 이방신과 악한 관습을 따르면서 대안 사회를 만들려는 하나님의 계획을 좌절시켰다. 사 1:17; 58:7; 렘 7:6; 9:4; 겔 18:18; 22:29; 암 4:1; 5:12; 미 7:2; 슥 7:10; 말 3:5

③ 새로운 계획

이스라엘의 실패에도 하나님은 자신의 계획을 포기하지 않고 예수님의 구속사역을 통해서 새로운 백성을 만들고, 그들을 통해서 만민이 복을 누리는 과업을 다시 시작하셨다. 이를 위해 하나님은 먼저 예수 그리스도가 구원자 되심을 믿는 새 언약 백성을 형성하고 그들에게 복을 내리셨다. 하나님 자녀가 되는 복, 하나님나라 유산을 상속받는 복, 예수와 함께 세상을 심판하는 복, 하나님의 찬양과 영광이 되는 복 등등 그 후에 하나님은 아브라함을 부르듯 우리 개인을 부르고 복 주심에 더하여 우리들을 열방에서 복의 근원으로 재탄생하는 계획을 세우셨다.

이 목적을 달성하는 방식은 구약과 유사하다. 우리가 거룩한 공동체, 대안 공동체, 세상과 구별된 공동체가 되어 이방에 빛을 비추고 은혜를 나누는 단계를 밟는 것이다. 그리피스의 말대로, "하나님께서 계획하셨던 구원은 단지 구원받은 개인들을 만들어 내는 것을 그 목적으로 하지 않는다. 우리는 놀라운 새 공동체와 참으로 위대한 사회, 즉 하나님 자신의 백성을 고대하고 있다." 마이클 그리피스, 40 하나님은 처음부터 "개인들을 구원하기로 의도하셨을 뿐만 아니라 또한 전체로서의 백성, 전체로서의 새 사회 혹은 새 공동체를 일으키시는 것을 의도하셨다." 마이클 그리피스, 31 출애굽의 기적을 통해서 언약 공동체가 형성된 것처럼, 오순절 성령의 역사를 통해 새 언약의 공동체가 탄생하였다. 이 과정은 개인의 구원으로 축소되지 않고 전체 공동체를 재구성하는 작업이었다.

하나님의 구원계획에서 공동체가 차지하는 의미에 대해 콜린 건턴은 이렇게 설명하고 있다. "세례 받은 사람들은 동일한 행위로 하나님과의 그리고 서로와의 관계로 들어오게 되는데, 성자에 의해 매개된 그리고 성령에 의해 실현된 한 성부와의 친교를 공유함으로써 그렇게 된다. 그리스도 안에 있는 자들은 교회 안에 있다. 그리스도를 통해 하나님과의 관계로 그리고 동시에 공동체로 들어오게 되는 것이다. 바울이 그리스도와 교회를 거의 동일시하는 것은 그의 공동체 신학에서 나온다. 그리고 이 동일시는 인간 공동체 전반에 대한 함축들을 제기하며, 우리가 창세기에 대한 가능한 해석으로 본 것을, 즉 인간이라는 것은 공동체 안에서 그리고 공동체를 위해 창조됨이라고 본 것을 강화한다." 콜린 건턴, 275-6

이런 하나님의 의도는 벧전 2:9에서 명확히 드러난다. "그러나 너희는 택하신 족속이요 왕 같은 제사장들이요 거룩한 나라요 그의 소유가 된 백성이니 이는 너희를 어두운 데서 불러내어 그의 기이한 빛에 들어가게 하신 이의 아름다운 덕을 선포하게 하려 하심이라." 이 말씀은 출 19:5-6을 인용하여 신약의 새 언약 공동체가 구약의 이스라엘 백성 공동체와 연속선상에 있다는 사실을 강조한다. 여기서 언급되는 다섯 가지 표현너희, 족속, 제사장들, 나라, 백성의 공통점은 무엇인가? 모두가 복수형이라는 것이다. 이것은 그리스도인 개인이 아닌 복수의 그리스도인, 즉 공동체를 향한 기대에 대한 표현이다. 하나님은 사람들을 불러내서 '하나님의 이름을 가진 새로운 공동체'를 만들기 원하셨다. 그 공동체를 통해서 자신의 '아름다운 덕'을 선포하려 하셨다. 다른 말로 하면, 하나님의 구원 목적은 공동체 형성을 통해 세상에 자신의 영광을 드러내는 것이다.

새 언약 공동체는 세상을 향한 하나님의 뜻과 계획을 표현하는 공동체다. 이 공동체는 하나님의 구속적 통치가 임재하고 있음을 보여주는 징표이자 하나님나라의 모습을 보여주는 '모델 하우스'와 같은 존재이고, 하나님으로부터 은혜 받은 결과를 보여주는 대안적 공동체다. Craig van Gelder, 99 하나님은 '공동체'를 통해 세상에 빛을 비춰 그들을 끌어들이고 그들에게 침투해 들어가 새로운 변화를 일으키려고 하신다.

그러므로 새 언약 공동체인 교회는 예수님이 언급하신대로 "하나님의 가족마 10:25", "하나님의 양떼눅 12:32", "하나님의 밭마 13:24", "하나님의 택하신 자들막 13:22"인데, "이 모든 칭호들은 한때 역사적 이스라엘에게 속한 것들"이지만 지금은 새 언약을 받은 자들을 지칭한다. 케빈 길레스, 78 이처럼 구약의 이스라엘이 실체적인 공동체였다면 새 언약에 속한 자들도 실체적 공동체로 인식되는 게 당연하다. 갈 6:15-16

④ 대안 공동체를 위한 지침

이스라엘을 대안 민족으로 만들기 위해 주어진 '율법'을 대신하는, 새 언약의 대안 공동체를 위한 지침은 무엇인가? 신약 성경에는 공동체를 위한 다양한 가르침이 나오지만, 대표적인 말씀은 '서로'를 향한 공동체적 실천과 삶에 대한 권면들이다. 게르하르트 로핑크, 163-5 요 13:14 "서로 발을 씻기는 것이 옳으니라"; 13:34 "서로 사랑하라"; 롬 12:16 "서로 마음을 같이하여"; 15:7 "너희도 서로 받으라"; 고전 12:25 "서로 같이하여 돌아보게 하셨으니"; 갈 5:13 "사랑으로 서로 종노릇 하라"; 6:2 "너희가 짐을 서로 지라"; 골 3:16 "피차 가르치며, 피차 권면하고"; 살전 5:11 "피차 권면하고"; 히 10:24 "서로 돌아보아 사랑과 선행을 격려하며"; 약 5:16 "서로 기도하라"; 벧전 4:10 "각각 은사를 받은 대로 … 서로 봉사하라"; 요일 3:11 "서로 사랑할지니"

하나님이 주신 '서로'에 관한 말씀을 실천하면 우리는 하나님이 의도하시는 참된 공동체의 모습을 만들어 갈 수 있다. 그 실례는 성령으로 형성된 예루살렘 공동체에서 찾아 볼 수 있다. "믿는 사람은 모두 함께 지내며, 모든 것을 공동으로 소유하였다. 그들은 재산과 소유물을 팔아서, 모든 사람에게 필요한 대로 나누어주었다. 그리고 날마다 한 마음으로 성전에 열심히 모이고, 집집이 돌아가면서 빵을 떼며, 순전한 마음으로 기쁘게 음식을 먹고, 하나님을 찬양하였다. 그래서 그들은 모든 사람에게서 호감을 샀다. 주님께서는 구원받는 사람을 날마다 더하여 주셨다." 행 2:44-47 공동체로서의 교회는 하나님의 오랜 구원 계획 속에 존재하며, 세상을 구원하기 위한 첨병 역할을 하는 중요한 의무가 주어진다. 하나님은 죄로 인해 망가지고 타락한 공동체를 다시 회복하기 위해 교회를 세우셨다. 교회는 공동체 회복을 위한 하나님의 위대한 계획의 실현장이 된다. 그래서 우리가 교회 일원이 되는 것은 단순히 종교적 예식을 함께 하는 수준을 넘어 공동체적 삶을 복원한다는 의미에 초점이 맞춰진다.

2. 공동체로서의 교회에 대한 묘사

신약 성경은 '하나님의 구원받은 성도들의 모임'인 '교회'를 다양한 이미지로 묘사한다. "그리스도의 몸"롬 12:4-5, "하나님의 백성"벧전 2:9, "하나님의 가족"엡 2:19, "건물과 성전"엡 2:20-21, 고후 5:1, "하나님의 양떼"요 10:1-10, "세상의 소금과 빛"마 5:13-14, "그리스도의 신부"고전 11:2, "하나님의 나라"롬 14:17. 폴 미니어Paul Minear는 신약 성경에서 교회를 지칭하는 이미지나 유비가 69개에 이른다고 말한다.Paul Minear, 8 성경 속 교회에 관한 이미지는 그리스도인과 교회의 관계에 대한 중요한 단서를 알려준다. 특히 강조되는 몇 가지 이미지들그리스도의 몸, 하나님의 가족, 함께 건설되는 건물은 매우 강한 결속력을 보여주는데, 이 결속력은 우리가 상상하는 교회의 공동체성보다 훨씬 더 '공동체적인' 하나님의 계획을 드러내고 있다.

(1) 그리스도의 몸

큰 빈부격차와 파벌 논쟁바울파와 아볼로파, 그리고 영적 은사 문제로 분열된 고린도교회 성도들을 향해 바울은 "너희는 그리스도의 몸이요 지체의 각 부분이다"라고 전하며 복음이 변질된 고린도교회의 폐부를 찔렀다.고전 12:27 안타깝게도 고린도교회 성도들은 서로가 한 몸의 지체처럼 밀접한 관계라는 사실을 제대로 인식하지 못했다. 그들은 그리스도인의 정체성을 공유하는 방법을 함께 예배드리기, 성찬 나누기, 적정선을 지키는 교제 나눔 정도로 만족하고 있었다. 그러나 바울은 한 교회를 이루는 그리스도인이 어떤 조직이나 단체의 일원이라는 것을 넘어서, 한 몸에서 분리될 수 없는 지체임을 강조한다. 과거에 전혀 알지도 만나지도 못했던 사람들이 예수를 구주로 모시면서, 그리스도가 머리 되신 몸의 각 지체가 되면서 한 몸을 이루었다. 이토록 교회가 가진 공동체의 특성은 강력하다.

성도들이 한 몸임을 상징하는 대표적인 행위가 성찬이다. "우리가 축복하는 축복의 잔은, 그리스도의 피에 참여함이 아닙니까? 우리가 떼는 빵은, 그리스도의 몸에 참여함이 아닙니까? 빵이 하나이므로, 우리가 여럿일지라도 한 몸입니다. 그것은 우리가 모두 그 한 덩이 빵을 함께 나누어 먹기 때문입니다."고전 10:16-17 성도들은 성찬에 참여하면서 그리스도의 몸을 묵상하며 그분의 지체가 되는 자신들을 확인하게 된다. 따라서 성찬은 하나님과 성도의 수직적 관계를 상징하면서 동시에 성도들 간 친밀한 공동체를 이루어 맺은 수평적인 관계를 확인하게 한다. 빵과 포도주를 먹고 마시는 성찬식은 상징적으로 그리스도의 살과 피를 함께 나누며 모두가 한 지체됨을 공개하고 천명하고 되새기는 의식이 된다. 그리스도 몸의 지체가 된 성도들은 성령이 부어주신 은사를 통해 섬기면서 그리스도의 몸인 교회를 성숙하게 세워나간다.

> "그분을 어떤 사람은 사도로, 어떤 사람은 예언자로, 어떤 사람은 복음 전도자로, 또 어떤 사람은 목사와 교사로 삼으셨습니다. 그것은 성도들을 준비시켜서, 봉사의 일을 하게 하고, 그리스도의 몸을 세우게 하려고 하는 것입니다."엡 4:11-12
> "온 몸은 머리이신 그리스도께 속해 있으며, 몸에 갖추어져 있는 각 마디를 통하여 연결되고 결합됩니다. 각 지체가 그 맡은 분량대로 활동함을 따라 몸이 자라나며 사랑 안에서 몸이 건설됩니다."엡 4:16

지체들의 섬김과 봉사는 다른 이들과 분리되어 혼자서 할 수 없는 것이며, 자신의 유익에 따라 행동하지 않는 것이며, 공동체를 벗어난 바깥세상에만 도움을 주는 것도 아니다. 공동체를 이루는 지체들은 성장하고 발전하면서 서로 선한 영향을 끼치는데 큰 의의를 둔다. 이것은 은사가 공동체 유익을 위해 주어졌다는 말씀과 일맥상통한다. 고전 12:7 다른 말로 바꾸면, 은사는 공동체가 없어지면 그 의미가 상실된다는 뜻이다. 이처럼 성령님은 은사를 통해서 서로 도움을 주고받는 성장의 공동체, 즉 교회를 형성하셨다.

(2) 연결되어 있는 건물과 성전

"여러분은 사도들과 예언자들이 놓은 기초 위에 세워진 건물이며, 그리스도 예수가 그 모퉁잇돌이 되십니다. 그리스도 안에서 건물 전체가 서로 연결되어서, 주님 안에서 자라서 성전이 됩니다." 엡 2:20-21

교회는 눈에 보이는 건물이나 조직체가 아니다. 교회 공동체는 모퉁잇돌이 되시는 그리스도 위에 성도 하나하나를 서로 연결하여 세운 영적인 건물이자 성전이다. 건물을 위하여 성도들은 벽돌이 된다. 벽돌 한 장이 가지는 의미는 소소하지만 수많은 벽돌이 모인다면 멋진 집을 세울 수 있다. 일단 집이 단단하게 세워지면 벽돌들은 응집력으로 하나의 벽이 되어 쉽게 흔들리지 않는다. 성도들의 공동체인 교회도 마찬가지다. 성도들은 서로서로 모르타르로 연결되어 함께 집을 형성한 뗄 수 없는 밀접한 공동체가 된다. 이렇게 성도들이 공동체를 이루어 아름다운 건물로 세워질 때, 그 안에 성령이 온전하게 거하게 된다. 엡 2:22 "그리스도 안에서 여러분도 함께 세워져서 하나님이 성령으로 거하실 처소가 됩니다."

그리스도를 믿으면 성령이 우리 안에 거하게 된다는 약속의 말씀을 우리는 잘 알고 있다. 롬 8:16 그러나 때때로 우리는 개인 안에 거하는 성령에만 치우쳐서 공동체 안에 거하는 성령에 대해서 간과하는 경향이 있다. 고전 3:16의 말씀에서 우리는 성령님이 공동체 안에도 존재하신다는 것을 발견할 수 있다. "너희는 너희가 하나님의 성전인 것과 하나님의 성령이 너희 안에 계시는 것을 알지 못하느냐?" 우리가 공동체로 함께 할 때 성령의 능력·성령 충만·성령의 역사가 나타난다. 공동체가 가지는 힘은 여기서 유래한다. 성전은 눈에 보이는 건물이 아니다. 우리가 서로 사랑하고 돌보고 섬기면서 긴밀한 공동체를 이루어갈 때, 그리스도가 세우려는 '성전'이 마침내 건립 된다.

(3) 하나님의 가족

① 하나님 안에 거하는 성도들의 공동체성을 가장 분명하게 보여주는 표현은 '하나님의 가족' 이다.

성도들의 공동체는 영적인 하나님의 가족 공동체다. "그러므로 이제부터 여러분은 외국 사람이나 나그네가 아니요, 성도들과 함께 시민이며 하나님의 가족입니다." 엡 2:19 바울은 하나님의 부르심을 받은 사람들이 하나님의 가족이 되었다고 말한다. 하나님은 아버지 되시고 모든 성도들은 형제자매로 가족의 일원이 된다. 그래서 우리를 "하나님의 자녀" 히 2:10 라고 부르고, 또한 예수님은 우리를 "형제자매"로 부르신다. 히 2:11 성경은 구원을 외딴 광야에서 홀로 탄생한 것처럼 말하지 않는다. 우리는 하나님의 가족의 일원으로 새로 태어났다. "하나님의 의도는 공동체적인 그리스도의 몸을 세워서 서로서로에 대하여 화해된 유대인과 이방인으로 구성된 하나의 새로운 백성또는 가족을 만드는 것이었다엡 2:11-22" 는 그렌즈의 말은 하나님의 구원 의도를 정확하게 지적한 것이다. 스탠리 그렌즈, 690

'새로운 백성가족' 은 천상적이고 우주적인 교회를 의미하지 않는다. 이는 바울이 에베소에 있는 성도들에게 편지에 썼듯이, 일정 지역에서 교회를 형성한 그리스도인들을 구체적으로 지칭하고 있다. 따라서 '교회 출석' 은 공적인 모임보다는 가족 모임 참석과 더 유사하다. 마이클 그리피스, 93 지역 교회의 일원이 되는 것을 가족으로 묘사한 말씀은 갈 6:10에서 더 명확해진다. 갈라디아 교회들에 편지를 쓴 바울은 모든 사람들에게 선을 행할 필요가 있지만, 특히 "믿음의 식구들"을 더 선하게 대해야 한다고 권면한다. "믿음의 식구들" 은 내가 속한 공동체에 있는 형제자매들이다. 이들은 우주적 교회에 속한 추상적이고 미지의 인물이 아니다.

교회 안에서 고아는 존재할 수 없다. 하나님이 우리를 구원한 것은 자신의 가정으로 입양하는 것을 의미하기 때문이다. 우리가 하나님의 자녀가 되었으면서도 가족 없이 혼자 산다고 생각하는 것은 큰 착각이다. 원리상 우리 모두는 하나님 가족의 일원이 되었지만 실제 모습은 가족처럼 친밀하지 않다. 이러한 존재와 실존의 차이는 구원의 여러 측면에서도 나타난다. '우리는 의로운 자가 되었지만 의로운 자가 되어야 한다.' '거룩한 자가 되었지만 거룩한 자가 되어야 한다.' '하나님의 자녀가 되었지만 하나님의 자녀처럼 살아가기 위해 애써야 한다.' 그러므로 하나님의 가족이 되는 '존재 본질의 변화'에 맞추어, 우리는 실제 가족 같은 '진짜 가족'을 만들어 가기 위해 노력해야 한다. 종말에 이르러야 참된 가족이 완성되겠지만 "성령은 지금 인간의 모든 구분을 뛰어넘는 백성을 하나의 몸으로 결합시키고 있다. … 그러므로 성령의 지속적인 사역은 오직 인간 역사의 종말에 가서야 온전한 모습으로 출현하게 될 종말론적 공동체가 이미 우리 가운데 부분적이긴 하지만 진정한 방식으로 존재하고 있다는 것을 의미한다." 스탠리 그렌즈, 690

예루살렘 공동체에서 개인 재산을 포기하고 다른 지체들을 위해 나눈 것은 가족이라는 의식이 있었기에 가능했던 일이다. 그들은 존재 본질의 변화에 맞게 실천 했던 것이다. 이런 실천으로 인해 육체적 혈연 가족은 경제적 손실을 볼 수 있겠지만, 그들은 하나님을 아버지로 모신 새로운 가족의 중요성도 인정했기 때문에 이런 과감한 실천을 시도할 수 있었다.

② 혈연 가족을 넘어서 하나님의 언약으로 형성된 새 가족의 모습을 예수님은 자주 강조했다.

예수님이 하나님나라의 복음을 전하면서 소문이 퍼져 수많은 사람들이 몰려들었다. 그러나 예수님을 어릴 때부터 알던 사람들은 갑작스레 변한 예수님의 모습을 이해할 수 없었고, 예수가 바알세불에 사로잡혔다는 율법학자들의 모함은 설득력을 얻으면서, 소문은 어머니 마리아에게도 전해졌다. 막 3:22 마리아는 소문을 무시할 수 없어서 예수님의 동생들을 대동하여 '귀신 들린'

예수님을 집으로 데리고 가기 위해 찾아왔다. 막 3:31

어느 집에서 사람들에 둘러싸여 말씀을 전하던 예수님은 가족들이 찾아 왔다는 전갈을 받았다. 32절 이 소식을 전해들은 예수님은 어떤 반응을 보이셨는가? 보통 사람이었다면 오랜 만에 찾아온 어머니와 동생들을 잘 맞이하여 주변 사람들에게 소개하고, 소문이 사실이 아니라고 자신이 미치지 않고 정상이라고 밝히며 안심시키려 했을 것이다. 그러나 예수님이 보인 반응은 너무 의외였다. "예수께서 그들에게 대답하셨다. '누가 내 어머니이며, 내 형제들이냐?'" 33절 예수님의 말씀은 무엇을 뜻하는가? 진짜 내 어머니와 형제들이 아니라고 공식적으로 부인하는 건가? 만약 여기까지만 말했다면 예수는 미쳤다는 비난을 벗어나지 못했을 것이다. 그러나 예수님은 미치지 않았다. 당신이 겪는 모든 상황을 하나님나라 복음을 가르치기 위한 도구로 활용하기 위해 이렇게 반응하신 것이다.

예수님은 이 반응에 충격 받고 어리둥절한 사람들에게 자신이 생각하는 진짜 가족에 대해 말씀하신다. "그리고 주위에 둘러앉은 사람들을 둘러보시고 말씀하셨다. '보아라, 내 어머니와 내 형제자매들이다. 누구든지 하나님의 뜻을 행하는 사람이 곧 내 형제요 자매요 어머니다.'" 34-35절 예수님은 자신의 가족에 대해서 새롭게 정의 내리신 것이다. 이 땅에서 하나님의 뜻을 예수님과 같이 행하는 사람들이 진정한 그의 가족이 된다고…

이 말씀을 통해서 예수님은 두 가지 가르침을 주신다. 첫째, 예수님은 자신이 만들 새로운 공동체를 혈연 가족보다 더 중심적 위치에 두셨다. 둘째, 제자가 된다는 의미는 예수님과 일대일 관계를 맺는데 한정되지 않고, 혈연 가족을 넘어선 '새로운 가족'의 구성원이 되는 것이다. 즉, 예수님은 그를 따르는 사람들을 새로운 가족으로 불렀다. 그의 초청을 받아들여 제자가 되어 그를 따르는 것은 실체가 있는 혈연 가족처럼 우리 삶에 지대한 영향을 주는 새롭게 구성된 가족의 일원이 되는 것이다. "예수님을 따르는 무리는 그가 세우신 하나님의 대안 가족the surrogate family of God이자 새로운 가족이다." Joseph H. Hellerman, 71

우리는 예수님의 이런 반응이 특별한 상황에서 특별한 교훈을 주기 위한 것일 뿐, 우리 모두에게 보편적으로 적용되는 것은 아니라고 생각하는 경향이 있다. 그러나 예수님은 제자들을 부르실 때에도 이와 비슷한 강력한 요구를 하셨다. "예수께서 조금 더 가시다가, 세베대의 아들 야고보와 그의 동생 요한이 배에서 그물을 깁고 있는 것을 보시고, 곧바로 그들을 부르셨다. 그들은 아버지 세베대를 일꾼들과 함께 배에 남겨 두고, 곧 예수를 따라갔다."막 1:19-20 그들은 '아버지'를 버리고 예수님을 따라갔다. 기존의 가족을 등지고 새로운 가족의 일원으로 들어가는 것과 같다. 당시 관습으로는 상상하기 힘든 결단이다.

"누구든지 내게로 오는 사람은, 자기 아버지나 어머니나, 아내나 자식이나, 형제나 자매뿐만 아니라, 심지어 자기 목숨까지도 미워하지 않으면, 내 제자가 될 수 없다"눅 14:26는 말씀도 세속적 혈연 가족관계가 아닌 주님 안에서 결성된 새로운 가족의 중요성을 강조한다. 사람들은 전통적으로 '미워한다'는 표현을 '덜 사랑하는'으로 순화해서 이해하려 한다. 하지만 하워드 마셜과 제이콥슨은 이 단어의 히브리어 어근은 '버리다, 떠나다, 관계를 끊다'는 뜻을 가지고 있다고 지적한다. I. H. Marshall, 592; A. Jacobson, 362, 364 막 3:31-35에서 가족관계를 끊는 듯한 예수님의 단호한 모습은 제자들에게 부모와 가족을 버리고 예수님을 따르기 원하셨던 막 1:19-20의 말씀과 일맥상통한다.

그러나 제자의 삶은 사생활을 우선하거나 사사로운 감정에 휘둘려서는 안되겠지만, 혈연 가족과의 관계를 완전히 끊거나 그들을 돌보는 것을 중지하지는 않았다. 우리는 베드로가 아내와 함께 다니기도 하고 장모가 병 들었을 때에 예수님을 모시고 가서 치유한 이야기를 성경에서 찾아볼 수 있다. 마

8:14-15 예수님은 하나님나라 구현을 위해 새롭게 형성된 가족과 세상에서 맺어진 혈연 가족의 무게를 다르게 두시고 우선순위를 명확히 하신 것이다.

우리가 예수님께서 말씀하신 "하나님의 뜻을 행하는 사람들", 즉 하나님을 믿고 구원받은 사람들이자 예수님을 따르는 자들이라면, 우리는 예수님이 만드신 새로운 가족으로 편입하는 게 당연할 수밖에 없다. 예수님께서 우리를 새로운 가족으로 부르신 것은 예수를 믿고 따르는 자들에게 보편적으로 적용되는 규칙이기 때문이다.

다른 성경 구절에서도 우리는 예수님이 말씀하시는 새로운 가족 속에 그리스도인 모두가 포함된다는 사실을 확인할 수 있다. "여러분은 또다시 두려움에 빠뜨리는 종살이의 영을 받은 것이 아니라, 자녀로 삼으시는 영을 받았습니다. 그래서 우리는 그 영으로 하나님을 '아빠, 아버지'라고 부릅니다."롬 8:15 "그런데 여러분은 자녀이므로, 하나님께서 그 아들의 영을 우리의 마음에 보내 주셔서 우리가 하나님을 '아빠, 아버지'라고 부를 수 있게 하셨습니다."갈 4:6

예수 그리스도의 구원은 새로운 가족으로 입양되는 과정이고, 우리는 그 가족 안에서 새로운 정체성을 갖게 되며, 또한 새로운 관계를 통해 '재사회화'된다. Rodney Clapp, 83 우리가 세상에 태어날 때 이미 한 가족의 일원이 되듯이 복음으로 새 삶을 살게 될 때도 새로운 믿음의 가족 구성원이 되는 것이다.

예수님은 혈연만을 중시하는 사람들에게 영적 가족의 중요성을 강조하며 가르치신다. 예수님의 말씀처럼 그리스도인은 혈연 가족의 가치만을 최우선으로 두어서는 안된다. 믿음의 형제자매들로 구성된 교회 공동체도 혈연관계 못지않게 가족으로서 중요한 위치에 놓여야 한다. 예수를 따르는 자들은 그리스도인으로 새 정체성과 함께 새로운 가족이 주어지는데게르하르트 로핑크, 75, 79, 이제 기존의 혈연가족이 절대적인 위치에서 상대적 위치로 자리가 변

화되었다. 게르하르트 로핑크, 176

③ 교회에 대한 묘사도 교회가 가족이라는 점을 강조하고 있다.

복음으로 구원받은 사람들로 형성된 교회는 하나님의 새로운 가족이다. "그러므로 이제부터 여러분은 외국 사람이나 나그네가 아니요, 성도들과 함께 시민이며 하나님의 가족입니다." 엡 2:19 "만일 내가 늦어지더라도, 하나님의 가족 가운데서 사람이 어떻게 처신해야 하는지를 그대가 알게 하려는 것입니다. 이 가족은 살아 계신 하나님의 교회요, 진리의 기둥과 터입니다." 딤전 3:15 교회의 중요한 정체성 중 하나는 하나님이 가장되시는 '가족'이다.

하나님을 아버지로 모시게 된 모든 그리스도인들은 한 가족이 되면서 다같이 형제와 자매가 된다. 바울은 그리스도인들을 한 가족 안에 존재하는 형제와 자매로 생각했다. 바울서신에는 그리스도인들을 '가족'처럼 지칭하는 용어가 많이 등장하는데, '$\pi\alpha\tau\acute{\eta}\rho$ pater, 아버지'가 63회, '$\kappa\lambda\eta\rho o\nu\acute{o}\mu o\varsigma$ klerono-mos, 상속자'가 19회, '$v\acute{\iota}o\varsigma$ huios, 아들'이 17회, '$\tau\acute{\epsilon}\kappa\nu o\nu$ teknon, 자식'이 39회 나온다. 이에 더해서 가장 많이 등장하는 가족 용어는 '$\grave{\alpha}\delta\epsilon\lambda\varphi$ adelph–, 형제/자매' 어근으로 139회가 나온다. Jospeh H. Hellerman, 78

'형제'는 특히 교회 공동체 모든 구성원들을 지칭하는 포괄적인 용어다. 히 8:11; 13:23; 약 1:9; 2:15; 벧전 5:12; 벧후 3:15; 요일 2:9; 고전 5:11; 몬 1, 7, 16 초대 교회 "변증가들은 형제라는 호칭 자체를 이교도들의 관습과 대비되는 그리스도인들의 식별표지로 거듭 부각시켰고," 게르하르트 로핑크, 252 비기독교인들도 이 사실을 인정했다. "펠릭스의 대화록 '옥타비우스'에서 체칠리우스는 이렇게 지적한다. '무차별하게 서로 형제와 자매라고들 부르는군요.' 이 대화록에서 이교도를 대표하는 체칠리우스의 이 말은, 당시에 그리스도인들에 관하여 나돌던 평판과 편견이 길게 나열된 대목에 들어 있는 한마디다." 게르하르트 로핑크, 252 Joseph Hellerman은 예수님이나 초대교회에서 새로운 가족을 '형제와 자매'로 부른 것은 매우 의미심장하다고 말한다. 그는 1세기 문화에서 남편과 아내의 관계보다 형제간의 관계를 더 중요하게 여겼던 사실을 여러 가지 실증적인 자료를 통해 보여준다. 그러므로 그리스도인들의 관계를 '형제와 자매'로 표현하는 것은 우리가 상상하는 것 이상으로 밀접한 관계가 되었다는 것을 의미한다. Joseph H. Hellerman, 63

결론

긴밀하게 연결된 그리스도인

몸, 건물, 가족의 이미지는 다수의 개인들이 서로 긴밀하게 연결되어 하나의 공동체를 형성한다는 것을 강력하게 보여준다. 이 모든 이미지는 추상적/무형적/우주적 교회를 염두에 둔 것이 아니다. 바울은 문제 많은 고린도 교회, 에베소 교회, 갈라디아 교회라는 실체가 있는 지역 교회를 향해 선포한 것이고, 그 교회에 속한 성도들을 향해 자신의 정체성을 인식하라고 환기시킨 것이다.

또한 교회에 관한 다양한 이미지에 전제되어 있는 것은 그리스도의 몸, 하나님의 가족, 그리고 예수 그리스도께서 모퉁잇돌이 되신 건물과 무관한 그리스도인은 없다는 것이다. 신약 성경의 저자들은 교회와 무관한 그리스도인이 존재한다고 생각한 적이 없다. 그리스도인이라면 누구나 실제적인 공동체의 일원이 되어야 하고, 그들이 강력한 공동체를 형성함이 마땅하다고 여긴다.

그래서 신약의 서신들은 성도들이 교회에 모여 해야 할 가장 중요한 일은 서로 한 마음으로 공동체를 잘 지키는 일이라고 말한다. 하나됨을 강조하는 말씀은 서신서 도처에서 수없이 발견된다. "같은 마음과 같은 생각" 고전 1:10,

"같은 생각을 품고, 같은 사랑을 가지고, 뜻을 합하여 한 마음"빌2:2, "한 마음과 한 입"롬15:6, "한 정신, 한 마음"빌1:27, 심지어는 "하나되게 하신 것을 힘써 지키라"고 권면하기까지 한다. 엡4:3 힘써 지키라는 명령은 우리를 하나 되지 못하게 방해하는 수많은 장애물을 이겨내라는 권면이다. 방해 세력에 굴복하여 뿔뿔이 흩어지지 않고 우리를 부르신 하나님의 뜻을 따라, 서로 달라도, 마음에 안 드는 것이 있어도, 혼자 있는 게 편해도, 하나됨을 지키기 위해 노력하라는 뜻이다. 이 모든 말씀들은 그리스도인이 혼자가 아니라 공동체 일원으로 존재하며, 그리스도인은 언제나 공동체로 연합되어 실재하기 위한 노력을 끊임없이 기울여야함을 강조한다.

카르타고의 키프리안은 성도들의 공동체성을 주님이 가르쳐주신 기도를 통해서 분명하게 요약하고 있다. "무엇보다도, 평화의 교사요 연합의 주님은 성도들이 기도할 때 자기 자신만을 위해서 개인적으로나 사적으로 드리는 것을 원하지 않았다. 우리는 이렇게 기도하지 않는다: "하늘에 계신 '나'의 아버지", "오늘날 '나'에게 일용할 양식을 주시고", 또한 '나'의 죄를 용서하고, '나'를 시험에 빠지지 않게 하시고, '나'만을 악에서 구해달라고 기도하지 않는다. 우리의 기도는 공적이고 한 곳을 지향한다. 우리는 나만을 위해서가 아니라 모든 성도들을 위해서 기도해야 한다. 왜냐하면 우리 모두는 하나이기 때문이다." Joseph H. Hellerman, 97

3. 공동체의 쇠퇴

(1) 교회 공동체성의 부흥과 약화
① 초대교회의 공동체성
성경은 구원받은 성도들이 하나님의 공동체를 이루도록 가르쳤고 초대 교회 성도들은 이 말씀을 존중하여 성령 공동체를 형성하기 위해 애썼다. 예루살렘 교회는 실천하는 가족의 모습을 아름답게 보여주고 있다.

> 믿는 사람은 모두 함께 지내며, 모든 것을 공동으로 소유하였다. 그들은 재산과 소유물을 팔아서, 모든 사람에게 필요한 대로 나누어주었다. 그리고 날마다 한 마음으로 성전에 열심히 모이고, 집집이 돌아가면서 빵을 떼며, 순전한 마음으로 기쁘게 음식을 먹고, 하나님을 찬양하였다. 행 2:44-47
>
> 많은 신도가 다 한 마음과 한 뜻이 되어서, 아무도 자기 소유를 자기 것이라고 하지 않고, 모든 것을 공동으로 사용하였다. 사도들은 큰 능력으로 주 예수의 부활을 증언하였고, 사람들은 모두 큰 은혜를 받았다. 그들 가운데는 가난한 사람이 한 사람도 없었다. 땅이나 집을 가진 사람들은 그것을 팔아서, 그 판 돈을 가져다가 사도들의 발 앞에 놓았고, 사도들은 각 사람에게 필요에 따라 나누어주었다. 행 4:32-35

교회가 사회 속에서 소수의 자리에서 박해 받을 때 의지할 유일한 통로는 공동체 밖에 없었다. 그래서 생사를 함께 하는 공동체의 결속력은 강해질 수밖에 없었다. 교회 공동체는 순교한 자들의 자녀를 거두어 함께 키우고, 신앙적 이유로 불의한 직업을 그만둔 성도에게는 새 일자리를 주선해주고, 박해받아 피신 온 성도들에게 은신처를 마련해주며, 전염병에 걸린 성도들은 자기 몸을 아끼지 않고 간호해 주었다. 그들 모두가 한 가족이라는 믿음 때문이었다.

② 공동체성의 약화

시간이 경과하면서 성경과 초대교회의 이상은 점차 퇴색했다. 교회가 박해받고 어려운 때에는 상대적으로 결집력이 강했지만, 기독교 국가가 된 로마에서 재산과 권력을 쥐고 인정받는 기득권 세력이 되면서 이들의 공동체성은 약해졌다. 기독교의 국교화로 국가로부터 교회의 필요가 충족되면서 성도들끼리 서로를 지켜줄 책임 의식은 사라졌다. 이제는 모든 의무가 교회 '당국'과 '국가'에 집약되면서 성도 개인은 공적 책무로부터 점차 멀어지게 되었다.

교회의 내적 공동체성과 관계성은 우선순위에서 밀려나고 교회 구조와 질서가 더 중요한 이슈로 자리 잡았다. 신앙에 기초한 실제 삶의 중요성은 점점 소실되고 성례의 중요성이 대두되고 조명되었다. 결국 공동체성이라는 내적 속성은 사라지고 외적 종교 형태가 그 자리를 대신하는 시대가 도래했다.

이것은 종교개혁 이후에도 크게 달라지지 않았는데 주류 교회는 공동체성을 회복하기 보다는 교리를 세우고 지키기 위한 싸움에 몰두했기 때문이다. 예외적인 집단이 주류 교회로부터 박해를 받았던 재세례파들이다 이런 흐름은 현대까지 이어지면서 지금 우리가 목격하는 교회의 모습, 공동체라고 규정되지만 성경에서 의도하는 참된 가족, 한 몸, 한 건물의 의미를 상실한 모습으로 변질되었다.

(2) 교회 공동체성의 상실을 더욱 촉진시킨 현대사회의 원인들

교회의 공동체성이 쇠퇴하는 경향은 현대로 들어오면서 더욱 심화되었다. 그것은 다양한 문제와 상황들이 더해졌기 때문이다.

① 삶의 지형 변화
도시화와 교통수단의 발달로 거주 지역이 확장되고 주거지 이동이 빈번해지면서 사회 공동체는 붕괴되었다. 마을의 붕괴는 교회의 공동체성에도 큰 영향을 끼쳤다. 또한 산업 사회는 농업 시대와 비교하면 더 많은 시간을 노동

에 투입해야 했고, 경제활동에 너무 많은 시간을 들이게 된 사람들은 타인에게 관심 가질 여유가 사라지게 되었다. 김현진, 425-26

②산업화

산업화로 인한 자본주의의 발전과 물질적 풍요, 그리고 이와 동시에 촉진된 개인주의적 성향은 공동체성을 약화시켰다. 그로 인해 사람들은 물질적인 욕심에 사로잡혀 개인의 아성을 쌓는데 혈안이 되어 사람들 사이의 유대는 의미를 잃어가게 되었다. "더 큰 마당, 더 큰 집, 더 높은 담장, 아파트apartment : '떼어 놓다apart' 라는 동사에서 유래 를 통해서 사람과 사람 사이를 더 떨어뜨려 놓았다. 여기서 우리는 부유함이야말로 공동체를 해체하는 일등 공신임을 알수 있다." 하워드 스나이더, 『참으로 해방된 교회』, 159

③구원에 대한 개인주의적 견해

성경은 교회를 공동체로 인식하고, 구원받은 사람들은 당연히 공동체의 일원이 된다고 전제한다. 하지만 우리는 구원을 개인적 차원으로 축소시키고 교회 소속도 개인의 선택이라고 생각하는 경향이 있다. 밀리오리가 잘 지적한 것처럼, 현대인들은 공동체의 필요성을 자각할지라도 공동체 참여는 개인적 취향에 의한 선택이고, 그 기준은 자신의 욕구가 충족되는지 여부에 따라 정해진다.

이런 상황에서 교회는 "전적으로 선택적인 사항"이 되었고, "그리스도인이 된다는 것은 개인적 차원의 일일 뿐이며 타인과 함께 하는 삶과는 본질적으로 아무런 관련이 없다"고 생각하게 되었다. 다니엘 L. 밀리오리, 414

2천 동안 공동체와 분리된 개인을 생각조차 하지 않았던 그리스도인들이 현대에 와서 독립적 객체를 운운하는 이유는 무엇인가? 많은 학자들은 현대 개인주의 문화의 영향이 주된 원인이라고 말한다. 케빈 길레스, 40 케빈 길레스는 이 점을 분명하게 말한다. "예수와 모든 신약의 저자들은 현대의 개인주의를 이해하지 못할 것이다. 그들에게 있어서 개인은 항상 그들이 속한 사회의 부분이었으며, 이러한 사회적인 영역이 개인보다 우선적이었다. 예수를 좇는 자가 된다는 것은 새로운 영적인 가족의 일부가 되어 공동체의 일원으로 합류된다는 의미였다." 케빈 길레스, 42

현대 개인주의는 구원을 개인 영역으로 축소시키고 공동체보다 개인의 자아실현이나 권리를 중요하게 여기면서, 공동체 이탈을 손쉽게 만들고 '개인주의 신앙'을 양산하는 결과를 가져왔다. 이제는 공동체성 상실의 시대로 전환되어 버린 것이다.

④ 이원론적 사고방식

이원론은 신학과 신앙에도 지대한 영향을 미쳤다. 그래서 교회는 영적인 부분에 관심을 집중하고, 나머지 삶의 영역은 국가와 사회에 의탁하는 현상이 생겨났다. 이런 생각은 가족이 삶의 모든 면을 함께 나누는 것처럼 교회도 한 공동체로써 삶을 공유하며 살아가던 방식을 전복시켰다. 개인의 이원론적 신앙관이 확대되면서 총체적 공동체성을 배제하는 이원론적 교회론이 정착하게 된 것이다.

⑤ 변형된 사제주의

비록 종교개혁은 '만인 제사장론'을 설파하면서 로마 가톨릭의 사제주의를 타파했지만, 그 이후 대부분의 개신교회는 실질적으로 만인 제사장론에 입각하여 교회 구조를 세우지 못하고 변형된 사제주의를 답습하였다. 여전히 목사는 구약의 제사장이나 가톨릭 사제 역할을 담당하고, 성도들은 목사를 매개로한 수직적인 관계에 의존하면서 성도들 사이의 수평적인 공동체성은 상대적으로 약화되는 부작용을 낳았다. 성도들은 목사와 좋은 관계를 유지하는데 만족하고 성도 사이의 유대관계는 이차적으로 생각한다.

서로를 돌아보고 살피는 사명은 모든 성도가 가진 의무였지만, 이제는 전적으로 목사 고유의 직무로 퇴보하였다. 성도들이 공동체 안에서 맺었던 긴밀한 관계가 목사와 성도의 수직 관계로 대체되면서 교회의 공동체성은 힘을 잃고 약해지게 되었다.

⑥ 교회 성장주의

사람들이 도시로 밀려들면서 교회는 양적 성장 경쟁에 치우치고, 결과적으로 내적 긴밀성으로 응집되던 공동체는 뒷전으로 밀려나게 되었다. 친밀한 공동체적 관계는 교회 성도 수에 큰 영향을 받는다. 성도의 숫자가 많아질수록 관계의 밀도가 약해지는 것이 일반적이다. 도시화의 인구 집중 현상으로 대형교회는 성공 가능성이 높아졌고, 자본주의와 물질주의에 바탕을 둔 성장주의는 교회론에도 영향을 미쳐 목회자를 교회 성장 목표에 몰입하게 만들었다. 결국 성도의 영적 성장이나 코이노니아적 관계 회복은 주요 관심사에서 벗어나 버렸다.

(3) 한국교회의 공동체성 상실과 그 결과

① 한국교회 초기의 공동체성

초기 한국교회는 공동체적인 모습을 잘 보여주었다. 복음으로 한 가족이 된다는 의식이 심지어 수백 년 동안 공고하게 자리 잡고 있었던 신분과 계급의 차이까지도 넘어서게 하였다. 선교사들은 양반, 평민, 노비의 신분을 가리지 않고 복음을 전해 모든 이들을 교회로 맞이했다. 조선 시대에 양반과 천민이 같은 공간 안에 있다는 건 상상하기 어려운 일이었지만, 실제 교회에서는 이런 일이 일어나고 있었다. 승동교회 초기에 일어났던 일은 신분을 초월해서 하나가 된 공동체의 모습을 잘 보여주고 있다.

1895년 무렵, 모삼열Samuel Moore 선교사는 자신이 운영하는 학교에 백정 박씨의 아들 봉출이를 받아들였다. 그가 장티푸스에 걸려 죽게 되었을 때 모삼열은 임금의 시의였던 제중원 선교사 애비슨Avison을 데리고 와서 치료해주었다. 이 일로 인하여 박씨의 온 가족이 개종하였고 양반 마을인 곤당골소공동에 있는 교회에 나가기 시작했다.

양반 교인들은 그가 백정 신분임을 알고 그와 함께 예배를 드릴 수 없다고 시위하면서 박성춘을 다른 교회로 보낼 것을 요구하였다. 그러나 무어 목사는 "하나님 앞에 모든 인간은 평등하다"는 말씀을 견지하며 그들의 요구를 일축했다. 양반들은 차선책으로 교회 내에서 양반과 백정 자리를 구분하여 앞자리를 양반들의 지정석으로 달라는 타협안을 제시하였다. 그러나 무어 선교사는 그 타협안도 거부했다. 그는 하나님의 사랑이 모든 사람에게 평등하다는 믿음을 포기할 수 없었다. 결국 양반들은 홍문수골광교에 따로 교회를 세워 나갔고 박성춘은 1895년에 세례를 받았다.

이 모든 과정을 목격한 박성춘은 오기가 생겨서 양반들이 떠난 빈자리를 메우기 위해 서울 근교에 있는 백정 마을들을 찾아다니며 전도하였다. "백정으로 태어나 사람 대접도 못 받고 살아온 우리를 사람 대접해 주는 종교가 왔다"고 사람들을 설득했다. '사람 대접해 주는 종교'가 박성춘에게 주는 의미는 교인이 되는 것이 곧 인간이 되는 것을 의미하였다. 박성춘의 메시지는 같은 한을 안고 살아가던 백정들에게 호소력 짙었다. 얼마 안 가서 곤당골 교회는 백정들과 천민들로 가득 차게 되었다.

홍문수골로 나간 양반들은 곤당골 교회를 보고 '첩장교회'라며 무시했지만 곤당골 교회는 계속 성장해 나갔다. 그리고 3년 후, 부흥하는 곤당골교회와는 달리 운영에 어려움을 겪던 홍문수골 교인들은 두 교회의 합병을 요청했고, 두 교회는 탑골인사동에 새 예배당을 마련하였다. 이것이 '승동교회'의 출발이다. 1911년 승동교회에서 처음으로 장로를 뽑을 때, 박성춘은 초대 장로로 선출되기까

지 하였다. 이덕주, 150

② 공동체성 상실

한국교회도 공동체성을 파괴하는 현대 상황의 영향을 피할 수 없었다. 위에서 언급한 교회의 공동체성 상실을 촉진시킨 여러 가지 요인들이 한국교회를 무차별적으로 공습하였다. 그 결과 한국교회는 초기 교회의 공동체성을 급속도로 상실하고 개인적 신앙생활만을 원하는 신자들이 모인 집단으로 전락하고 말았다. 특히 1980년대 한국교회 최고의 부흥기 무렵부터 한국교회의 공동체성은 급격하게 무너졌다. 그 주요 원인 중 하나가 신 주거지역 개발과 재개발 열풍으로 인한 마을의 해체와 대형교회 출현이다. 이 부분은 7장에서 다시 자세하게 언급할 것이다

우리는 주변에서 공동체성이 상실된 교회를 흔하게 목격하고 있다. 교회마다 다양한 방식으로 소그룹 모임을 갖지만, 그 모임은 종종 피상적이고 가식적 성격이 농후하다. 모두가 영적 가면을 쓰고 나타나서 보여줘도 되는 것들만을 보여주기 때문이다. 그들은 예배, 기도, 큐티와 같은 좁은 의미의 '영적 생활'에 대해서는 꼼꼼하게 나눈다. 그러나 가정의 깊은 문제들, 부부간의 문제, 아이들 교육과 관련된 신앙적 고민, 직장에서 겪는 어려움, 인생의 목표와 방향, 돈을 벌고 사용하는 방법과 관련된 내밀한 문제들은 꽁꽁 숨겨둔다. 암묵적으로 서로의 사적 부분을 관여하지 않는다는 약속이 깔려있다.

어느 중형교회의 A 집사에게서 들은 이야기는 한국교회 성도들의 피상적 관계를 잘 보여준다. 그는 가정교회 제도를 채택하고 있는 좋은 평판을 가진 교회에 출석하고 있었다. 목사님도 좋은 분이었고 가정교회 식구들도 좋은 사람들로 친밀한 관계를 형성하고 있었다. 그러나 문제가 발생했다. 가정교회 식구였던 40대 집사 한 분이 암으로 시한부 판정을 받게 된 것이다.

가정교회 멤버들은 십시일반으로 치료비 일부를 도와주었지만 더 큰 문제

는 앞으로 남겨질 아내와 아이들이었다. 그러나 그들이 이 문제를 감당하기에는 현실적으로 벅찰 수밖에 없었다. 안타까운 마음이었지만 지속적으로 경제적 도움을 주기 어렵다고 생각하면서 이 가족의 상황을 조금씩 외면하는 단계까지 이르게 되었다. 이런 모습을 지켜본 A 집사는 의문이 들기 시작했다. 가정교회도 잘 모였고, 가족 같이 친밀하다고 생각했는데 공동체적 교회의 모습이 어떻게 이럴 수 있는가? 결정적인 때에 손을 놓고 아무 것도 하지 않는 교회를 진짜 공동체적인 교회라고 말할 수 있는가? 교회 공동체가 구성원의 어려움을 외면하고 멀어져간다면, 그들은 대형교회에서 예배만 드리는 '선데이 크리스찬'과 실제적으로 다를 바 없다. 피상적인 관계 안에서 만족을 느끼면서 자신들을 참된 '공동체'라고 착각하고 있는 것이다. 우리는 이렇게 착각하는 많은 성도들을 교회 안에서 흔하게 목격한다.

③ 공동체성 상실의 결과

교회가 공동체성을 상실하면서 하나님께서 교회를 공동체로 만들 때 의도하셨던 수많은 유익을 누리지 못하게 되었다. 공동체가 얻을 수 있는 유익에 대해서는 5장에서 설명할 것이다 간단하게 말해서, 각 성도들은 참된 성장을 위한 지원과 세상에서 하나님의 거룩한 자로 담대하게 살 수 있는 동력의 원천을 상실하게 되었고, 그 결과 세상에 굴복하는 무기력한 삶에 매몰되었다.

교회 전체로는 오래 전부터 교회를 계획하시고 그리스도의 핏값으로 세우신 교회를 향해 품은 하나님의 계획이 좌절되는 결과로 나타났다. 교회는 '대안 공동체'와 '대안 사회'가 되어 세상에 빛을 비추는 사명을 상실했다. 교회가 유리창이 되어 세상 너머에 있는 새로운 세상을 투영해야 하는데, 거울이 되어 세상을 있는 그대로 반사해 버렸다. 즉 세상과 구별되지 않은 문제 많은 집단으로 전추했다. 세상과 구별되지 않는 교회는 매력을 잃어버려 사람들을 끌어들이는 동력이 상실되고, 결국 밖에 버려져 밟히는 신세가 된다.

공동체성을 상실한 교회는 세상에서도 그 가치를 상실할 뿐 아니라, 내부자들에게도 좌절감을 안겨준다. 교회의 각종 비리와 함께 참된 공동체성을 상실한 교회가 피상적인 조직, 집단, 활동 모임으로만 기능하면서 교인들은 더 이상 교회에 머물러 있을 필요를 느끼지 못하게 되고, 그것은 '탈교회 성도'라는 새로운 흐름으로 이어지게 되었다.

이것은 많은 교인들이 이단에게 매력을 느끼는 이유와 유사하다. 사람들이 이단에 빠지는 이유는 성경의 어려운 난제들을 '다 풀었다'는 신학적 명쾌함이라는 유혹에 빠지기 때문이기도 하지만, 기존 교회에서는 느껴보지 못한 참된 사랑의 공동체성을 경험하기 때문이기도 하다. 신천지에 빠졌다가 돌아온 사람들의 이야기를 들어보면 그들이 베푸는 '사랑의 돌봄'을 한번 경험하면 뿌리치고 나오기가 정말로 어렵다고 한다. 가식적이거나 일시적인 돌봄이라고 해도 '기존교회에서 경험하지 못했지만 경험하고 싶은' 공동체적 욕구와 접점이 있었음은 분명하다.

여호와의 증인들은 신학적인 이유로 지금까지 군복무를 거부해왔다. 수많은 청년들이 자신의 이력에 지울 수 없는 빨간 줄이 그어질 줄 알면서도 자신들의 신앙 양심을 따라 병역을 거부해온 것이다. 이것이 그들 신앙의 확고함을 보여주기도 하지만, 다른 한편으로 그들이 병역 거부자로 사회에서 낙인 찍힌다고 해도 공동체의 든든한 지원이 약속된다는 믿음이 있기 때문에 어려운 결단을 내릴 수 있었을 것이다. 그들의 신학을 옳고 그르다고 판단하기 이전에, 이들이 보여주는 가족 같은 결속력은 그들 교회가 성경에서 전하는 사랑의 공동체를 형성하려고 노력한다는 면에서 함부로 비판하기는 어렵다. 한국 교회는 자신들이 '정통' orthodoxy이라고 주장하고 이들을 이단으로 규정하고 비판한다. 그러나 이런 주장이 신학적으로는 옳을지 모르지만, 참된 교회를 향한 하나님의 뜻을 실천하는 '정행' orthopraxy의 관점에서는 정통과 이단의 위치는 바뀐 듯 보여지는게 현실이다.

4. 위기는 기회다

(1) 공동체는 사명이다.

요즘은 일반 사회뿐만 아니라 교회에서도 '공동체' 라는 말이 유행하고 있다. 교회마다 '공동체' 라는 말을 선호하고 자주 사용한다. 어떤 의중으로 이 표현을 사용하는지는 모르겠지만 이 단어를 쓴다고 해서 모두가 진정한 공동체가 되는 것은 아니다. 앞에서 언급한 A 집사의 경험과 유사한 모습을 보여주는 교회는 진정한 공동체적인 교회라고 말하기는 어려울 것 같다. 진정한 공동체에 대한 각성은 이제 모든 그리스도인들의 고민이다.

우리는 성경을 통해서 교회가 아름다운 공동체라는 것을 배웠지만, 현실 교회의 모습에서 큰 괴리를 느끼게 한다. 스스로 '공동체' 라고 말하지만 그 용어가 텅 비어있음을 깨달으며 허망함을 느끼기도 한다. 어떻게 하면, 하나님이 의도하시고 예수님이 가르치셨던 참된 공동체를 만들어갈 수 있을까?

탈교회 현상은 교회의 위기다. 그리스도인의 교회 출석이 필수였던 과거 모습에서 벗어나 교회 참여를 선택하는 시대가 열렸다. 자동 가입 혹은 강제 가입은 교회를 오만하게 만들었으나, 사람들이 교회를 이탈하는 현상이 증가하면서 교회는 자신의 정체성과 목적과 방향성을 되돌아보게 된다. 왜 사람들이 떠나는지, 무엇이 잘못되었는지, 우리가 놓친 것은 무엇인지 성찰하게 된다.

그러므로 탈 교회 현상은 교회에 좋은 기회가 될 수 있다. 교회의 본질이 무엇인지 성찰할 수 있는 좋은 기회가 될 수 있다. 교회 무용론을 주장하면서 각자도생의 길로 나서는 수많은 이탈자들 속에서 오히려 교회 공동체성의 핵심을 돌아보게 하는 반면교사가 될 수 있다. 따라서 우리는 탈 교회 현상을 지금까지 형식적이고 제도적 기관으로서의 교회를 고수하다 놓친 교회됨의 본질인 공동체성을 회복하라는 상처받은 영혼들의 절규로 인식해야 한다. 주님께서 그렇게 강조하셨지만 정통을 주장하는 교회들이 놓쳤던 '거룩한 백성들의 공동체'를 다시 회복하라는 강력한 요청으로 인식해야 한다.

우리가 교회로 모인다는 것은 잃어버렸던 공동체성을 다시 회복함을 의미한다. 그것은 다른 어떤 사역이나 목적의 성취보다 우선되는 것이다. 마치 존재가 행함보다 우선이고 하나님과의 관계가 하나님을 위한 일보다 우선이듯, 성도들 사이의 관계가 그들과 동참하는 어떤 활동보다도 우선되어야 한다. 공동체는 단순히 교회 성장이나 특정 목적을 위한 '수단'이 아닌 그 자체로 고귀한 '목적'이 되어야하기 때문이다.

교회의 공동체성은 우리가 참여해서 유익을 얻으려는 수단으로만 기능하지 않고, 우리가 노력을 기울여서 바르게 형성해야 할 목적 대상인 것이다. 나의 유익을 위해서 교회에 나가기도 하지만 개인 유익만을 강조할 때 우리의 신앙은 개인주의적이고 이기적으로 흐르기 쉽다. 이런 경향이 지속되면 결국 궁극적인 가치까지도 잃어버리게 된다. 오히려 공동체를 형성하기 위해 노력을 기울일 때 다른 유익들도 함께 따라 온다. 우리는 온전한 공동체를 형성할 책임과 의무가 있다. 그것이 하나님께서 우리를 구원하신 목적이고, 교회를 형성하신 목적이며, 우리를 교회로 부르신 목적이 되어야하기 때문이다.

(2) 무엇을 공유하고 나눌 것인가?

'공동체' 코이노니아는 구체적으로 무엇을 포함하는가? 다른 말로 하면, 공동체가 함께 공유하고 나누어야 할 것이 무엇인가? 앞으로 보다 자세하게 언급하게 될 것이지만, 여기에서 핵심만 정리 한다면 다음 6가지가 될 것이다.

① 인식을 함께 함

먼저 공동체는 교회가 무엇인지에 대한 인식을 공유해야 한다. 교회는 구원받은 사람들이 모인 공동체로서, 죄로 물든 세상에서 하나님이 의도하시는 새로운 사회와 질서가 도래했음을 증거하는 공동체라는 사실을 공유해야 한다. 또한 공동체 멤버들 서로를 바라보는 인식도 공유해야 한다. 그들을 단지 같은 조직에 소속된 구성원으로만 생각하지 않고 하나님과의 언약 관계를 통해 새롭게 형성된 언약의 새 가족이라는 의식을 가져야 한다.

② 목적을 함께 함

예루살렘 공동체의 중요한 특징은 "많은 신도가 다 한 마음과 한 뜻이 되었다"는 것이다. 행 4:32 참된 공동체는 교회와 서로에 대한 인식을 바탕으로 새로운 삶의 방식과 관계를 보여주는 새로운 공동체대안사회, 대조 사회, 대안 공동체를 만들려는 목적을 공유해야 한다. 이것을 '하나님나라 비전' 이라고 할 수 있다. 자신들의 유익을 채우기 위한 것이 아니라 하나님을 사랑하고 섬기려는 열정으로 모인 공동체야말로 하나님이 의도하신 '하나님나라의 공동체' 인 것이다.

③ 삶의 전 영역을 함께 함

하나님의 대안적 삶의 공동체인 교회는 개인주의와 이원론을 탈피하여 삶의 모든 영역에서 함께 하는 삶을 살기 위한 노력을 해야 한다.

이것은 삶의 수직적 차원에서 '요람에서 무덤까지' 함께 나누는 삶이고, 삶의 수평적 차원에서 교회, 교육, 직업, 가정사, 노후, 정치적 행동, 경제적 활동, 주거 등 '삶의 모든 영역' 을 함께하는 삶이다. 이런 실천을 통해 세상 안에서 하나님나라의 총체적 모델을 보여주는 교회는 참된 공동체적 교회가 된다.

④ 삶의 자리를 함께 함

예루살렘 교회는 "모두 함께 지냈다"고 말한다. 행 2:44 물론 이것이 구체적으로 무엇을 의미하는지 불분명하고, 또한 얼마나 오랫동안 이런 삶의 형태를 유지했는지도 불확실하지만, 성령의 충만함을 받은 성도들이 더 가까이 살면서 삶을 나누려는 열망을 가지게 되는 것은 자연스러운 일이다.

물리적 삶의 거리가 멀면 공동체적 삶을 공유하며 살아가기가 어렵다. 그러므로 삶을 나누는 것이 가능한 생활권에 모여 살면서 결집된 공동체를 형성하는 것이 현실적으로 필요하다.

⑤ 재물을 함께 나눔

예루살렘 교회에 대해 사도행전은 "그들 가운데는 가난한 사람이 한 사람도 없었다. 땅이나 집을 가진 사람들은 그것을 팔아서, 그 판 돈을 가져다가 사도들의 발 앞에 놓았고, 사도들은 각 사람에게 필요에 따라 나누어주었다" 고 묘사한다. 행 4:34-35 이런 모습을 목격한 바울도 나중에 자신이 설립한 교회의 성도들에게 "지금 여러분의 넉넉한 살림이 그들의 궁핍을 채워주면, 그들의 살림이 넉넉해질 때에, 그들이 여러분의 궁핍을 채워 줄 수도 있을 것입니다. 이렇게 하여 평형이 이루어지는 것입니다. 이것은, 성경에 기록하기를 '많이 거둔 사람도 남지 아니하고, 적게 거둔 사람도 모자라지 아니하였다' 한 것과 같습니다" 라고 말하면서 성도들 사이에 '평균케하는 원리' 를 적용하려고 노력했다. 고후 8:14-15

따라서 죄로 타락한 현대 사회의 질병인 물질주의를 극복하는 모습을 보여주는 공동체가 하나님이 의도하시는 참된 교회의 모습이다. 예루살렘 교회의 전례를 기억하며 역사적으로 수많은 공동체가 경제적 나눔을 실천해왔다. 모든 공동체가 반드시 완전한 공산사회를 이루어야 할 필요는 없지만, 적어도 평균케하라는 성경의 원리, 경제적으로 궁핍한 형제를 도우라는 성경의 원리를 적극적으로 실천하는 공동체가 되어야 한다.

⑥ 하나님의 공동체를 제1차 준거 집단으로 설정함

위의 다섯 가지 목표를 현실적으로 이루기 위해서는 교회가 성도들의 삶에서 제1차 준거 집단이 되어야 한다. 이것이 의미하는 것은, 그리스도 안에 있는 형제자매들이 나의 가장 가까운 사람들이고, 교회 공동체를 중심으로 내 삶을 계획하고, 공동체와 함께 인생을 꿈꾸고, 교회와 함께 비전을 실행하고, 공동체와 함께 인생의 문제를 고민하고 해결하면서 교회의 문제를 내 문제처럼 여기는 것이다. 이런 의미에서 교회는 제한된 관심사만을 공유하는 다른 이익단체, 취미단체, 직장과는 분명히 구별된다. 그리스도인의 공동체는 '삶의 총체적 공동체' 로 재설정 되어야한다.

5. 하나님은 왜 교회를 공동체로 만드셨나?

(공동체의 유익)

하나님은 세상을 변화시키려는 목적을 위해 공동체를 선택하셨다.

공동체가 우리 눈에는 비효율적으로 보일 수도 있지만, 세상을 창조하고

구원사역 성취를 위해 발휘된 하나님 지혜의 또다른 표현이다.

공동체라는 말에서 사람들은 매력과 부담을 함께 느낀다. 개인주의 시대에 서로 돕고 의지하며 사는 삶은 많은 장점을 포함하고 있지만, 나와 다른 사람들과 함께하는 삶은 새로운 모험의 길을 떠나듯 여전히 두려움이 앞서기 때문이다. 많은 성도들이 청년 때는 공동체적 삶을 동경하고 공동체를 이루어 사는 꿈을 품기도 하지만, 나이가 들어가면서 이 바람은 청년 시절에 잠시 꾼 백일몽이 되어 실행에 옮기지도 못한 채, 빛이 바랜 또 하나의 인생 목표로 남는다. 바쁜 세상은 나 자신을 챙기기도 힘들기에 남들에게 내 곁을 내어주고 공유하는 삶은 어려울 수밖에 없다.

우리는 종종 신앙을 공유하는 성도들과 가깝게 생활하다 서로의 단점을 발견하여 실망하고 성격과 삶의 방식의 차이가 드러나면서 상처를 받기도 한다. 그래서 성도들은 암묵적 동의를 통해 사적 범위를 침범하지 않는 적당한 선을 유지하는 삶을 이어가고, 교회에서 형성된 개별적인 모임을 통해 공동체의 표면만을 맛보며 만족하며 살아간다.

우리는 경험적으로 다른 사람과 친밀한 공동체를 이루어 사는 삶이 가지는 어려움을 안다. 그럼에도 불구하고 하나님은 왜 교회를 공동체로 만드시고 우리를 공동체 안에서 살기 원하셨을까? 그 이유는 무엇인가? 하나님의 의도는 무엇인가?

이번 장에서는 하나님이 교회를 공동체로 만드신 목적을 염두에 두면서, 우리의 염려를 뛰어넘는 공동체가 가지는 많은 유익에 대해 살펴볼 것이다.

1. 공동체는 인간의 존재 방식이며, 세상을 회복하기 위한 하나님의 지혜로운 모델이다.

(1) 인간은 공동체성을 가진 존재로 창조되었다.

하나님은 첫 번째 사람을 창조하신 후에 사람이 홀로 거하는 것이 좋지 않다고 생각하셔서 또 다른 사람을 만드셨다. 창 2:18 이 말씀은 창조 때부터 사람이 공동체성을 가진 존재임을 의미한다. 우리가 공동체성을 가진 존재라는 더 결정적인 이유는 인간이 하나님의 형상으로 창조되었다는 사실에 있다. 하나님의 형상이 가지는 핵심 주제는 삼위일체 하나님의 상호관계가 반영된 '관계성'에 있다. 그래서 콜린 건턴은 "인간 존재가 된다는 것은 하나님과 및 다른 인간들과의 관계 안에서, 그리고 이 관계를 위해 창조된다는 것"이라고 설명한다. 콜린 건턴, 281 따라서 사람됨의 근본은 공동체 안에서 가장 잘 구현될 수 있다.

사회학자 김경동은 인간 본성이 기본적으로 공동체성을 가진다는 의미를 인간 성장과 사회화 과정에서도 찾아 볼 수 있다고 설명한다. 김경동, 94 사람은 어린 시절 정상적으로 성장하기 위한 원초적 사회화를 주로 공동체에서 경험한다. 또한 사람은 집단 속 사회화를 통해 '우리'라는 집합적 자아관을 형성하게 된다. 본래 인간의 '자아' self 형성은 사회적 맥락 안에서 사회화를 거쳐야 가능하므로, 근본적인 자아는 사회적 존재로 확대된다. 우리의 자아는 고립된 자아 안에 갇히지 않고 타인과 함께 살아가는 삶의 실존 관념의 기초인 '우리' 의식을 함양하게 되고 공동체는 '우리' 의식을 조달하는 제공처가 된다. 인간은 이처럼 자아정체성self identity을 공동체를 통해 형성한다. 공동체에 소속되면서 개인의 정체성은 선명하고 뚜렷해진다. 인간은 사회 정체성까지도 공동체로부터 습득한다. 우리는 공동체라는 모임과 집단에 소속되어 일정한 사회적 지위를 획득하게 되기 때문이다.

또한 생태학적 관점에서도 인간은 '공동체 본능' instinct of community을 가지고 있다. 공동체는 곧 인간 본성의 필수요건의 하나인 셈이다. 모든 생명체는 '체계추구' systems-seeking의 성향을 포함하고 다른 생명체들과의 관계 속에서 연관성을 유지하려는 욕구가 있다. 체계는 구성요소들이 상호의존적인 관계 속에서 하나의 전체로 통합하여 생존하는 특징이 있다. 따라서 생명체 유지를 위해서는 '독립' 개념이란 적절하지 않다. 생명체는 결코 단독 생존이 불가능하고 관계를 통해서만 완성을 이룰 수 있기 때문이다. 생명체의 기본적인 패러독스역설는 자유자결권를 향한 절대적 욕구와 함께 관계/연고/관련성을 갈망하는 욕구도 포함하고 있다는 사실을 부정할 수는 없다. 김경동, 94-95

인간의 욕구에 대한 관찰 결과도 인간이 본질적으로 공동체적 존재이고 다양한 욕구를 공동체 안에서 충족시키는 사실을 알려준다. 슬래이터Philip E. Slater는 인간이 기본적으로 세 가지 욕망을 가지고 있다고 말한다. '공동체를 바라는 욕망' human desire for community 하나의 총체적이고 가시적인 집합적 실체집단에 속한 동료들과 신뢰와 형제애 안에서 협동하며 살기 원하는 성향, '개입과 참여engagement를 바라는 욕망' 사회 및 대인관계의 문제들과 진지하게 맞서고 대등한 위치에서 단순하고 이기적인 이해 신장으로 구성되지 않은 사회적 환경과 대처를 원하는 바람, '의존dependence하려는 욕망' 자신의 충동을 제어하고 삶의 방향에 대한 책임을 공유하고 싶은 마음 Haig Khatchadourian, 5

카차두리안Haig Khatchadourian 의 논지에서도 우리는 슬래이터와 유사한 것을 발견할 수 있다. "사람들에게는 여러 가지 심리적 욕구 중에서 특히 사랑애정, 소속, 용납, 인정, 성취 등의 기본 욕구욕망, 추동가 있고 '의미를 찾으려는 존재' meaning-seeking being로서 의미를 향한 의지will to meaning를 가지는데, 공동체에 대한 욕망은 이러한 기본 욕구들의 표출이다." Haig Khatchadourian, 5 그래서 김경동은 "사람은 어떤 집단, 특히 공동체에 소속해 있으면서 타인들과 의미 있는 관계를 맺을 때 소속감과 안정감을 경험하고, 타인과 함께 사회적인 삶을 영위한다는 공동체적 의식을 필요로 한다"고 결론 내린다. 김경동, 95

결국 인간의 가장 기본적인 욕구는 공동체 소속을 통해 충족될 수 있다는 뜻이다.

(2) 공동체성의 파괴

그러나 우리가 사탄의 유혹에 넘어가 죄를 지으면서 공동체성도 무너지게 되었다. 사탄은 영어로 devil이고 헬라어 어원은 '$\delta\iota\alpha\beta\alpha\lambda\lambda\omega$' diaballo, 분리시키다이다. 사탄의 임무는 사람들을 하나로 합심하지 못하도록 분리하는 것임을 알 수 있다. 즉 마귀가 주력하는 일은 공동체를 파괴하는 것이다. 권문상, 213 아담과 하와의 분열, 가인과 아벨의 분열, 바벨탑에서의 분열하나님을 거역하는 인간 사회가 파생한 극단적 결과은 구약에서 발견되는 분열에 대한 대표적 사건들이다.

공동체 파괴는 인간 내면에 각인된 공동체적 본성들을 충족하지 못하면서 다양한 부작용을 생산한다. 외로움이 증가하면서 우울증이 심화되고, 사회성이 약화되어 타인과 관계 맺는 법을 모르며, 그 결과 타인을 수단으로 여기는 것을 넘어서 적敵으로 여기는 성향이 급증하고, 그로 인해 '만인의 만인에 대한 투쟁'으로 세상은 만신창이가 되어버린다.

(3) 공동체성의 회복

하나님은 우리를 구원하신 후 교회를 통해서 공동체적 인간의 모습을 회복하기 원하셨다. 예수님은 대제사장 기도를 통해 "우리가 하나인 것 같이, 그들도 하나가 되게 하여 주십시오"라고 간구했다. 요 17:11 삼위일체 하나님이 하나인 것처럼 하나님의 자녀들도 하나가 되는 것이 하나님의 뜻이라는 의미다. 하나가 되는 것은 피상적인 관계를 의미하지 않는다. 하나님의 삼위일체의 한 가지 특성인 '페리코레시스'가 보여주듯이 서로 의존하고, 서로 돕고, 함께 거하는 긴밀한 관계를 의미한다.

이처럼 관계적 공동체가 회복될 때 하나님의 형상으로 창조된 우리의 본 모습은 온전하게 회복되고, 우리의 하나됨을 통해서 하나님이 보내신 구세주가 예수 그리스도라는 사실이 온 세상에 드러나게 될 것이고요 17:21 "아버지, 아버지께서 내 안에 계시고, 내가 아버지 안에 있는 것과 같이, 그들도 하나가 되어서 우리 안에 있게 하여 주십시오. 그래서 아버지께서 나를 보내셨다는 것을, 세상이 믿게 하여 주십시오.", 더 나아가서 우리 아버지 되시는 하나님을 세상에 증거하는 열매를 맺게 될 것이다. 요 13:34-35 "이제 나는 너희에게 새 계명을 준다. 서로 사랑하여라. 내가 너희를 사랑한 것 같이, 너희도 서로 사랑하여라. 너희가 서로 사랑하면, 모든 사람이 그것으로써 너희가 내 제자인 줄을 알게 될 것이다."

그러므로 우리를 구원하여 새로운 피조물로 재탄생 시키는 하나님의 구원 계획을 이해한다면, 우리는 공동체를 진지하게 받아들여 개인주의를 극복하면서 하나가 된 공동체를 만들기 위해 노력해야 한다. 이 노력은 나를 온전하게 회복하기 위한 하나님의 계획을 성취하는 유일한 길이기 때문이다.

2. 공동체적 삶을 통해서 참된 성장이 가능해진다.

(1) 하나님을 온전하게 알기 위해서는 공동체가 필요하다.

그리하여 우리 모두가 하나님의 아들을 믿는 일과 아는 일에 하나가 되고, 온전한 사람이 되어서, 그리스도의 충만하심의 경지에까지 다다르게 됩니다. 우리는 이 이상 더 어린아이로 있어서는 안됩니다. 우리는 인간의 속임수나, 간교한 술수에 빠져서, 온갖 교훈의 풍조에 흔들리거나, 이리저리 밀려다니지 말아야 합니다. 우리는 사랑으로 진리를 말하고 살면서, 모든 면에서 자라나서, 머리가 되시는 그리스도에게까지 다다라야 합니다. 온 몸은 머리이신 그리스도께 속해 있으며, 몸에 갖추어져 있는 각 마디를 통하여 연결되고 결합됩니다. 각 지체가 그 맡은 분량대로 활동함을 따라 몸이 자라나며 사랑 안에서 몸이 건설됩니다. 엡 4:13-16

바울은 교회 안에서 연결되어 있는 각 지체들이 서로 도움과 영향을 주면서 온전한 사람으로 거듭나고 그리스도의 몸을 자라게 한다고 증거한다. 우리는 하나님을 혼자서도 알아갈 수 있다고 생각하지만, 바울은 인간의 한계를 인정하여 다른 사람의 도움 속에서 하나님을 알아가고 성장해야 한다고 말한다.

바울의 논지가 C. S. 루이스의 이야기에 잘 나타난다. 그는 오랫동안 여러 사람들과 함께 잉클링스Inklings라는 모임을 가져왔는데, 그 멤버 중 한 사람이었던 찰스 윌리엄스가 죽은 다음에 아쉬움을 토로했다.

내 친구들 각각에게는, 누군가 다른 친구만이 온전히 이끌어 내 줄 수 있는 무엇이 있다. 나 혼자 그들의 전인숲人을 불러내 활동하게 하기에는 역부족이다. 상대의 모든 면을 드러내려면 나 말고도 다른 빛들이 필요하다. 이제 찰스가 죽었으니 찰스 특유의 농담에 대한 로널드 톨킨의 반응을 다시는 볼 수 없게 되었다. 찰스가 떠난 지금 로널드는 내 차지가 되었건만 내가 누릴 로널드는 더 많아지기는커녕 오히려 더 줄어들었다. 이런 의미에서 우정은 영광스럽게도 천국 자체를 가깝게 닮았다. 천국에서는 우리 각자에게 있는 하나님의 열매가 허다한 복된 무리로 인해 배가된다. 그분을 보는 눈이 영혼마다 달라서 그 독특한 시각이 당연히 나머지 모두에게 확산되기 때문이다. C. S. 루이스, 61-62

한 사람을 더 잘 알고 누리기 위해서도 또 다른 친구가 필요하다면, 하나님을 알기 위해서 다른 사람과 연대가 필요함은 두 말할 나위 없다. 혼자 묵상하면서도 하나님을 인지할 수 있겠지만 그 깊이와 넓이는 부족할 수밖에 없다. 광대하신 하나님은 나의 눈과 인식만으로 파악하기는 불가능한 존재이기 때문이다. 그래서 하나님은 우리에게 공동체를 허락하셔서 "하나님의 아들을 아는 일에 하나가" 되라고 명한 것이다. 우리는 하나님을 사랑하는 사람들과 교제하면서 하나님을 더 잘 알게 되고, 예수 그리스도를 더 닮아가게 된다. 팀 켈러, 177-78

(2) 신앙 훈련을 통한 성장은 교회라는 공동체 관계 속에서 비로소 온전하게 이루어진다.

혼자 외딴 곳에서 도를 닦으며 성장하는 것은 기독교 개념에 적합하지 않다. 영성은 사막에서 홀로 수도하거나 기도원에서 금식기도를 한다고 크게 성장하지 않는다. 수도와 금식기도는 어느 정도 유익을 줄 수 있겠지만 이런 방식의 훈련에는 분명히 한계가 있다. 진정한 성장은 다른 성도들과 믿음으로 교류하고 지속적인 관계를 맺을 때 가능해진다. 사람들과 더불어 부대끼고 자극 받아, 철이 철을 날카롭게 깎아내듯 우리의 모난 부분을 교정하고 다듬으며 성장해 간다.

예수님도 제자들을 공동체 안에서 훈련하셨다. 즉 예수님의 제자 훈련은 공동체성을 띤 훈련이었다. 막 3:13-14 "예수께서 산에 올라가셔서, 원하시는 사람들을 부르시니, 그들이 예수께로 나아왔다. 예수께서 열둘을 세우시고 [그들을 또한 사도라고 이름하셨다.] 이것은, 예수께서 그들을 자기와 함께 있게 하시고, 또 그들을 내보내어서 말씀을 전파하게 하시며”

영적 영역과 전인적인 모든 면은 공동체에서 개방되고 다루어질 때 진정한 성장으로 이어진다. ‘영적 방랑자’ 나 ‘영적 은둔자’ 는 진정한 의미의 성장을 이룰 수 없다. 자신을 돕고 가르치고 훈계할 형제와 자매가 없기 때문이다. 잔 젠David Janzen은 전도를 위해서는 공동체가 필요하지 않을 수 있지만, 한 사람이 그리스도의 온전한 제자로 성장하기 위해서는 공동체가 매우 중요하다고 말한다. 제자 훈련은 공동체적 삶이라는 배경을 토대로 이루어지는 것이기 때문이다. James Werning, 153 “성령의 열매갈 5:22-23는 결코 혼자서 경험할 수 있는 것이 아니라는 사실은 의미심장하다. 사랑, 오래 참음, 친절, 자비, 온유 그리고 절제는 적어도 한 명 이상의 다른 사람이 있을 때에 의미를 지닌다”는 그리피스의 언급도 그리스도인의 성장에서 공동체가 차지하는 중요성을 잘 표현하고 있다. 마이클 그리피스, 71

미국 죠지아주의 오거스타Augusta에 있는 알렐루이아 공동체Alleluia community 서약문에는 이런 항목이 포함되어 있다. “우리는 서로 사랑하고 서로를 거룩하게 할 것을 서약한다. 우리는 이것이 하나님이 우리의 성화를 위해 선택하신 방법이라고 믿는다.”We promise to love one another and to call each other to holiness. We believe that this is the way God has chosen for our sanctification.” James Werning, 221 우리는 다른 성도들의 도움 없이 충분한 성장에 이를 수 없다. 그리스도는 다른 지체들을 통해서 자신을 계시하신다. 그러므로 우리는 다른 지체와 더 많은 교제를 나눌수록 그리스도를 더 알아가고 다가가게 된다.

“빌립보서 2장에서 강조하는 것은 그리스도의 마음은 오직 공동체를 통해서만 경험될 수 있다는 것이다. 당신은 그리스도의 마음을 홀로 경험할 수 없다.”James Werning, 221 따라서 공동체는 성화와 성장에 필수적 조건이다. 공동체에서 우리는 갈등을 해결하는 방법, 희생적 사랑, 헌신, 훈련, 만족, 이타

심과 같은 가치들을 배운다. James Werning, 222 공동체는 자아를 무장 해제시켜 순전하게 그리스도를 섬기는 마음을 훈련할 수 있는 가장 좋은 훈련장이 된다.

다른 한편으로, 우리는 다른 사람들과 부대끼며 훈련을 받으면서 서로가 성숙한 제자가 되도록 도울 수 있다. 엡 4:16 "그리스도가 머리이시므로 온몸은 여러 부분이 결합되고 서로 연결되어서 각 부분이 그 맡은 분량대로 활동함을 따라 각 마디로 영양을 공급받고 그 몸을 자라게 하여, 사랑 안에서 스스로를 세우게 합니다." 이처럼 공동체는 멤버들이 도움을 주고받는 상호작용을 통해서 서로의 성장을 돕는 하나님의 지혜로운 도구가 된다.

(3) 불편함을 넘어서는 유익

다른 사람들과 긴밀한 관계를 맺는 것은 편하고 쉬운 일이 아니다. 그러나 우리가 불편함을 감당하지 않으면 모난 부분을 깎고 다듬는 훈련을 받을 기회도 상실하게 된다. 힘든 훈련을 하지 않고는 운동선수가 좋은 기량을 발휘하지 못하는 것과 유사하다. 훈련에 참여하지 않으면 선수는 갖춰야 할 기술이나 체력을 결코 얻지 못할 것이기 때문이다.

"우리는 우리가 서로 맞추기 쉽고 좋기 때문에 서로를 도울 수 있다. 그러나 때때로 우리는 서로 맞추기 힘들기 때문에 서로를 도울 수 있다." 마이클 그리피스, 71 따라서 우리는 하나님이 우리를 위해 예비하신 공동체를 소중하게 여기고, 그 안에서 하나님의 훈련을 충실하게 받는 현명한 태도를 보여야 한다. 이를 통해서 우리는 하나님의 구원 계획을 성취하고 그리스도의 형상을 닮아가는 훈련을 완수하게 된다.

3. 공동체는 그리스도인들이 하나님 나라의 시민으로 이 세상에 대항하여 살아가는 방식이다.

(1) 공동체는 세상 속에서 그리스도인답게 살아갈 수 있는 힘을 준다.

아무리 신앙 훈련을 잘 받은 사람일지라도 혼자서 세상의 도전에 맞서고 하나님나라 가치를 따르는 삶이 쉬울 수는 없다. 그 이유는 "원수 악마가, 우는 사자 같이 삼킬 자를 찾아 두루" 다니고 있기 때문이다. 벧전 5:8 사탄은 세상의 여러 세력들을 동원해서 우리를 공격한다. 악마는 세상에서 성공한 친구들을 부러워하는 마음을 심어 유혹하기도 하고, 자식을 향한 지나친 부모의 욕망을 이용해 거역하기 힘들게 압박하기도 하며, 하나님의 뜻을 견지하는 삶이 세상에서 낙오되는 결과를 초래할지 모른다는 두려움을 주기도 한다.

우리는 세상에서 살아가면서, 끊임없이 좋은 대학과 좋은 직장, 승진, 재테크와 부동산, 자녀 교육과 노후 준비와 같은 문제들로 머리가 혼란스러워진다. 세상은 이 모든 영역에서 '성공적' 이라는 기준을 설정하고 사회 구성원들에게 주입한다. 하지만 이 세상에서 살지만 이 세상에 속하지 않은 우리 그리스도인들은 사회에서 일반적으로 통용되는 성공한 삶을 덮어놓고 추종할 수는 없다. 하지만 우리가 아무리 결심이 굳건하다 할지라도, 세상 가치를 추구하는 사람들로 둘러싸여 있다면 우리는 그들의 영향권에서 자유로울 수 없다. '근묵자흑 근주자적' 近墨者黑 近朱者赤의 교훈은 나만을 빗겨 피해가지 않기 때문이다.

사탄의 전략은 그리스도인들을 분리시켜 단절시킨 후 하나씩 자기 영향권 안으로 포섭하는 방법이다. 마치 들소들이 떼로 있을 때 공격할 방도를 찾지 못하다가 흩어져 있는 틈을 타서 공격하는 사자와 같다. 이런 위험 앞에서 들소나 우리에게나 주어진 해법은 동일하다. 무리지어 함께 있는 것이다. 우리는 "통치자들과 권세자들과 이 어두운 세계의 지배자들과 하늘에 있는 악한 영들"의 공격에 저항하고 버텨야 한다. 엡 6:12 그러나 혼자 대응하기에는 그들의 세력이 너무 막강하다. 그래서 하나님께서는 공동체를 주셨다. 하나님은 함께 연합하여 대항할 수 있는 아군을 우리에게 주신 것이다. 이 싸움은 본질적으로 영적 싸움이므로 영적 공동체와 함께 연합전선을 구축해야 한다. 전도서 4장 12절은 이미 오래 전부터 이 전략에 대하여 기록해놓았다. "혼자 싸우면 지지만, 둘이 힘을 합하면 적에게 맞설 수 있다. 세 겹줄은 쉽게 끊어지지 않는다."

(2) 지원해주는 공동체

AD 250년경 로마에서 연극은 우상숭배와 퇴폐성에 심하게 물들어 있는 것이었기에 교부들은 그리스도인들이 그것에 참여하거나 구경하는 것을 금했다. 그 시기 북아프리카 카르타고Carthage 인근의 데나Thena라는 마을에서 연극배우를 하던 사람이 회심하고 그리스도를 따르면서 교부들의 가르침을 따라 연극배우 일을 바로 그만두게 되었다. 하지만 당장 생계가 문제였다. 자신의 장기는 연극 밖에 없었던터라 그는 연극 학원을 개원해 생계를 이어가려고 했지만, 연극일과 마찬가지로 연극학원도 문제가 되기는 마찬가지였다. 교인들은 연극하는 것과 마찬가지로 학원을 운영하는 것도 옳지 않다고 생각하였지만, 교회 지도자인 유크라티우스Eucratius는 이 문제가 간단하지 않다고 생각하여 고심하게 되었다. 연극을 그만둔 것도 대단한 결단인데 또 다시 생계가 위험해지는 결단을 요구하기가 어려웠기 때문이다.

그래서 유크라티우스는 카르타고에 있는 키프리안Cyprian 교부에게 문의하게 되었다. 키프리안은 조언을 요청받고 분명한 대답을 보냈다. 첫째, 그가 연극배우를 그만둔 것은 매우 잘한 것이다. 주님을 따르는 데에 타협은 있을 수 없다. 둘째, 연극을 가르치는 학원을 하는 것도 동일선상에서 잘못을 범하는 것이기에 하지 않는 것이 옳다. 셋째, 그가 믿음으로 결단했으므로 이를 지지하고 방탕한 직업으로 돌아가지 않도록 교회 성도들은 그의 생계를 지원해야 한다. 넷째, 만약 너희 교회가 그를 지원하는데 충분한 자원을 가지고 있지 않다면 우리에게 도움을 요청하라. 우리가 나머지 부분을 채워줄 것이다.

Joseph H. Hellerman, 97-100

하나님나라 가치를 따라 사는 것은 개인의 힘만으로 가능하지 않다. 그 동력과 자원은 공동체에서 제공받아야 한다. 그래서 히브리서 기자는 "서로 돌아보아 사랑과 선행을 격려하라"고 권하는 것이다. 히 10:24

당신은 진심으로 그리스도의 진정한 제자가 되기 원하는가? 이 세상 흐름에 굴복하지 않고 제자로서 살아가길 꿈꾸는가? 그렇다면 우리는 하나님의 처방을 받아들여 공동체로 함께 모여 도움을 주고받으면서 살아가야 한다. 공동체야말로 하나님의 해법이기 때문이다.

4. 공동체는 세상에 하나님나라의 모델을 보여주는 대안 사회'다.

하나님은 세상의 타락을 치유하는 방법으로 먼저 구원 받은 자들로 구성된 대안 사회]Christian alternative-society 건립을 원하셨다. 이스라엘 민족은 이 목적을 성취하기 위해 하나님으로부터 부르심을 받았지만 하나님의 뜻을 거부하면서 실패하였다. 이제 하나님은 교회를 통해 이 목적을 재성취하기 원하신다. 교회를 통해서 하나님은 창조 때부터 의도하신 본질적인 인간 사회를 만들어 세상에 널리 퍼뜨리기를 원하셨다. 이 확장은 크리스텐돔 시대처럼 문화를 정복하는 게 아니라 기존 문화와 가치관과 차별되는 전혀 다른 문화를 창조하는 '전복'적인 시도다. 이 새로운 사회는 하나님나라의 모습을 실체적으로 구현하는 모델하우스로 기능하게 된다.

세속화된 세상에서 전복은 대안적 삶을 선포하고 공중권세를 좇지 않는 새로운 삶의 가능성을 보여준다. 사람들은 이런 교회의 모습을 목격하면서 부패한 세상을 뒤엎는 새로운 질서가 자리 잡은 하나님 나라를 소망하게 될 것이다.

우리는 '너희는 세상의 소금', '너희는 세상의 빛' 이라는 예수님의 말씀을 그리스도인 개인에게 한정하는 경향이 있다. 그 결과 나 개인이 세상에서 올바르게 살면 세상의 빛과 소금이 될 수 있다는 착각 속에 머무른다. 그러나 신약 성경에 나오는 대부분의 권면과 명령들이 개인에게 주는 것을 넘어 교회 혹은 공동체를 주 대상으로 하는 것들인 것과 마찬가지로, 이 명령도 공동체에게 주는 것으로 받는 것이 예수님의 의도를 잘 이해하는 것이다. 그래서 우리가 세상의 빛과 소금으로 드러나기 위해서는 함께 모여 하나님나라를 소망하고 실천하는 대안 공동체의 모습으로 살아야한다.

이를 가시적이고 모범적으로 실천한 그룹은 예루살렘 교회다. "믿는 사람은 모두 함께 지내며, 모든 것을 공동으로 소유하였다. 그들은 재산과 소유물을 팔아서, 모든 사람에게 필요한 대로 나누어주었다. 그리고 날마다 한 마음으로 성전에 열심히 모이고, 집집이 돌아가면서 빵을 떼며, 순전한 마음으로 기쁘게 음식을 먹고, 하나님을 찬양하였다."행 2:44-47 예루살렘 교회는 세상과 구별된 새로운 공동체 삶을 추구하고 실천했다. 그 결과는 무엇인가? "그래서 그들은 모든 사람에게서 호감을 샀다. 주님께서는 구원 받는 사람을 날마다 더하여 주셨다."47절 이 말씀은 새 언약의 공동체가 소금과 빛이 되는 대안 사회로 변모할 때 사람들이 "너희 착한 행실을 보고 하늘에 계신 너희 아버지께 영광을 돌리게 하라"는 권면이 실현되었다는 증거가 된다. 마5:16

5. 공동체는 후기 기독교 사회에서 복음 전도를 가능하게 하는 대 안이다.

(1) 후기 기독교사회에서 유효한 복음 전도 방식

크리스텐덤 시대의 복음 전도는 불신자들에게 직접 복음을 전하거나, 교회로 끌어들여서 복음을 선포하는 것이었다. 노방전도, 전도 집회, 열린 예배 이런 전도방식은 불신자들이 기독교에 어느 정도 우호적이라는 전제 하에 진행될 수 있다.

그러나 후기 기독교 사회는 기독교에 비우호적 양상을 보이면서 더 이상 이런 방식이 통하지 않게 되었다. 따라서 후기 기독교사회에서는 복음 전도를 위해서 먼저 탄탄한 기초 조성을 필요로 한다. 그 기초는 기독교와 복음에 비우호적인 장애물을 제거하고 우호적인 환경 조성으로 시작되는 것이다.

두 가지 방향으로 기초 조성을 할 수 있다.

첫째, 교회가 대안 공동체를 형성하면서 세상의 파괴적인 방식과는 다른 삶을 살아가는 모습을 보여주는 것.

둘째, 교회가 자신이 속한 지역과 관계를 맺으면서 그들을 사랑하고 섬기며 필요를 채워주는 것. 이런 노력은 그리스도인교회에 덧씌워진 '이기주의'적 이미지를 변화시킬 수 있으며, 기독교에 대한 반감을 호의로 바꿀 기회를 제공하고, 장기적으로는 복음을 수용할 만한 환경과 마음 상태로 만들어 줄 수 있게 된다.

그 다음 단계는 '관계 전도' 방식을 통해서 복음을 전하는 것이다. 그 첫 번째 방법은 성도 개인이 사람들과 관계를 맺고 복음을 전하는 것이고 여전히 필요하고 유효한 방법이지만 기독교 이미지가 실추된 상황에 영향 받기 때문에 쉬운 방법은 아니다, 두 번째 방법은 교회 공동체가 지역과 관계를 맺으면서 선교하는 방식이다.

이것은 초대교회의 복음전도 방식을 다시 회복하려는 시도다. 우리는 사도행전 성도들이 '땅 끝까지 내 증인이 되라'는 주님의 말씀에 순종하여 복음전도에 사력을 다한 사실을 익히 알고 있다. 실제로 그들은 예수님의 말씀대로 예루살렘에서부터 시작해서 온 유대와 사마리아를 지나 이방 지역에까지 가서 복음을 전하려고 애썼다. 그러나 그들의 전도의 기초는 '보고 듣고 경험한 것'이었다. 그래서 사도행전에서는 $\mu\alpha\rho\tau\upsilon\epsilon\omega$ martyreo, 증인이 되다'와 '$\epsilon\upsilon\alpha\gamma\gamma\epsilon\lambda\iota\zeta\epsilon\tau\alpha\iota$ euangelizetai, 복음을 선포하다'가 20회 이상 빈번하게 사용되고 있다. 이것이 의미하는 것은, 그들의 전도가 전해들은 말을 단순 전달하는 것이 아니라 직접 듣고 체험한 경험을 본인의 살아있는 언어로 증언한다는 뜻이다. 그들은 하나님나라의 복음을 들었고, 그 복음대로 살았고, 그 복음의 능력을 삶에서 실제로 체험했고, 그것을 다른 사람들에게 전한 것이다. 그러기에 사람들의 마음을 움직일 수 있는 파워가 담겼던 것이다.

(2) 초대교회의 예

AD 165년과 251년 두 번에 거쳐 로마 제국에는 혹독한 전염병이 돌았다.

치료할 수 있는 의술이 갖춰져 있지 않았기에 사람들은 속수무책으로 죽어나갔다. 전염병에 걸린 사람을 접촉하면 자신도 전염되기 때문에 사람들은 병에 걸린 사람들을 제때 돌보지 않고 피하는데 급급했고, 죽은 사람의 시체도 제대로 장사 치르지 않고 방치하는 일이 빈번했다. 그러나 이런 어려운 상황에서 기독교인들은 전혀 다른 모습을 보여주었다. 그들은 전염병에 걸린 사람을 잘 간호해주었고 죽은 사람의 장례도 잘 치러주었다. 전염 될 위험에 노출됐지만 그리스도인들은 형제를 사랑하고 돌보라는 하나님의 말씀에 순종하는 것을 더 우선으로 여겼기 때문이다. 로드니 스타크, 119-147

형제들을 향한 그리스도인의 희생적 사랑은 로마인들에게 큰 귀감이 되었다. 그 결과 수많은 사람들이 기독교로 개종하게 되었다. 이 시기 수많은 로마인들이 기독교로 개종하면서 로마사회는 자신의 영역이 기독교인들에 의해 침범당하고 있다고 불평을 쏟아냈다고 교부 터툴리안은 말했다. Ad nationes 1.4; Apologeticus 37.4, Joseph H. Hellerman, 101. 재인용 도즈E. Dodds는 처음 300년 동안 교회가 성장하게 된 근본 동력은 사람들에게 기독교의 신념체계나 이데올로기가 매력 있게 피력되었기 때문이라기보다는 성도들이 서로를 향해 보여준 형제애와 '대안적 공동체'에 대한 감동 때문이었다고 말한다. "형제를 향한 사랑은 기독교만의 덕목이 아니었다. 그러나 1-3세기에 기독교인들은 다른 종교집단보다 훨씬 효과적으로 그것을 실천했다." E. Dodds, 138

이 덕목은 후기 기독교 사회에서 우리가 다시 회복해야 할 복음의 실체다. 후기 기독교 사회 사람들은 쉽게 복음을 받아들이지 않는다. 사람들은 실천과 행동이 따르지 않는 복음에 거부하는 항체를 가지고 있다. 세상은 이전보다 훨씬 더 많은 장애물에 둘러싸여 있으며 과학과 이성의 반대, 기독교에 대한 비우호적 환경, 세속 사회의 유혹 등등, 확실한 실증적인 증거를 원한다. 단순히 영혼 없는 말을 반복하는 복음전도는 변화된 시대 상황을 반영하지 못한 전근대적인 오류를 낳는다.

따라서 이 시대에 효과적인 복음전도 방법은 초대교회 성도들의 복음 전도 방식을 다시 소환하고 재현하는 것이다. 이제 우리는 변화된 나의 삶과 하나님나라 공동체의 살아있는 증거를 토대로 말뿐만 아니라 삶으로 복음을 전해야 한다. 이런 이유로 성도들과 교회에 주신 복음 선포의 사명은 복음으로 변화되어 하나님나라 모습을 증거하는 살아있는 공동체가 뒷받침될 때 온전하게 수행될 수 있을 것이다.

6. 공동체는 세상의 변혁을 위한 가장 적절한 도구다.

예수님은 자신의 사역을 계승할 제자를 한두 명만 세우지 않았다. 예수님은 열두 명을 불러서 '제자 공동체'를 형성하셨다. 그들은 예수님과 동고동락하며 훈련받았고, 두 명씩 짝을 지어 파송되기도 했다. 막 6:7 "그리고 열두 제자를 가까이 부르셔서, 그들을 둘씩 둘씩 보내시며 그들에게 악한 귀신을 억누르는 권능을 주셨다", 눅 10:1 "주님께서는 다른 일흔[두] 사람을 세우셔서, 친히 가려고 하시는 모든 고을과 모든 곳으로 둘씩 [둘씩] 앞서 보내시며" 예수님의 훈련과 파송은 언제나 여러 사람이 함께 하는 모습이었다.

제자들은 예수님이 승천하신 후에 함께 예루살렘 공동체를 섬겼다. 그리고 이방 지역에 최초로 세워진 안디옥교회는 여러 사람이 함께 동역하며 교회를 섬겼다. 행 13:1 "안디옥 교회에 예언자들과 교사들이 있었는데, 그들은 바나바와 니게르라고 하는 시므온과, 구레네 사람 루기오와 분봉왕 헤롯과 더불어 어릴 때부터 함께 자란 마나엔과 사울이다" 또한 성령은 선교를 위해 사람을 파송할 때 바울 혼자가 아니라 공동체를 형성해서 보내셨다. 행 13:2 이처럼 교회는 성령의 은사를 받은 사람들이 자신의 은사를 통해 역할을 감당하면서 교회에 주신 사명을 감당하는 '은사 공동체'다. 고전 12:4-30, 엡 4:11-16 따라서 예수님이나 제자들의 사역은 모두 공동체를 기반으로 한 것이다.

다시 한 번 강조하자면, 예수님의 사명을 이어받는 존재는 어떤 개인이 아니라 제자 공동체였다. 요 17:18 "아버지께서 나를 세상에 보내신 것과 같이, 나도 그들을 세상으로 보냈습니다", 요 20:21 "[예수께서] 다시 그들에게 말씀하셨다. '너희에게 평화가 있기를 빈다. 아버지께서 나를 보내신 것 같이, 나도 너희를 보낸다'" 그들은 하나님 나라의 복음을 전하고 빛과 소금으로 세상을 변화시키는 사명을 감당해야 했다. 이 사명은 개인 혼자의 힘으로 해내기는 불가능했다. 그래서 예수님은 공동체를 형성하여 여러 사람들이 함께 협력하면서 감당할 수 있게 하셨고, 제자들도 그 뜻을 이어 공동체를 형성하여 세상으로 나아간 것이다.

"인간은 공동체 안에서 각자의 잠재력을 계발하고 발휘할 수 있으며 타고난 재능을 신장할 수 있다. 공동체는 구성원들이 개인적으로 해낼 수 없는 사회적 성과를 거둘 수 있도록 동기를 부여하고 재능을 발휘하도록 추동하는 힘을 지닌다"는 김경동의 말은 "혼자보다는 둘이 더 낫다. 두 사람이 함께 일할 때에, 더 좋은 결과를 얻을 수 있기 때문이다"전 4:9 라는 전도서 말씀과 상통한다. 세상을 변화시키는 사명을 감당하기 위해서는 엄청난 능력을 가진 개인보다는 같은 목적과 사명 의식을 공유하고 협력하는 공동체가 필요하다. 김경동, 95 결론적으로, 하나님은 세상을 변화시키는 사명을 잘 수행할 수 있도록 우리에게 공동체를 허락하신 것이다.

결론

공동체는 하나님의 지혜다.

하나님의 지혜가 세상의 지혜보다 더 낫다. 고전 1:25 "하나님의 어리석음이 사람의 지혜보다 더 지혜롭고" 이 말씀은 공동체에도 그대로 적용된다. 하나님은 세상을 변화시키려는 목적을 위해 공동체를 선택하셨다. 공동체가 우리 눈에는 비효율적으로 보일 수도 있지만, 세상을 창조하고 구원 사역 성취를 위해 발휘된 하나님 지혜의 또 다른 표현이다. 그러므로 우리는 하나님의 지혜를 따라 공동체를 만들고 공동체와 더불어 전진하면서 지혜로우신 하나님을 따르는 가장 지혜로운 행보를 이어가야 할 것이다.

6. 총체적 삶의 공동체

교회에서 우리는 '함께 기도하고, 예배드리고, 성경 공부하면서 영적 생활을 잘 하고 있는지 서로 점검한다. 하지만 성도는 좁은 의미의 '영적인 내용'만 나누는 것에 머무를 수 없다. 우리에게는 서로가 삶의각 영역에서 잘 성장하고 있는지 관심을 가지고 도움을 줄 의무도 주어진다.

1. 이원론

기독교 역사에서 성경의 가르침을 가장 많이 왜곡하는 관념 중 하나는 '이원론dualism'이다. 이원론은 좌뇌가 중요한가 우뇌가 중요한가 하는 것처럼, 실제로는 대립되는 것이 아니라 통합적으로 생각해야 할 두 가지를 서로 대척점에 놓으면서 그 중 한 가지만을 강조하고 다른 하나는 배제해 버리는 것이다. 그 결과 절반의 진리를 확보하는 게 아니라 절반을 간과함으로 오히려 진리 자체를 왜곡해 버린다. 그러나 이원론에 사로잡힌 사람들은 진리의 절반은 확보했다고 자부하며 큰 문제의식을 느끼지 못하고 왜곡된 신앙 행태를 지속하게 된다.

(1) 세 가지 이원론

마이클 프로스트는 기독교 역사에서 가장 기승을 부렸던 잘못된 세 가지 이원론에 대해 설명한다. 마이클 프로스트, 60

첫 번째는 영육 이원론으로, 비물질인 영혼은 거룩하게 여기고 물질인 몸을 천하게 여기는 이론이다. 이 이원론은 플라톤주의로부터 강력하게 파되고, 이 가르침을 따라 금욕주의가 파생하면서 육체적 활동을 경시하는 풍조로 이어졌다. 그러나 하나님은 사람의 영혼과 육체를 모두 직접 창조하셨다. 창조사역은 영혼뿐만 아니라 육체도 고귀하다는 진리를 증거한다. 따라서 육체를 천시하는 생각은 창조자인 하나님을 무시하는 것과 상통한다.

두 번째는 현세-내세 이원론으로, 현세의 삶은 무가치하게 여기고 내세의 삶을 동경하는 이론이다. 이 이원론은 '죄 많은 이 세상은 내 집 아니네' 라는 복음성가를 자주 불렀던 한국 보수교회의 정서를 대변한다. 이 정서로부터 '방주신학' 세상을 버리고 방주에 올라타는 게 유일한 목적이 파생되어, 어차피 세상은 망할 것이기 때문에 세상을 개혁하려는 노력이 의미가 없다고 설파했다. 그러나 죽음 이후의 내세의 삶도 중요하지만 지금 현재의 삶 역시 매우 중요하다. 우리는 성경 안에서 이 땅의 삶을 잘 살아가기 위한 수많은 가르침을 목격하면서 그 중요성을 깨닫게 된다.

세 번째는 종교-일상 이원론으로, 신앙을 종교적 활동으로 국한시켜 일상생활과 신앙 사이에 뚜렷한 선을 긋는 이론이다. 예배와 기도처럼 하나님과 직접적으로 교류하는 활동은 중요하게 여기면서 이 활동에 충실한 성도만을 '좋은' 그리스도인으로 인정한다. 예배나 기도 같은 직접적인 종교 활동과 관련 없는 것은 '세속적' 으로 치부하고, 일상을 잘 살아내어도 2등 그리스도인으로만 취급한다. 여기서부터 목회자-평신도 이원론이 파생되고 '사제주의' 가 세력을 얻게 된다. 그러나 스가랴 선지자가 다가올 새로운 세상에 대해 예언했듯이 새 언약의 시대에는 종교와 일상의 구분 자체가 의미 없게 된다. 슥 14:20-21 "그 날이 오면, 말방울에까지 '주님께 거룩하게 바친 것' 이라고 새겨져 있을 것이며, 주님의 성전 안에 있는 모든 솥이, 제단 앞에 있는 그릇들과 같이 거룩하게 될 것이다. 예루살렘과 유다에 있는 모든 솥도 만군의 주님께 거룩하게 바친 것이 되어, 제사를 드리는 사람들이 와서, 그 솥에 제물 고기를 삶을 것이다. 그 날이 오면, 만군의 주님의 성전 안에 다시는 상인들이 없을 것이다." 종교개혁자들도 성경의 가르침을 따라 우리가 세상에서 실천하는 모든 거룩한 소명은 사제의 직분만큼 중요하다고 가르치며 일상의 영성을 강조했다. 그러므로 그리스도를 따르는 제자도는 종교적인 영역뿐만 아니라 우리 삶의 모든 분야에서 적용하고 실천되어야 한다.

이 세 가지 이원론은 서로 관련이 있다. 영혼만 강조하면 이 땅에서 육신으로 살아가는 삶을 중요하게 생각하지 않고 오직 내세에 영혼이 들어갈 천국에만 관심을 갖게 된다. 그 결과로 개인과 교회는 성경을 읽고 기도하며 예배드리는 종교 활동에만 온 힘을 기울이게 된다. 현재 한국 교회의 대표적인 문제점은 바로 영혼-내세-종교를 강조하는 이원론적 신앙과 이를 고수하는 교회 행태다.

왜 이런 신앙 행태가 득세하게 되었을까? 첫 번째 이유는 성경을 잘못 해석했기 때문이다. 하나님이 창조하신 고귀한 육체를 경시하고, 이 땅에 임한 하나님나라를 무시하면서 천국을 전적으로 미래의 것으로만 이해하고, '영적' 범주를 좁게 해석하는 양상은 잘못된 성경이해에서 비롯된다.

두 번째는 이런 신앙 행태가 성도들과 목회자에게 편리함을 제공해주기 때문이기도 하다. 먼저, 이원론은 성도들의 신앙생활을 간편하게 만들어준다. 성도는 종교적인 영역을 제외한 나머지 삶의 영역, 가정ㆍ 회사ㆍ사회ㆍ취미ㆍ재정ㆍ교육과 같은 수많은 일상 활동들을 신앙과 관련짓지 않고 자신이 원하는 방식대로 살아도 아무 문제가 없다고 생각하게 된다. 이는 면죄부를 받는 것 같이 성도들 마음을 편안하게 만든다. 성도들은 예배에 잘 참석하고 헌금을 잘 드리고, 교회 봉사를 적당히 했기 때문에 천국행 티켓은 이미 확보했다며 안심할 수 있게 된다. 또한 이원론은 목회자에게도 도움이 된다. 집단이나 조직으로서의 '교회' 운영이 이원론을 통해 수월해지기 때문이다. 목사는 사람들을 교회로 모아 종교적 행사만 잘 치르고 '영적 제사장' 역할만 잘 하면 된다. 성도들의 삶과 다른 종교영역이 충돌을 일으키지 않는 한, 목사가 성도들의 일상이나 세상에서 벌어지는 일에 크게 신경 쓸 일은 없어진다. 오로지 성도들을 교회로 모으는데 집중할 수 있기 때문에 교회는 성장한다. 이처럼 성도와 목회자의 이익?관계가 부합하기 때문에 이원론적 신앙 행태는 더욱 강화된다. 그러나 이원론적 신앙 방식은 기독교를 왜곡하고 하나님의 의도를 무시해 버린다. 이는 온 세상의 창조자이신 하나님을 교회당에 가두면서 우리의 모든 삶 속에서 온전히 주인 되시는 하나님을 좁은 의미의 '영적 영역'으로 축소하고 제한하여 온 세상을 회복하려는 하나님의 총체적 계획을 무시하는 결과로 이어진다.

(2) 이원론적 신앙의 결과 이원론적 신앙은 다양한 부정적인 결과를 양산했다.

첫째, 이원론은 믿음을 오직 '기독교적 예전'으로만 증명하게 만든다. 본래 '신앙생활'은 신앙을 '생활'에서 실천한다는 뜻이다. 하지만 이원론적 신앙은 믿음을 '생활'이 아니라 '교회' 안에 가둔다. 우리의 믿음은 일상생활로 확대되어야 하지만, 이원론은 믿음을 오직 교회 안에서만 발휘되도록 제한해 버린다. 그래서 좋은 믿음을 예배를 잘 드리는지, 기도를 잘 하는지, 헌금을 잘 내는지, 교회 봉사를 잘 하는 기준에 입각하여 판단한다. 그래서 교회 직분자도 외적 생활을 고려하라는 성경의 가르침을 무시하고 오직 교회 내적 기준으로만 판단하여 세운다. 딤전 3:7 "감독은 또한, 교회 밖의 사람들에게도 좋은 평판을 받는 사람이라야 합니다." 그 결과는 타락한 목사와 장로들의 대량 생산으로 이어졌다.

둘째, 이원론적 신앙은 도덕적 타락으로 이어진다. 종교적인 활동만 잘 하도록 교육받았기 때문에 삶의 나머지 영역은 어떻게 영위해야 하나님께서 기뻐하실지 알지 못한다. 그렇기 때문에 내가 좋은대로, 하고 싶은대로, 욕망이 이끄는 대로 사는 삶으로의 연결은 자연스러울 수밖에 없다. 작금 우리가 한국교회에서 목격하는 세속적 욕망으로 가득 찬 그리스도인의 범람은 결코 우연이 아니다.

셋째, 우리가 삶 전반에 대한 하나님의 뜻을 이해하고 그 뜻을 따라 적극적으로 살지 못한다면, 세상 주류 논리에 영향을 받아 살게 된다는 것은 필연적인 귀결이다. 그 결과는 세상과 구별된 '거룩한 백성'이 아닌 세속주의 노예가 되는 것이다. 롬 12:2 "여러분은 이 시대의 풍조를 본받지 말고, 마음을 새롭게 함으로 변화를 받아서, 하나님의 선하시고 기뻐하시고 완전하신 뜻이 무엇인지를 분별하도록 하십시오" 그리스도인이 비기독교인의 삶의 방식과 별로 다르지 않은 방식으로 생각하고 살아가게 되는 것이다. 정치적 견해, 교육에 대한 사고방식, 돈에 대한 태도, 문화를 즐기는 방식, 등등

넷째, 이원론적 신앙은 개인 삶에 영향을 줄뿐만 아니라, 교회 공동체의 관심 영역과 활동 영역을 '영적 영역'으로 축소시켜 '최소 교회'를 추구하게 만든다. 교회는 오직 영적 영역에 특화되어서 '총체적 삶의 공동체'로서 교회의 역할을 저버리게 된다. 예배·기도·성경공부·교회 봉사·전도와 같은 '영적 활동'만을 주된 관심 영역으로 인정하면서 그 이외의 영역은 교회의 관심 밖으로 밀어버린다. 교회에서 집사나 장로로서 섬기는 것에는 관심을 두지만 그 사람이 직장에서 어떤 모습을 보여주는지는 관심 밖이다. 교회에서 교육은 주일학교의 운영만을 의미할 뿐, 교회 아이들이 하루 종일 몸담고 영향을 받고 있는 공교육 문제에는 관심을 가지지 않는다. 또한 교회는 헌금에는 주된 관심을 가지지만, 돈을 버는 방식과 사용 방법에 대해서는 별로 궁금해 하지 않는다. 교회는 눈에 보이는 가난한 사람들을 도와주는 것에만 머물 뿐, 교회 내에 존재하는 극심한 빈부격차나 사회경제의 구조적 문제에는 관심이 없다. 경제적 격차를 극복하려는 예루살렘 공동체의 유무상통 공동체 형성은 우리와는 전혀 상관없는 일로 생각한다.

이처럼 우리는 분명히 '먹든지 마시든지 무슨 일을 하든지 모든 것을 하나

님의 영광을 위하여' 해야 함에도 불구하고 '무슨모든 일'에 해당하는 일상의 다양한 영역주거 방식, 의복, 먹거리, 환경, 여행, 취미활동, 여가 활동에서 하나님의 영광을 위하여 사는 게 어떤 삶인지 알지 못하며 관심도 부족해져 버렸다. 고전 10:31 결과적으로 교회는 단지 예배하고 선교하는 역할만 수행할 뿐, 하나님께서 기대하시는 '대안 공동체'의 사명을 감당하지 못하게 되는 것이다.

(3) 하나님의 의도

우리는 그리스도인과 그들의 공동체인 교회를 향한 하나님의 의도를 분명하게 이해해야 한다. 하나님은 "내가 거룩하니 너희도 거룩하여라" 하고 말씀하시면서 우리가 삶의 모든 영역에서 하나님의 자녀답게 거룩한 자가 되기를 원하신다. 레 11:44, 벧전 1:16 그러나 우리는 그리스도인의 삶을 종교적 활동예배, 기도, 헌금과 같은 '종교적 행위'으로 축소하는 경향이 있다. 이런 종교적 행위만을 기독교인의 증표로 확신하는 것은 성경에서 나타난 하나님의 뜻과는 거리가 멀다. 만약 하나님께서 종교적 활동만을 강조하셨다면, 성경에는 예배, 기도, 복음 전도에 대한 권면만 나와 있을 것이다. 그러나 성경은 이런 권면보다는 삶의 다양한 영역에서 그리스도를 닮아 거룩하라는 지침들을 훨씬 많이 포함하고 있다.

그래서 그리스도를 본받아 거룩한 자로 성장한다는 것은 삶의 '모든 면에서 성장'한다는 의미와 같다. 엡 4:15 "우리는 사랑으로 진리를 말하고 살면서, 모든 면에서 자라나서, 머리가 되시는 그리스도에게까지 다다라야 합니다" 왜냐하면 거룩은 성도 내면의 모든 영역에서 그리스도의 제자로 성장하는 것지·정·의과 외면적 삶의 모든 영역에서 그리스도의 제자로 성장하는 것교회생활뿐만 아니라 가정에서, 직장에서, 친구관계에서, 돈과 경제 영역에서, 정치 영역에서, 사회생활에서 모두를 포함하기 때문이다. 그래서 성경은 이 각각의 영역에서 골고루 성장하도록 권면하고 구체적인 지침을 준다.

모든 그리스도인이 삶의 모든 영역에서 총체적으로 성장해야 한다면, 그리스도인들의 공동체인 교회도 삶의 모든 영역에 관심을 가져 성도들이 삶의 모든 영역에서 성장하도록 돕고, 그 성장 목표를 이루기 위해 공동체가 함께 노력하는 것이 당연하다. 우리는 개인과 공동체의 목표를 분리하지 말아야 한다. 그러므로 개인 그리스도인에게 신앙생활에서 중요한 목표가 총체적 성장이라면, 개인들이 모인 공동체가 힘써야 할 중요한 목표도 똑같이 성도들의 총체적 성장이 되어야 한다. 바로 이런 이유로 예루살렘 교회는 매일 함께 모이고, 떡을 떼고, 재산을 나누고, 서로 돕는 총체적인 공동체를 이루기 위해 애썼던 것이다.

2. 교회는 총체적 공동체다.

사람들은 교회를 '공동체'라고 부르기 좋아하지만, 실제로 공동체가 무슨 의미인지 모를 때가 많다. 어떤 사람들은 교회의 대용어로 공동체를 사용하기도 하고, 주일에 한 번 모여 예배드리고 같이 식사하는 정도의 관계를 공동체라고 생각하기도 한다. 그러나 하나님이 의도하시는 공동체로서의 교회는 우리 생각보다 훨씬 더 많은 것을 공유하고 나누는 모임이다. 하나님이 의도하시는 교회는 우리 삶의 모든 영역에 관심을 갖고 나누는 '총체적 공동체'다. 이런 하나님의 의도를 보여주는 몇 가지 사례를 살펴보자.

(1) 첫째, 타락한 세상에서 '대안 민족'을 만들기 위해 이스라엘 백성에게 주신 율법은 종교규정이 아닌 삶의 총체적 재정립을 위한 것이었다

종교적 규정은 하나님과 인간 사이의 관계에서 기초적인 것에 불과하다. 종교적인 규정 준수가 온전한 하나님의 백성으로 만들어 주지는 않기 때문이다. 하나님의 율법은 삶의 전반을 아우르는 것이었다. 우리는 이스라엘을 '종

교적 공동체'로 국한시켜 생각하지만, 하나님은 그들을 모든 삶에서 대안적 모습을 갖춘 '대안 사회'로 만들기를 원하셨다. 대안 사회가 되는 것이 온 백성에게 복을 나눠주는 '복의 근원' 조건을 충족하기 때문이다.

이스라엘 백성들은 종교적 의무 수행 때문이 아니라 도덕적 타락과 공동체적 삶을 영위하지 못한 이유로 하나님께 책망 받았다. 선지자들의 비판은 거의 대부분 이것을 지적한다.

> "주님께서 말씀하신다. '무엇하러 나에게 이 많은 제물을 바치느냐? 나는 이제 숫양의 번제물과 살진 짐승의 기름기가 지겹고, 나는 이제 수송아지와 어린 양과 숫염소의 피도 싫다. 너희가 나의 앞에 보이러 오지만, 누가 너희에게 그것을 요구하였느냐? 나의 뜰만 밟을 뿐이다! 다시는 헛된 제물을 가져 오지 말아라. 다 쓸모없는 것들이다. 분향하는 것도 나에게는 역겹고, 초하루와 안식일과 대회로 모이는 것도 참을 수 없으며, 거룩한 집회를 열어 놓고 못된 짓도 함께 하는 것을, 내가 더 이상 견딜 수 없다. 나는 정말로 너희의 초하루 행사와 정한 절기들이 싫다. 그것들은 오히려 나에게 짐이 될 뿐이다. 그것들을 짊어지기에는 내가 너무 지쳤다. 너희가 팔을 벌리고 기도한다 하더라도, 나는 거들떠보지도 않겠다. 너희가 아무리 많이 기도를 한다 하여도 나는 듣지 않겠다. 너희의 손에는 피가 가득하다. 너희는 씻어라. 스스로 정결하게 하여라. 내가 보는 앞에서 너희의 악한 행실을 버려라. 악한 일을 그치고, 옳은 일을 하는 것을 배워라. 정의를 찾아라. 억압받는 사람을 도와주어라. 고아의 송사를 변호하여 주고 과부의 송사를 변론하여 주어라.'" 사 1:11-17

선지자 이사야는 실제 삶에서는 불의를 일삼고 약자를 착취하면서 제사예배와 기도에만 매진하는 이스라엘 백성들의 잘못된 행태를 비판한다. 하나님의 관심은 제사와 기도보다 일상에서 하나님의 뜻대로 살아가는 것임을 강조하고 있다.

"너희가, 더 차지할 곳이 없을 때까지, 집에 집을 더하고, 밭에 밭을 늘려나가, 땅 한가운데서 홀로 살려고 하였으니, 너희에게 재앙이 닥친다!" 사 5:8 동서고금을 막론하고 권력자와 재산가들은 부동산을 독차지했다. 그 결과 일반 백성들은 거주할 집과 경작할 땅을 얻지 못한 채 자산가들의 노예로 전락하게 되었다. 이스라엘의 권력자들도 이런 주변 국가들의 관습을 그대로 본받아서 부동산 투기에 열을 올렸다. 이사야는 이 불의를 바로잡아 이스라엘에 하나님의 진노가 임하지 않도록 조심하라고 경고한다.

하나님은 이스라엘 백성들이 일상의 모든 영역에서 우상을 섬기는 이방 백성들과 다른 방식으로 살기 원하셨다. 즉 하나님은 이스라엘을 '총체적 대안 공동체'로 만들기를 원하신 것이다. 그러므로 신약의 교회가 이스라엘 공동체를 계승한다면, '하나님의 거룩한 백성'이며 '왕 같은 제사장'인 교회는 단지 종교적 공동체로 머무는 것이 아니라, 삶의 모든 영역에서 세상과 구별되는 '대안 사회'가 되어 하나님의 목표를 이루어야 한다.

(2) 둘째, 신약 시대의 새 언약 백성들에게 하나님이 요구하시는 것도 삶의 총체적 변화다.

우리는 신약 성경이 그리스도인들에게 요구하는 것은 대부분 종교적인 지침이라고 잘못 생각하는 경향이 있다. 그 중 대표적인 것이 그리스도인은 하나님을 찬양하고 경배하는 예배를 최우선으로 삼아야 한다는 생각이고, 예배가 하나님께 영광을 돌리는 최고의 형태라고 여기는 것이다. 그리고 이 생각을 강화시켜주는 것이 웨스트민스터 소요리문답이다. 인간의 최고 목적은 하나님을 영화롭게 하고 영원토록 그를 즐거워하는 것 그래서 많은 교회에서 그리스도인의 최고 의무와 교회의 제일 직무는 '예배' 라고 규정하면서 예배에 목숨을 거는 풍토가 자리잡게 된 것이다.

그러나 이런 생각에는 두 가지 문제가 있다. 첫째, 신약 성경에서 예배의 형식과 방법을 가르치는 지침은 우리 예상과는 달리 많이 나오지 않는다는 사실이다. 즉 우리의 생각보다 예전적 예배가 별로 강조되지 않는다. 다음 몇 구절이 예배에 대해서 직접적으로 언급하는 구절의 전부다. 요 4:24 "영과 진리로 예배드려라", 행 2:47 "하나님을 찬양하였다" ; 행 16:25 "한밤쯤 되어서 바울과 실라가 기도하면서 하나님을 찬양하는 노래를 부르고 있는데", 빌 3:3 "하나님의 영으로 예배하며", 골 3:16 "감사한 마음으로 시와 찬미와 신령한 노래로 여러분의 하나님께 마음을 다하여 찬양하십시오", 계 22:3 "그의 종들이 그를 예배하며"

둘째, 예배와 찬양에 대한 강조가 있다고 해도 하나님이 기뻐하시는 더 근본적인 예배는 우리가 생각하는 예전적 예배보다 훨씬 더 크고 넓은 의미를 포용한다는 사실이다. 성경에서 말하는 예배는 지금 우리가 강조하는 제의적 예배를 의미하는가? 그런 면이 전혀 없다고 할 수는 없을 것이다. 위의 몇 구절에서 묘사하는 것처럼 기도하고 찬양하는 행동은 예배로 볼 수 있다. 그래서 우리는 공동체가 모여 함께 드리는 예배를 소홀히 하지 않는다 하지만 성경은 예식을 넘어 '삶 속에서 하나님께 영광을 돌리는 것' 이 진정한 예배라고 강조한다.

예배를 강조하는 대표적인 구절은 롬 12:1-2이다. "형제자매 여러분, 그러므로 나는 하나님의 자비하심을 힘입어 여러분에게 권합니다. 여러분의 몸을 하나님께서 기뻐하실 거룩한 산 제물로 드리십시오. 이것이 여러분이 드릴 합당한 예배입니다." 여기서 '합당한 예배' 로 번역된 표현은 다른 성경 번역본들에서 다양하게 번역되고 있다. "영적 예배" 개정개역 , "진정한 예배" 공동번역 "spiritual act of worship" NIV , "reasonal service" KJV . 이 표현의 헬라어

원문은 'λογικην λατρειαν logiken latreian' 이다. 'logikos' 는 로고스에서 파생된 형용사로, '언어로 소통 가능한 어떤 것', 그래서 '합리적인 것' 과 '이성적인 것' 을 의미한다. 그렇다면 바울이 언급하는 예배는 초월적이고 신령한 비언어적이고 신비로운 방식으로 드리는 것을 의미하지 않는다. 그것은 매우 이성적이고 합리적인 것을 의미한다. 그래서 'λογικην λατρειαν logiken latreian' 은 '합리적 예배' 와 '이성적인 섬김' 으로 이해하는 것이 더 합당해 보인다.

그리고 이 단어의 뜻을 보다 분명하게 해주는 것은 1절 초반부와 2절에 부연된 언급이다. 1절 초반부에서 예배는 '몸을 하나님이 기뻐하시는 거룩한 산제물' 로 드리는 행위로 설명된다. 이것은 인신 제사를 의미하는가? 아니다. 산 제사는 육신을 입고 살아가는 우리의 삶을 투영하는 것이다. 그러므로 '합리적 예배' 는 육체를 초월한 신비 영역을 말하지 않는다. 이 땅에서 우리가 실존적인 육체를 통해서 하나님께서 기뻐하는 방식으로 살아가는 것이 바로 '합리적 예배' 의 실천이다.

이것은 2절에서 보다 분명해진다. "여러분은 이 시대의 풍조를 본받지 말고, 마음을 새롭게 함으로 변화를 받아서, 하나님의 선하시고 기뻐하시고 완전하신 뜻이 무엇인지를 분별하도록 하십시오." 이 '합리적인 예배' 를 드리는 바른 방식은 이 세대를 본받지 않고 하나님의 뜻을 분별하여 그 뜻대로 살아가는 것이다. 이를 가능하게 하기 위해서는 '마음' 이 새로워져야 한다. 여기서 '마음' 은 헬라어 'νους nous' 인데 '가슴, 느낌, 심성' 의 뜻보다는 '이성' 과 '지성' 을 의미한다. 그러므로 '마음이 새로워지는 것' 은 '생각이 바뀌는 것', '가치가 변하는 것', '세계관이 전환되는 것' 이라 정의될 수 있다. 생각·가치관·세계관의 전환은 분별력을 통해 세상 안에서 하나님의 올바른 뜻을 감지하고 찾아내서 살아내는 참 그리스도인의 삶으로 연결된다. 결국 '합리적인 예배' 란 삶의 구체적인 영역에서 그리스도를 따르는 것을 의미한다. 그래서 바울은 구체적으로 가정, 교육, 직장, 사회 등 삶의 모든 분야와 관련된 지침을 그리스도인에게 주었던 것이다. 롬 12장, 갈 5-6장, 엡 4-6장, 빌 3-4장, 골 3-4장

그렇다면 우리 신앙생활의 주된 관심사는 예배와 기도 그리고 찬양의 형식보다는 중요하기는 하지만 이것은 집을 짓기 위한 기초에 불과하다, 일상 속에서 신앙인다운 삶에 대한 고민이 되어야 한다. 그래서 교회의 일꾼감독, 장로, 집사을 세울 때에도 교회 내적 활동과 관련된 자질로만 판단하지 않고 일상에서 드러나는 외적 자질도 주의 깊게 살피는 것도 필요하다. 딤전 3:2-10, 딛 1:6-9

또한 롬 12:1-2의 '합리적 예배' 에는 공동체가 함께 드려야 한다는 의도가 담겨있다. 언제나 그렇듯이, 바울은 한 개인이 아닌 로마에 있는 복수의 '성도들' 에게 이 편지를 쓰고 있고 롬 1:7, 롬 12:1-2 역시 로마의 교회 공동체에게 주는 교훈이다. 예전으로서의 예배는 공동체가 함께 드리는 것이었듯이 '합리적인 예배' 도 역시 공동체가 함께 힘쓰지 않으면 완성될 수 없다. 더욱이 이 구절 이하에서 바울은 공동체에서 각 지체들이 받은 은사의 섬김에 대한 지침을 주고 3-13절, 이어서 공동체 차원에서 교회 밖 사람들의 삶의 방식과 구별된 삶을 권면하며 14-21절, 공동체는 국가의 평화를 추구하면서 정의를 위해 노력하라고 권면한다. 13장 그러므로 교회 공동체는 예배당 안에서 드리는 예전적 예배를 초월하여 삶의 실천을 통해 드리는 '합리적 예배' 의 수준에 도달하도록 나아가야 한다.

지금까지의 논의를 종합하면, 교회공동체가 가장 심혈을 기울여야 하는 것은 예전적인 예배가 아니라 삶으로 함께 드리는 예배라는 점이다. 교회는 좁은 의미의 '영적 활동' 에 온 힘을 기울이는 것을 최고의 목표로 삼지 않는다. 교회 공동체는 '합리적인 예배' 를 위해서 그들의 관심 영역을 일상으로 넓혀 포괄적 시각을 유지해야 할 필요가 있다. 정치, 경제, 교육, 문화, 주거, 먹거리, 의복 양식, 여가, 취미, 여행 등 따라서 이 모든 영역에서 하나님의 선하신 뜻을 분별하여 그 뜻대로 공동체가 함께 실천할 때 공동체가 함께 드리는 '합리적인 예배'

가 비로소 완성된다.

미국 샌프란시스코San Francisco에 있는 The Church of the Sojourners의 멤버인 조Zoe는 합리적 예배에 대한 바른 관점을 설명해 준다. "교회거류민는 서로의 삶에 깊이 관여하는 사람들이다. 우리 교회는 주일예배로만 모이지 않는다. 우리는 특별한 방식으로 서로에게 헌신한다. 우리 공동체의 비전과 신학은 교회가 전통적인 미국 기독교에서 생각하는 것 이상이 되어야 한다는 것이다. 우리 공동체는 교회가 어떤 모습이어야 하는지에 대한 더 깊고 더 큰 비전으로부터 성장해온 것이다." James Werning, 72-73 이처럼 우리는 교회의 활동 범위를 변화시켜야 한다. 교회 공동체는 종교적 활동에 고착되는 데서 탈피하여 삶의 모든 분야로 성장하고 하나님께 영광 돌리는 방식을 모색하는 것으로 영역을 더욱 확장할 필요가 있다.

(3) 셋째, 교회에 대한 성경의 가르침은 삶의 모든 부분이 얽혀 있는 공동체를 의도한다.

우리는 앞장에서 교회가 '하나님의 가족', '그리스도의 몸의 지체', '함께 지어져 가는 건물'이라는 점을 살펴보았다. 그것을 염두에 두면서 생각해 보자. 가족, 몸의 지체, 건물은 한 부분만을 공유하는가? 그럴 수는 없다! 존재의 거의 모든 것으로 얽혀있다. 아니 꼭 그래야 한다. 교회를 굉장히 밀접한 관계를 가진 것들로 비유하는 것은 성도들도 이렇게 깊이 얽혀 있는 관계를 맺고 있다고 말하는 것이며, 우리는 삶의 모든 영역에서 다른 지체들과 단단하게 얽혀 연결되어 있다는 뜻이다. 그러므로 교회 공동체는 우리의 인식보다 훨씬 더 많은 것을 나누고 함께하는 총체적인 공동체라는 것을 알게 된다.

(4) 넷째, 교회는 성도들이 총체적으로 성장하는데 관심을 기울여야 한다.

그리스도인이 공동체와의 총체적 삶 안에서 성장해야 한다면, 그리스도인의 공동체인 교회도 삶의 모든 영역에 관심을 갖고 성도들이 각 영역에서 성장하도록 돕는 것이 당연하다. 엡 4:15의 말씀은 공동체에도 그대로 적용된다. "우리는 사랑으로 진리를 말하고 살면서, 모든 면에서 자라나서, 머리가 되시는 그리스도에게까지 다다라야 합니다." 우리는 개인과 공동체를 분리할 이유가 전혀 없다. 그러므로 그리스도인 개인의 목표가 총체적 성장과 활동이라면, 그들의 공동체인 교회의 목표 또한 총체적 성장과 활동이어야 한다.

(5) 다섯째, '코이노니아' 공동체는 총체적이어야 한다.

사도신경은 우리 믿음의 고백 속에 '성도의 교통교제' communion of saints 이 포함된다고 말한다. '교제' 는 헬라어로 '코이노니아koinonia' 를 뜻하는데, 일차적인 코이노니아는 모든 그리스도인들이 하나님과 친교하는 관계를 의미한다.

> 하나님은 신실하신 분이십니다. 하나님께서는 여러분을 불러서 그 아들 우리 주 예수 그리스도와 친교를 가지게 하여 주셨습니다. 고전 1:9 우리가 하나님과 사귀고 있다고 말하면서, 그대로 어둠 속에서 살아가면, 우리는 거짓말을 하는 것이요, 진리를 행하지 않는 것입니다. 요일 1:6

이 관계는 아버지와 자녀 관계와 유사하며, 우리가 하나님 안에 거하고 하나님이 내 안에 거하는 긴밀한 관계를 나타낸다. 그러므로 하나님과 우리가 가족과 같은 관계를 맺는다면, 성도들끼리도 가족과 같은 관계를 맺는 것은 당연한 일이다.

"그러나 하나님께서 빛 가운데 계신 것과 같이, 우리가 빛 가운데 살아가면, 우리는 서로 사귐을 가지게 되고, 하나님의 아들 예수의 피가 우리를 모든 죄에서 깨끗하게 해주십니다요일 1:7 ."

　이 관계는 어떤 조직이나 기관을 의미하지 않는다. 그 보다는 하나님과 그의 복음을 공통분모로 하는 인격적인 관계와 더 가까운 의미다. 이 관계는 구원받은 모든 그리스도인이라면 누구나 예외 없이 맺게 되는 것이며, 개인의 선택에 전혀 좌우되지 않는다. 성경에서 코이노니아의 실제를 묘사하는 것을 보면 매우 구체적이고 인격적이라는 것을 확인하게 된다. 그것을 대표적으로 보여주는 것이 앞에서도 언급한 '서로' 라는 표현이다. 요 13:14 "서로 발을 씻기는 것이 옳으니라"; 요 13:34 "서로 사랑하라", 롬 12:16 "서로 마음을 같이하여"; 롬 15:7 "너희도 서로 받으라", 고전 12:25 "서로 같이하여 돌아보게 하셨으니", 갈 5:13 "사랑으로 서로 종노릇 하라"; 갈 6:2 "너희가 짐을 서로 지라", 골 3:16 "피차 가르치며, 피차 권면하고", 살전 5:11 "피차 권면하고", 히 10:24 "서로 돌아보아 사랑과 선행을 격려하며", 약 5:16 "서로 기도하라", 벧전 4:10 "각각 은사를 받은 대로 … 서로 봉사하라", 요일 3:11 "서로 사랑할지니" '서로' 구절들은 성도들의 코이노니아가 추상적이 아니라 구체적인 것이며, 우리 삶의 전반을 공유하는 실제적·총체적인 공동체의 모습이라는 것을 보여준다.

　'코이노니아' 의 의미를 살펴봐도 공동체가 일상의 총체적 나눔을 의미한다는 것을 알 수 있다. 라틴어로는 '콤무니오' *communio* 로, 영어로는 '커뮤니온' communion 으로, 우리말로는 '교제' 로 번역되는 헬라어 '코이노니아*koinonia*' 는 "어원적으로 '평범하고 공유된' −사실상 특별한 것과는 반대되는 '일상의' 혹은 '흔해 빠진' −이란 뜻의 그리스어 어근 코이논*koinon* 에 근거한다." 필립 셸드레이크, 197 이것은 그리스도인의 '교제코이노니아' 가 교회 안 폐쇄된 공간에서 이루어지는 어떤 특별한 영적인 것이 아니라, 평범한 일상에서 소소한 일들을 통해 이루어지는 '만남', '교제', '나눔' 같은 실재 공동체의 모습을 이룬다는 것을 뜻한다. 이 설명은 성경 속에 발견되는 다양한 '서로' 구절들의 표현처럼, 진정한 공동체는 삶의 모든 영역에서 나눔을 실천하는 총체적 공동체임을 다시 한 번 확인시켜준다.

그래서 공동체를 형성하는 것은 구성원 모두가 삶의 목적, 삶의 자리, 그리고 재정에 이르는 광범위한 요소들을 모두 포괄하고 포용하는 노력을 요구한다. 인생을 수직적인 측면에서 본다면 공동체는 '요람에서 무덤까지' 평생을 함께 하는 것이며, 수평적인 측면에서는 교육, 양육, 경제활동, 주거 공간, 여가, 노후 생활, 정치 참여, 문화 변혁, 먹거리 개혁 등 삶의 전반을 함께 하려는 노력이 되기 때문이다. 행 2:42-46, 4:32-35

(6) 여섯째, '대안 사회' 와 '대안 공동체' 개념에는 '총체성' 이 내포되어 있다.

'사회' society 는 사람들의 삶에 관련된 모든 것들을 연합하고 공유하는 집단이다. 이 안에는 경제, 정치, 문화, 교육, 일상생활 등 삶의 모든 분야가 다 들어있고 그 총합을 사회라고 한다. 세상에는 수많은 사회들이 존재하는데, 이들이 서로 다르다는 것은 위의 각각의 영역을 경영하는 방식이 다르다는 것을 뜻한다.

앞에서 우리는 하나님께서 교회를 '대안 사회' 와 '대안 공동체' 로 내정하고 계획하셨다는 것을 살펴보았다. 구약 이스라엘 백성에서 시작된 것이 신약 시대 교회로 이어졌다 그러나 '대안 공동체' 는 형식에 충실하게 예배를 잘 드린다고 만들어지는 것은 아니다. 그런 공동체는 단지 '종교적 사회' 에 지나지 않을 것이다. 그것은 하나님이 의도하신 공동체의 모습이라고 말할 수 없다. 여기서 말하는 '대안 공동체' 와 '대안 사회' 는 '대안적 삶의 공동체' 라는 뜻이다. 그러므로 대안적 삶의 공동체는 그들이 살아가는 모습이, 행동하는 모습이, 구성원들이 서로 관계 맺는 방식이, 구성원이 주변과 관계 맺는 방식이, 구성원들이 세상을 바라보는 방식이 '대안적'이라는 뜻이다. 따라서 '대안 사회' 와 '대안 공동체' 는 그 속에 삶의 모든 것을 포괄해야 마땅하다. 한 부문만을 다루게 되면, '대안 교육', '대안 경제', '대안 문화'는 될 수 있으나 '대안 사회'는 될 수 없다. 이처럼 '사회'라고 이름을 붙일 때에는 총체성이 전제된 것임을 알 수 있다.

'기독교 왕국' Christendom 시대에는 국가가 기독교의 기초 위에 서 있기 때문에 명목적이든 실질적이든 사람들의 일상생활 대부분을 국가가 기독교적 가치 위에서 감당했다. 그러기에 교회는 주로 좁은 의미의 '영적 영역'만 담당해도 상관없었다. 그러나 후기 기독교 사회에서는 상황이 달라졌다. 이제 기독교적 가치를 담보할 수 있는 조직은 교회밖에 없다. 주변 사회는 세속적인 가치로 움직이기 때문이다. 그러므로 교회는 삶의 모든 부분에 관심을 갖고 기독교적 가치를 실천하는 책임을 지고 움직여야 한다. 그렇다면 교회가 '대안 사회'로서 본보기가 되기 위해서는 성도들이 구성한 공동체가 삶의 모든 영역에서 대안적인 모습을 드러내야 한다. 즉, 교회가 관심을 갖고 노력해야 할 것은 '대안적 삶의 공동체'를 어떻게 형성할 것인가 하는 점이다.

3. 역사적 예들

기독교 역사는 교회가 총체적 공동체를 형성하려고 애써온 노력을 다양하게 보여준다.

(1) 예루살렘 교회가 총체적 공동체의 대표적인 예다.

예루살렘 교회는 단순히 영적 영역만을 나누는 '제의 공동체'가 아니라 '생활 공동체'였다. 행 2:42-47, 4:32-35 성령으로 충만한 예루살렘 공동체의 활동은 배우고 기도하고 찬양하는 종교적 행위에 그치지 않았다. 그들은 '서로 사귀고 빵을 떼고' 42절, '함께 지내며, 모든 것을 공동으로 소유' 하고 44절, '재산과 소유물을 팔아서, 모든 사람에게 필요한 대로 나누어주는' 45절 총체적 생활공동체 위치까지 나아갔다. 이처럼 예루살렘 공동체의 교제는 일상에서 이루어지는 매우 '구체적인' 것이었다. 존 하워드 요더, 91

(2) 예루살렘 교회 이후 기독교의 역사는 총체적 대안 공동체를 만들기 위한 수 많은 노력들을 기록하고 있다.

AD 100년경 교부였던 클레멘스 로마누스가 기록한 '클레멘스 1 서'에는 다음과 같은 구절이 나온다. "우리 가운데 많은 사람이 다른 사람들을 속량하기 위해 자신을 속박에 내어주었다는 것을 압니다. 많은 사람이 자신을 노예로 팔았고, 그 값으로 다른 사람들을 먹였습니다." 이 말을 풀어서 설명하면 이런 뜻이다. '어떤 사람이 경제적 파산에 몰려 노예로 전락하게 되었다. 그런 일은 로마 시대에 종종 일어났다. 그런데 그가 노예가 되면 가족들은 생계가 막막한 처지에 놓이게 된다. 그래서 이런 비참한 상황을 막기 위해서 가족 부양의 부담으로부터 자유로운 다른 그리스도인이 그 사람을 대신해서 노예가 되었다.' 또한 이런 상황까지 염두에 둔 발언이기도 하다. '어느 기독교 공동체가 매우 가난했다. 설상가상으로 흉년까지 들어 모두가 굶어죽을 판이었다. 그 때 어느 형제가 자신을 부유한 집에 노예로 팔아서 그 돈을 공동체에 내놓았다. 마치 심청이가 아버지의 눈을 뜨게 해 주려고 자신을 공양 제물로 바친 것과 같다. 공동체를 위해서 자신을 내어 놓은 결과, 공동체의 여러 형제 자매들은 흉년에도 삶을 이어갈 수 있었다.' 그들은 나의 가족이 처한 경제적 상황뿐만 아니라 공동체 멤버들 전체의 경제적 상황까지도 책임지는 공동체성을 지녔다. 그들 공동체에서는 경제 상황도 서로 나눠져야 할 짐이다. 닉 페이지, 469-471

AD 1-3세기 경 기독교 초기에 유대나 로마 사회는 여자를 매우 차별했다. 유대인 남자들의 세 가지 감사기도 중에는 '여자로 태어나지 않게 하신 것에 대한 감사'가 들어있다고 알려져 있는데, 로마 상황도 유대와 별로 다르지 않았다.

우선, 로마 사회는 남아선호사상이 매우 심했다. 그래서 기형 남자아이와 여 자아이를 버리는 것은 불법행위가 아니었다. 한 연구에 따르면, 델포이의 600가구 중에서 딸이 둘 이상인 가구는 고작 여섯 집에 불과했다. 일자리를 찾아 알렉산드리아로 온 힐라리온이라는 노동자가 임신한 아내 알리스에게 보낸 편지에도 이런 시대적 상황이 잘 나타난다. "나는 아직 알렉산드리아에 있소. … 우리 아들을 잘 보살펴주길 바라오. 급여를 받는 즉시 당신에게 보내겠소. 내가 집에 돌아가기 전에 아이를 낳는다면, 아들이면 두고 딸이면 버리시오."

둘째로, 로마인들은 다자녀 출산을 좋아하지 않았기 때문에 낙태가 공공연했다. 낙태 결정권은 전적으로 남성이 소유했고, 여자들은 낙태하다가 많이 죽 음을 맞이했다. 의술이 열악했기 때문에 쇠갈고리, 검증되지 않은 약물, 복부 가격 등의 원시적 방법을 사용했기 때문이다. 이런 이유로 로마는 남성 인구가 기형적으로 증가했다. 대부분의 사회에서 남자 대 여자의 비율이 105 대 100인 반면, 당시 로마 사회는 여자 100명에 남자가 135명 이상이었다. 여아 낙태를 자행한 결과였다.

여성 차별의 세 번째 모습은 여자아이들이 12세가 되면 합법적으로 결혼 가능하게 규정된 로마 법을 통해 알 수 있다. 때때로 여자아이들은 합법적인 결혼 적령기인 12세 전에도 부모가 강제하는 결혼에 내몰리는 경우가 많다. 당시에 기록된 여러 문서에는 12세 결혼 규정을 준수하라는 권고가 남아 있고, 이미 그 전에 결혼했다면 그 여성은 12세가 되어야 합법적인 아내로 인정받을 수 있다는 규정들을 찾을 수 있다. 너무 어린 나이에 결혼하여 각종 노동과 성관계에 시달리면서 여자들의 몸은 급속하게 망가지게 되었다.

넷째, 결혼한 여자에게는 성적 정절이 엄격하게 요구되었지만 남자들에게는 성적 방종이 허용되었다. 그래서 당시에는 창녀나 정부가 엄청나게 많았다고 알려져 있다. 불공정한 이중 잣대가 사회적 규범으로 자리잡고 있었던 증거를 보여준다.

이렇게 여성차별이 극심한 사회 속에서 교회는 예수님의 가르침에 따라 혁명적인 복음을 선포했다. 여자와 남자 모두가 성적 정절을 지켜야 할 의무가 있었고, 여자아이는 너무 어린 나이에 결혼하지 못하게 하였고, 낙태는 절대 금지했고, 여아 살해나 유기도 금지하고, 버려진 아이들은 데려다가 살려주었다. 3세기 문서에는 어떤 여자의 이름이 '똥 무더기에서'라고 기록되어 있는데, 이것은 그 여자가 버려졌던 아이였다는 사실을 뒷받침한다 또한 교회가 여자에게도 중요한 역할을 맡기면서 사회에서는 불가능한 여자들의 역할과 지위가 교회에서는 보장되었다.

사회의 흐름과 정반대로 가는 교회와 그리스도인의 행보가 어떤 결과를 가져왔는가? 로마 사회의 여성차별적인 사회구조에 염증을 느낀 여자들은 혁명적인 여성존중의 가르침을 설파하는 기독교로 대거 귀의하게 되었고, 그들을 통해서 남편이나 가족까지도 교회에 나오는 상황이 벌어졌다. 여성들의 가족 전도가 로마를 기독교화하는 기초로 작용한 것이다.

안타깝게도 후일에 기독교가 제도화되고 남성 위주로 재편되면서, 여성들은 점차 교회에서 목소리를 잃어버리는 퇴화현상이 발생했지만, 사회적 관습에 정면으로 도전하면서 예수님의 가르침을 생생하게 따랐던 초대 교회는 결코 로마 사회와 같지 않았다. 복음으로 무장한 하나님의 거룩한 사람들은 잘못된 사회 흐름과 관습에 도전하면서 그들과 다른, 즉 거룩한 새로운 삶의 질서를 만들어나갔던 것이다. 로드니 스타크, 149-195

교회는 당시 고착화된 사회 관습과 문화를 변혁하는 삶을 살아갔다. 그리고 더 나아가 주변 사회에도 영향을 끼치며 가르침을 주었다. 이런 것이 하나님의 교회 비전을 따라 총체적 삶의 공동체를 형성하고 실천하는 참된 교회의 모습이다.

결론

신앙은 총체적인 것이다. 그리고 신앙 공동체도 총체적인 공동체다. 따라서 개인 그리스도인의 삶뿐만 아니라 공동체의 존재와 활동방식도 역시 총체적이어야 한다.

(1) 개인의 총체적 성장

그리스도의 제자로 성장하려고 할 때, 우리가 배우고, 교정하고, 실천해야 할 분야는 삶의 모든 영역을 총체적으로 포괄해야 한다. 예배, 성경공부, 기도, 복음 전도와 봉사는 신앙인의 기본이자 기초가 되며 다른 모든 영역에서 성장하기 위한 기본요건이 된다. 그러나 우리는 거기에 머무르면 안 된다. 그것은 기초 골격만 세우고 집을 다 지었다고 착각하는 것과 같기 때문이다. 우리가 삶을 구성하고 있는 모든 영역에서 '하나님의 기뻐하시는 뜻'을 분별하고 그 뜻대로 살기 위한 노력을 기울여야 온전한 집으로 완성될 수 있다.

(2) 총체적 대안 공동체

교회의 각 지체들은 총체적 공동체의 일원으로서 삶의 모든 것을 나누고 함께 할 필요가 있다. 교회에서 우리는 '영적인 것'들을 나눈다. 함께 기도하고, 예배드리고, 성경 공부하면서 영적 생활을 잘 하고 있는지 서로 점검한다. 하지만 성도는 좁은 의미의 '영적인 내용'만 나누는 것에 머무를 수 없다. 우리에게는 서로가 삶의 각 영역에서 잘 성장하고 있는지 관심을 가지고 도움을 줄 의무도 주어진다. 또한 '서로 돌아보고 서로 짐을 지라'는 말처럼 우리는 다른 지체들의 모든 상황에 관심을 가져야 하며, 삶의 무게는 얼마나 짊어지고 있는지 살펴보고 그 짐을 나눠질 방안을 모색해야 한다.

이처럼 우리의 관심과 나눔의 영역에서 예외는 없다. 따라서 교회 공동체는 성도 개인의 가정생활에도 관심을 가지고 살펴야 한다. 교회는 성도들의 경제상황을 파악하고, 돈에 대한 성경의 가르침을 실천하고, 직장에서 그리스도인으로서 어떻게 살아가며, 어떤 문화를 즐기고 어떤 여가 생활을 영위하고 있는지 관심을 가져야 한다. 이 모든 조각들이 모여 우리 삶을 구성하기 때문이다. 우리가 모든 것을 함께 하는 공동체라면 그 '모든 것'에서 제외되는 것은 없어야 한다.

교회의 총체성은 교회 활동 내용에도 중요한 지침이 된다.

교회 활동 영역은 어디까지인가? 여전히 '종교적인 영역'만 주 관심 대상과 주 활동 내용이 되어야 하는가? 교회는 예배, 성경공부, 기도, 전도, 봉사와 같은 종교적 활동에 힘써야 하지만 그것에만 머물러서는 안 된다. 교회가 성도들의 공동체이기 때문에 성도들의 삶 전반과 관련된 것이 교회의 활동 영역이 되어야 한다.

그리고 교회는 예배와 성경공부 이외에도, '어떻게 하면 좋은 직장인이 될 수 있을지?', '어떻게 하면 좋은 가정생활을 할 수 있을지?', '어떻게 하면 경제적으로 서로 나누고 책임지는 공동체를 만들 수 있을지?', '어떻게 하면 여가나 문화 활동을 그리스도인답게 할 수 있을지?', '어떻게 하면 바르고 정의로운 정치가 되도록 함께 노력할 수 있을지?', '어떻게 하면 우리가 살고 있는 지역 문제들을 해결해나갈 수 있을지?', '어떻게 하면 우리 아이들을 하나님의 가치를 따라 교육시킬 수 있을지?', '어떻게 하면 하나님의 창조 세계를 온전하게 보전할 수 있을지?'와 같은 문제들도 함께 고민하고 실천하는 공동체가 되어야 한다.

무엇보다 교회가 삶의 모든 것을 나누고 함께 해야 한다면, 교회는 우리가 생각하는 것보다 훨씬 더 공동체적이어야 한다. 단순히 함께 예배드리고 성경공부하고 기도회를 갖는 것만으로는 끈끈한 공동체를 만들 수 없다. 또한 일주일에 한두 번의 만남만으로도 단단한 공동체를 만들기는 불가능하다. 교회는 진득하게 연결된 가족 같은 공동체다. 하나님이 의도하신 공동체는 서로 일정한 거리를 지키는 '젠틀한' 공동체가 아니다. 서로 깊이 얽히고 설키고 간섭하는, 그래서 때로는 불편하고 숨고 싶은 그런 공동체다. 그래서 교회를 하나님의 '가족'이라 부르는 것이다. 가족은 나의 영원한 지지 세력이라 좋기도 하지만, 어떤 때는 서로 지나치게 깊숙이 관여하기 때문에 불편하고 지긋지긋해지기도 하다. 그럼에도 불구하고 가족이라는 관계는 다른 것으로 대체될 수는 없다.

결론적으로, 우리는 교회를 향한 하나님의 의도를 잘 이해하고 총체적 공동체를 만들기 위해 노력해야 한다. 그것이 교회를 세상의 대안으로 세우려는 하나님 뜻을 세우고 받드는 길이기 때문이다.

7. 공동체와 공간 (마을공동체)

진정한 의미의 '함께하는 것'은 시간과 공간의 기초 위에 가능하다.

인간은 근본적으로 시간과 공간에 영향을 받는 3차원적 존재이기 때문이다.

마음을 나누고 하고 싶은 것을 함께하는 것을 가능하게 하는 출발점은

시간과 공간의 함께 함이다

1. 교회와 지역의 관계 – 역사적 변화

(1) 근대 이전 사회

근대 이전에는 사람들의 삶이 마을 중심으로 이루어졌다. 사람들은 가족, 대가족, 씨족이 얽혀서 마을을 중심으로 평생 살아가기 때문에 마을 사람들이 서로 잘 알 수밖에 없었다. 이런 사회에서는 개인주의라는 것은 거의 없다고 해도 무방하다. 모든 것이 공동체를 중심으로 움직이기 때문이다. 마을 안에 주거 지역과 상업 지역이 공존하고, 학교와 종교 시설도 마을에서 멀리 떨어져 있지 않다. 그야말로 마을에서 삶의 모든 것이 이루어지는 구조였다. 이것은 전 세계 어느 곳에서나 대동소이한 모습이었다.

이렇게 마을 중심 사회에서 교회도 마을에 존재하고 마을 사람들로 구성되는, 말 그대로 '지역 교회local church' 였다. 기독교가 전파되는 곳에는 교회가 설립되었고, 신앙을 받아들인 사람들은 거의 예외 없이 자기 마을에 있는 교회에 출석했다. 자신이 사는 마을을 떠나 다른 지역에 있는 교회에 간다는 것은 생각도 할 수 없는 일이었다.

(2) 근대 이후 도시화 사회

산업의 발달로 도시에 공장이 세워져 일자리가 생겨나고 돈벌 수 있는 기회가 증가하면서 사람들이 시골을 떠나 도시로 몰려들어 시골의 마을이 점차 무너지기 시작했다. 도시도 방식은 다르지만 비슷한 변화를 겪었다. 짧은 기간에 너무 많은 사람들이 도시로 몰리면서 사람들은 같은 지역에 살아도 서로 잘 알 수 없게 되었다. 이전에 존재했던 '동네' 라는 개념이 점차 엷어지게 된 것이다. 그러나 비록 산업의 발달로 사람들의 이동이 빈번해지기는 했지만, 이때까지만 해도 여전히 마을과 교회는 분리되지 않았다. 시골이든 도시든 한 지역에 사는 사람들은 그 지역에 있는 교회에 출석하는 것이 일반적이었다.

마을과 교회가 실제적으로 분리되기 시작한 것은 교통수단의 발달 때문이다. 도보나 말보다 편리하고 빠른 자동차로 인해 이동 시간이 단축되면서, 사람들이 자신이 살던 마을에 있는 교회를 떠나 다른 지역에 있는 교회로 갈 수 있는 기회가 생기게 되었다. 특히 도시에 살던 사람들은 수많은 사람들 틈에 숨어서 지낼 수 있는 '익명성' 이 더해지면서 개인은 주거 지역마을과 깊은 관계를 맺지 않아도 되고, 따라서 그 지역 교회에 나가지 않아도 상관이 없게 되었다.

이런 현상은 두 가지 결과를 가져왔다. 첫째, 이로 인해 사람들은 반드시 자신의 주거지역에 있는 교회에 소속할 필요가 없어지면서, 광역 지역에 있는 모든 교회들이 서로 경쟁을 하는 '교회 경쟁시대' 의 서막이 열리게 되었다. 둘째, 교인들이 거리가 먼 곳에서도 교회를 찾아오면서 교회가 지역과 가지고 있는 관계성이 약해지게 되었다. 이렇게 해서 역사상 최초로 교회와 지역의 분리가 일어난 것이다.

(3) 동일한 과정을 밟아 온 우리나라

마을이 살아있던 시절에는 마을 사람들이 서로 잘 알았다. 마을 어느 집 잔치는 동네잔치를 의미했다. 동네 어느 집에 무슨 일이 일어나는지 동네 사람들 모두가 알았다. 구멍가게 주인도, 목욕탕 주인도, 식당 주인도, 쌀가게도, 잡화점 주인도, 만화가게 주인도 모두 잘 아는 사이였다. 가게에 외상을 달고 먹는 것도 가능했다. 외상을 떼먹고 남모르게 이사해버리는 경우도 가끔 있었지만, 이사가 흔하지 않던 시절이었기 때문에 그것 때문에 외상을 사절하는 일은 거의 없었다.

　마을의 중심에는 광장공터, 느티나무, 시장이 있었다. 그 곳에서 사람들을 만나는 것이 일상이었다. 사람들 사이에 상호작용이 자연스럽게 일어나는 구조였다. 오다가다 자주 만나게 되고, 길거리에서 한참 동안 이야기를 나누기도 했다. 아이들은 모두 '동네 아이들'이었다. 그래서 누구 집 아이인지 잘 알았다. 아이들끼리도 아무 때나 놀 수 있었다. 저녁 늦게까지 놀아도 걱정하지 않았다. 이웃집에 가서 밥을 먹는 일도 흔했다. 1970년대까지 시골은 물론이고 도시에서도 여전히 마을이나 동네 개념이 남아 있었다. 이때까지도 한 지역을 떠나 다른 지역으로 이사 가는 일이 흔하지 않았기 때문에 마을 사람들은 오랫동안 서로 잘 아는 관계를 유지할 수 있었다.

　그러나 변화가 시작되었다. 먼저 도시화로 인해 시골에서 서울로 상경하는 사람들이 늘어나면서 시골의 마을이 붕괴되기 시작했다. 100명이 살던 마을이 50명으로 줄어들었다. 어린아이와 노인까지 어울려 살던 마을에 아기 울음소리가 그치기 시작했다. 도시도 개발 열풍이 불어 이전의 마을 모습이 사라지기 시작했다. 1970년대부터 본격적으로 시작된 서울의 강남 개발은 도시에서까지 마을의 파괴를 초래했다. 강남 거주민들은 대부분 이주민들이라 토박이를 중심으로 하는 '마을'이 애초에 존재하지 않았기에 새로운 마을을 만들기가 어려웠을 뿐만 아니라, 아파트라는 독특한 주거 공간과 맞물리면서 사람들 사이의 관계를 느슨하게 만들었다. 더욱이 인구의 도시 집중에 따른 주택 수요의 급증은 주택을 주거 공간에서 투기 대상으로 바라보게 만들었고, 그로 인해 이동이 빈번해지면서 마을이라는 것은 사라진 옛 개념이 되어버렸다.

　서울의 강남 개발과 맞물려 강북지역에서도 개발 열풍이 불었다. 먼저 단독주택들이 사라지고 다세대주택들이 세워지기 시작했고, 대규모 재개발을 통해 현대식 아파트 단지들이 들어섰고, 그 지역에 살던 주민들이 쫓겨나고 새로운 사람들로 채워지면서 관계를 중심으로 형성된 마을이 사라지는 현상이 반복되었다. 여기에 더해서 교통수단의 발달은 마을의 해체를 촉진하였다. 이동이 쉬워졌고, 이사가 쉬워졌고, 더 먼 곳으로 나갈 수 있게 되었기 때문이다. 그로 인해 도시도 계속해서 확장되면서 이제 도시민들에게 지역성은 완전히 사라져버렸다.

잦은 이사로 사람들과 관계를 맺기 어렵게 되었고, 아파트라는 한정된 공간에 수많은 가구들이 밀집하게 되면서 사람들은 다른 사람들과 관계를 맺는 것 자체를 꺼리게 되었다. 주거 환경의 변화는 삶의 모습까지 바꿔버렸다. 같은 지역에 함께 살고 있는 사람들과 만나거나 대화를 나누는 일이 사라져버렸다. 특별한 목적을 위해 형성된 모임반상회, 동 운영위원회, 학부모 모임 등을 제외하면 다른 자발적인 모임이나 만남은 거의 다 사라져버렸다. 집 밖의 사람들과의 관계가 끊어지면서 도움이 필요해도 옆집에 요청할 수 없는 관계가 되어버렸고, 심지어 사람이 집에서 죽었는데도 이웃조차 모르는 지경에까지 이르게 되었다. 같은 건물에 살지만 누구도 서로를 돌보지 않는 극단적 개인주의적 삶이 일상이 되었다. 자가용 문화의 정착도 삶의 패턴을 바꾸는데 큰 영향을 미쳤다. 자동차를 타고 바로 집으로 들어가고 직장에 간다. 따라서 걷는 경우가 많이 줄어들었다. 쇼핑도 자동차로 멀리 가서 한다. 노는 곳도 멀다. 그 결과 주변 사람들과 마주칠 일이 줄어들었고 주거를 중심으로 하는 관계망은 희미해지게 되었다.

(4) 개발 열풍 속에 있는 교회의 변화

주거 환경의 변화는 교회에도 큰 영향을 끼쳤다.

과거 마을 중심 사회에서는 교회가 마을과 분리되지 않았다. 교인들 대부분이 마을 사람들이었다. 즉 마을을 중심으로 교회가 형성된 것이다. 시골에서는 다른 마을에 있는 교회에 출석하는 것은 거의 상상할 수 없었고, 도시에서도 자기 동네를 떠나 먼 곳에 있는 교회에 가는 경우가 거의 없었다. 그래서 교인들은 어릴 때부터 같은 마을에서 자라고 같은 학교에 다닌 사람들이 대부분이어서, 자연스럽게 서로에 대해서 잘 알 수 있었다.

그런 교회의 모습은 지금 교회의 모습과 많이 달랐다. 교회와 집의 거리가 멀지 않았기 때문에 대부분의 교회가 주일 오전 예배뿐만 아니라 저녁에도 예배를 드렸다. 수요일 저녁 예배나 새벽기도회도 무리가 없었다. 어린이 주일학교도 주일 오후나 수요일 오후 예배가 가능했다. 여름성경학교 때에도 오전에 모임을 갖고 집에 갔다가 오후에 다시 오는 것도 가능했다. 시간이 날 때 교회당에 들러서 기도하거나 사람을 만나는 것도 수월했다. 교회에 일이 생길 때 바로 연락해서 5-10분 내에 사람들을 불러 모으는 것도 어렵지 않았다. 마을과 교회가 분리되지 않았기 때문에 가능했던 모습들이다.

그러나 도시의 개발로 인한 확장과 교통수단의 발달이 교회의 행태에도 큰 변화를 초래했다. 두 가지 변화가 시작되었다.

첫째, 강남 개발을 필두로 전국적으로 이어진 수많은 개발/재개발과 신도시 건설의 여파로 교인들의 주거 지역이 급속도로 확장되기 시작했다. 지방에 살던 사람들이 수도권으로 몰려들었고, 강북에 살던 교인이 강남으로 이사하고, 서울에 살던 교인이 신도시로 이주하고, 구도심에 살던 사람들이 신개발지로 이사하기 시작했다. 둘째, 택지 개발과 더불어 교통수단도 발달했기 때문에 사람들이 움직이는 범위가 넓어지게 되었다. 이제는 제한된 지역에서만 움직이지 않고 훨씬 더 먼 지역으로까지 생활 범위가 확장되었다.

이러한 변화는 교인들과 교회의 관계에도 큰 변화를 가져오게 되었다.

첫째, 서울의 강남과 같은 신개발지역이나 도시 외곽의 신도시로 이주한 교인들 중에 예전에 속했던 교회에 계속 다니기 위해 먼 거리를 이동하는 사람들이 생겨났다.

둘째, 새로운 지역으로 이주한 교인들 중에는 예전 교회가 멀다고 느껴져서 새로운 주거 지역에 있는 교회로 옮기는 사람도 생겼다. 셋째, 이사를 가지 않았더라도 자신이 살고 있는 지역교회를 떠나 먼 곳에 있는 교회로 이동하는 사람들도 늘어났다. 교회에 관한 정보의 습득이 용이해졌고, 교회 마케팅의도적이든 그렇지 않든의 영향으로 더 좋다고 소문난 교회를 찾아 나서게 된 것이다.

이런 세 가지 변화에서 공통적으로 발견되는 현상이 있다. 그것은, 교회의 공동체성이 붕괴되는 것이다.

첫째, 먼 곳으로 이사했지만 예전 교회에 계속 다니는 사람들은 교회와 집 사이의 거리가 멀어졌기 때문에 교회당에 오는 것이 어려워졌다. 그래서 교회 모임에 오는 횟수가 줄어들게 되었고, 다른 교인들과 만나는 횟수도 줄어들 수밖에 없게 되었다. 교회마다 이런 교인들이 늘어나면서 교회 모임의 방식에 변화가 일어났다. 주일 저녁 7시에 드리던 '저녁 예배'가 오후 2-3시에 드리는 '오후 예배'로 바뀌었고, 수요예배에 대한 강조가 약화되다가 오전에 주부들만 모이는 예배로 축소 되었고, 집이 교회당으로부터 멀어져 새벽기도에 나오는 것이 어려워지면서 일정한 기간 동안만 집중적으로 모이는 '특새' 특별 새벽기도회라는 것이 생겨나게 되었다. 부모를 따라 먼 곳에 있는 교회에 다니는 어린이나 청소년들도 교회의 다른 친구들을 만날 수 있는 시간이 현격하게 줄어들게 되었다. 아이들끼리만 교회에 올 수도 없게 되어 주일학교 예배시간이 장년예배 시간과 같아지게 되었고, 어린이 수요예배가 사라졌고, 청소년 토요 모임도 사라졌다. 더 심각한 것은, 교인들 사이의 교제의 기회나 시간이 줄어들게 되었다는 사실이다. 주거 지역이 다양해지고 멀어지면서 예배나 기도회뿐만 아니라 심지어 구역모임을 해도 차를 타고 이동해야 하는 상황이 되었다. 이렇게 먼 거리를 오고가는 시간의 증가는 모임의 빈도를 줄어들게 만들었다.

둘째, 신개발지나 신도시로 이주한 교인들이 그 지역에 속한 교회로 옮기면서 예전 교회에서 수십 년 동안 맺었던 교인들 사이의 관계가 끊어지게 되었다. 새로운 교회에서 새로운 공동체를 형성하는 사람들도 있지만, 이전과 같은 관계를 형성한다는 것이 쉽지는 않다. 이런 일들이 빈번하게 일어나면서 교인들 사이의 관계성이 점차 옅어지게 되었다.

셋째. 아파트를 주거 수단보다는 재테크로 보는 경향이 심화되면서 이사가 빈번해지게 되었고 그로 인해 사람들 사이의 관계가 점점 더 피상적으로 변해가게 되었다. 예전에 한 동네에서 수십 년 동안 맺어오던 믿음의 가족들과의 관계는 이제 더 이상 생각할 수 없게 되었다.

지난 30-40년 동안 진행된 급격한 변화에 한국교회와 교인들은 무차별적으로 휩쓸려 가버렸다. 교회와 교인들은 '교회는 어떠해야 하는가?', '교인들 사이의 관계는 어떠해야 하는가?', '교회와 지역의 관계는 무엇인가?' 와 같은 질문을 던지지도 않고, 사회-경제적 흐름을 무비판적으로 받아들이고, 때로는 그것에 편승하면서, 그것에 맞추어 교회의 모습을 변화시킨 것이다.

그 결과는 세 가지 형태로 나타난다.

첫째는 초대형교회들이 출현하는 것이다. 지역과 교회의 관계가 파괴되면서 교회들 사이에 경쟁이 생기게 되고 교인들도 스스로 교회를 선택할 수 있고 먼 곳에 있는 교회까지 갈 수 있게 되면서 초대형교회들이 출현하게 되었다. 현재 수도권에 존재하는 초대형교회의 상당수가 80년대 강남개발, 90년대 신도시개발과 재개발에 때를 맞춰 대형화가 시작되었다. 초대형교회는 한 지역에 있는 사람들만으로 만들어질 수 없다. 여러 지역에 있는 사람들이 모여 들어야 가능하다. 그 교회들이 가장 해결하기 어려운 문제가 주차난이라는 사실이 이런 현상을 분명하게 보여준다. 유명하다고 하는 대형교회로 승용차를 타고 몰려드는 사람들과 주차난이 주일의 흔한 풍경이 되었다.

두 번째로, 대형교회는 한국교회의 약점 두 가지를 대표적으로 보여준다. 우선 '종교-일상 이원론' 적인 신앙을 강화시킨 것이다. 교회당과 집이 멀어서 교회당에 자주 올 수 없기에 주일에만 교회에 가는 신자들선데이 크리스천을 양산하게 되었기 때문이다. 또한 다른 교인들과의 교제가 뜸해지게 되고, 교회가 공동체라는 사실을 잊어버렸고, 교회가 '총체적 삶의 공동체' 여야 하고, 그것을 기초로 '대안 공동체' 를 형성해야 한다는 사명을 망각한 것이 또 다른 약점이다.

셋째. 대형교회의 문제는 단지 대형교회만의 문제로 그치지 않는다. 대형교회가 '성공한' 교회의 표상이 되면서 중소형 교회까지 대형교회를 본받기 위해 애쓰고, 대형교회가 되려는 노력을 기울이게 되면서, 대부분의 교회들이 이원론과 공동체성 파괴라는 부정적인 결과도 그대로 답습하게 되었다. 교회 성장에 온 힘을 쏟다보면 자연스럽게 교회의 본질과 관련되는 것이라 할지라도 성장에 별로 도움이 되지 않는 것들은 뒷전으로 밀려나기 때문이다.

현재 한국교회의 문제점 대부분이 이런 현상과 관련이 있다. 대형교회의 수많은 폐해들목사 직업주의, 목사 우상화, 교인들 사이의 공동체성 상실, 대형화와 자본화로 맘모니즘의 포로가 되는 것, 교회의 권력기관화과 이원론적 신앙의 모습주일에만 신앙을 좇고, 일상에서는 교회나 신앙과 무관하게 살아가는 것이 적나라하게 드러나게 되었고, '총체적 삶의 공동체' 를 형성하라는 하나님의 뜻을 저버리게 되었다. 이제 교회는 더 이상 공동체가 아니다. 모여서 예배는 드리지만 삶을 함께 하고, 서로 책임지고, 서로 섬기고, 함께 세상을 변화시키는 공동체가 아니다. '대안 사회' 가 되라는 하나님의 뜻을 저버리고, 세상에 빛과 소금이 되어 그들에게 복의 근원이 되라는 하나님의 소망을 무시하고 있는 것이다.

(5) 반성 질문

지난 4-50년 동안 진행된 삶의 지형의 변화는 교회에도 그대로 영향을 주어, 특별히 '종교-일상 이원론'을 촉진시켰고, 교회의 '공동체성'을 파괴해 버렸다. 이원론이나 공동체성이 신앙과 교회의 주변부에 속하는 것이라면 무시하고 계속 직진할 수도 있을 것이다. 그러나 이원론은 그리스도인됨의 본질에 손상을 주는 것이며, 공동체성 역시 교회됨의 핵심에 속하는 것이기 때문에 이런 변화의 흐름을 방관할 수는 없다. 이런 흐름은 결국 기독교에 위기가 초래되었다는 뜻이고, 교회가 제 구실을 못하게 되었다는 의미이다. 하나님이 '대안 공동체'를 만들기 위해 형성하신 교회가 교회 성장이라는 비본질적인 이유 때문에 중대한 사명을 완전히 무시하고 있는 것이다.

우리가 이런 흐름 한복판에 있다는 것을 인식한다면, 우리는 자신을 돌아보는 반성의 질문을 던져야 한다. 첫째, 주거 환경의 변화 속에서 우리는 어떻게 살고 있는가? 공동체성이 파괴되고 있는 현재의 삶의 지형을 맹목적으로 따르는 것은 괜찮은 것인가? 우리의 주거 형태와 주거 지역 선택에는 신앙이라는 가치가 전혀 개입할 수 없는 것인가? 둘째, 교회도 세상 문화의 흐름을 따라 전혀 공동체적이지 않고, 하나님의 대안 사회의 모습을 보여주지 못하는 구조로 가는 것이 아무 문제가 없는 것인가?

교회의 공동체성과 관련된 좀 더 구체적인 질문을 던져보자. 지역과 분리된 교회 형태 속에서도 '총체적 삶의 공동체'를 형성하기 위해 노력하면 그 목표가 달성될 수 있을까? 이것은 "우리의 주거 지역이 '총체적 삶의 공동체'와 어떤 관계가 있는가?" 하는 질문과 같은 것이다. 지역성은 총체적 삶의 공동체와 아무 연관성이 없는 것일까?

교인들이 살고 있는 지역이 서로 달라도 노력을 한다면 총체적 삶의 공동체를 이루는 것이 전혀 불가능하다고 말하기는 어려울 것이다. 더 많은 수고와 노력이 들겠지만 '불가능'이라는 표현은 조심할 수밖에 없다. 하지만, '총체적 삶의 공동체'에서 '삶'이라는 표현 속에는 이미 지역성이라는 개념이 담겨 있다고 봐야 하지 않을까? 예를 들어, 서울과 부산에 떨어져 살고 있는 사람이나 한국과 미국에 떨어져 살고 있는 사람이 삶을 함께 한다고 말하기는 어렵지 않겠는가? 아무리 영상통화가 발전하고 sns가 활발해져도 물리적 공간을 공유하는 것을 대체할 수는 없을 것이기 때문이다.

물론 교인들이 같은 지역에 살고 있다고 해서 자동적으로 총체적 삶의 공동체가 만들어지는 것은 아닐 것이다. 지역에 뿌리를 내리고 있지만 '총체적 삶의 공동체'를 형성하지 못하는 교회들이 여전히 많이 있다. '총체적 삶의 공동체'를 교회의 핵심적인 목표로 설정하고 그것을 위해 의도적인 노력을 하지 않으면 아무리 지역성을 공유한다고 해도 자동적으로 그런 공동체를 만들 수는 없기 때문이다. 그렇기 때문에 지역성은 '충분조건'이 아니라 '필요조건'이다. 지역을 공유하는 교회는 그 자체로 진정한 공동체를 형성하고 있다고 말할 수는 없지만, 총체적 삶의 공동체를 이루기 위해서 공동체의 지역성은 매우 중요한 조건이라고 말할 수 있을 것이다.

2. 변화의 조짐

(1) 마을 공동체 회복을 촉진하는 흐름들

최근에 산업화와 도시화, 교통수단의 발달로 인해 파괴된 마을의 중요성을 다시 인식하는 흐름이 생겨나고 있다. 돈을 파랑새처럼 따라가다가 자아가 상실되고, 자녀교육에 문제가 발생하고, '함께 하는 인간'이라는 특성이 파괴되어 온갖 부작용들이 난무하고 있는 현실에서 여러 분야의 전문가들인 류학자, 사회학자, 교육학자, 건축학자, 도시계획학자, 심리학자, 신경정신과 의사, 경제학자 등과 사회운동가들 사이에서 마을 공동체를 복원해야 한다는 목소리가 커지고 있다.

마을의 중요성에 관한 다양한 연구들이 쏟아져 나오고 있는데 그 중에 어떤 연구에서는 "도시에서 심리적으로 고통 받는 비율이 더 높은 원인으로 지역사회 응집력정확히 말하면 지역사회 응집력의 결핍 같은 사회적 요인을 꼽는데, 이 경우는 더 설득력 있는 증거가 있다. 예를 들어 지역사회 유동성, 한 부모가정의 발생 정도, 가족의 크기를 포함하여 지역사회 응집력을 조사한 결과, 응집력이 높은 지역일수록 불안과 우울증의 증가율이 낮은 것으로 나타났다"고 결론 내린다. 콜린 엘러드, 82

사람들은 본질적으로 공동체적 존재인데 공동체가 깨지면서 소외와 외로움이 심해지고, 타인을 이웃이라는 주체로 보기보다는 경쟁대상인 객체로 보기 때문에 생기는 배타성이 폭력성으로 나타나고, 협력하면 더 좋은 사회를 만들 수 있는데 모래알처럼 흩어지면서 각자도생으로 삶이 더욱 힘겨워지는 현상이 마을 파괴와 연결되어 있다는 것을 알게 되면서, 새삼 마을 공동체의 필요성을 깨닫게 된 것이다. 그 결과, 아이들을 키우기 위해서는 마을 전체가 필요하다는 말이 다시 회자되고 있고, 사람들 사이의 인간적인 관계의 회복을 위해 골목길이 다시 조명 받고, 마을 신문, 마을 방송국, 마을 기업, 마을 도서관, 마을 식당을 세우면서 마을 공동체를 복원하려는 시도가 여기저기서 이루어지고 있다.

생협 활동을 통해 유대 관계를 형성하려는 사람들이 늘고 있고, 인구가 줄어 마을의 소멸을 걱정하는 상황에서 다시 농촌 마을을 재건하려는 움직임도 활발해지고 있으며완주, 변산, 원주, 구례, 등등, 도심에서도 잃어버렸던 동네와 마을을 재건하려는 노력 속에서 도심형 공동체를 형성하려는 시도가 점점 많아지고 있다. 성대골 마을, 성미산 마을, 산새마을, 성북2동의 '북정 마을', 삼각산 재미난 마을 이것은 시골처럼 한적한 곳에 공동체를 이루어 사는 것이 아니라 도심에서 걸어서 만날 수 있는 거리 정도에 모여 사는 사람들이 긴밀한 관계를 맺게 되는 것을 의미한다.

　이런 흐름과 연결되어 최근에 주거지나 주택을 선택하는 기준에도 변화의 흐름이 나타나고 있다. 이전에는 대부분의 사람들이 주택 가격 상승에 대한 기대감, 자녀 교육, 편의 시설, 문화 시설, 직장과의 거리 등을 기준으로 주거지를 선택했다. 그 결과 대단지 아파트만이 좋은 주거공간이라는 인식이 팽배했었다. 그래서 그런지 몰라도, 현재 우리나라 국민의 아파트 거주 비율이 60%가 넘는다. 그러나 주거 지역에 대한 고려사항에서 중요한 한 가지가 누락되었다는 깨달음이 커지고 있다. 주변에 함께 살아갈 '이웃'에 대한 고려가 사라진 것이다. 아니, 아직 간헐적으로 남아 있기는 하다. 임대주택을 거부하는 것경제적 빈곤층을 이웃으로 삼고 싶지 않다는 뜻이나 부자 동네나 교육 열의가 강한 동네를 선택하는 것자식들에게 어릴 때부터 좋은 인맥을 만들어주려는 의지 등이 그런 것이다. 그러나 이제 공동체의 중요성을 인식하게 되면서 주거지를 선택하는 기준으로 '이웃'과의 관계를 고려하는 사람들이 점차 늘고 있다. 어떤 사람들은 도시의 한 지역을 선정해서 뜻을 함께 하는 사람들이 그 지역으로 이주하여 마을을 만들기도 한다. '성미산마을', '산새마을', '삼각산 재미난 마을'과 같은 것이 그런 시도들이다. 다른 사람들은 도시에 땅을 사서 공동 주택을 지어 '한 집'에서 살려는 시도를 하기도 한다. 성미산 마을을 중심으로 만들어지고 있는 '소행주', 만리동 예술인 협동조합 주택, 부산의 '일오집', 인천의 '우동사'와 같은 공동주택들이 그런 모델들이다. 동호인 주택, 협동조합 주택, 쉐어 하우스share house, 코하우징co-housing과 같은 공동 주거에 대한 새로운 시도들이 여기저기서 진행되고 있다.

(2) 교회의 정체성과 사명에 대한 인식의 변화
　이런 사회적 흐름과 더불어 교회에서도 새로운 변화가 일어나고 있다. '유사 Christendom' 시대가 지나가고 'Post-Christendom' 시대가 도래하면서 교회의 정체성에 대해 다시 생각하게 되었다. 교회는 세상과 유리된 '예배 공동체'가 아니라 세상을 위한 '복의 근원'이 되는 존재여야 한다는 것을 깨닫게 된 것이다. '복의 근원'이 되는 방식은 앞장에서 언급했듯이, '총체적 삶의 공동체'를 형성해서 '대안 사회'가 되는 것이다. 하나님나라의 가치를 따라 사는 것이 옳은 것이고, 정의로운 것이며, 행복한 삶이라는 것을 보여주는 공동체가 되어야 하는 것이다. 그러기 위해서는 잘못된 이원론을 버리고, 종교적 영역과 일상의 영역을 통합하는 공동체를 만들어야 한다. 교회와 일상이 만나야 하는데, 그것은 교회와 관련된 공간과 일상과 관련된 공간이 일치되어야 한다는 필요성으로 이어지는 것이다. 다른 말로 하면, 교회의 공동체성을 다시금 인식하게 된 것이다.

또한 Post-Christendom 시대에 대한 인식은 교회의 사명에 대해 다시금 반추하는 계기가 되었다. 교회가 자기만족적인 집단이 아니라 이웃을 섬기고 변화시키는 '소금과 빛'의 공동체여야 한다는 자명한 사실을 다시금 깨닫게 된 것이다. 이런 자의식을 주도한 개념 중 하나가 'Missional Church'다. 이것은 전통적인 선교 개념을 확장한 것으로, 직접적인 복음 전도뿐만 아니라 교회 공동체의 멤버 한 사람 한 사람이 주변 사람들을 섬기고 돌보는 것까지 선교로 포괄하는 것이다. 선교를 영육이원론을 극복하는 총체적인 것으로 보게 된 것이다.

'Christendom 시대'에서는 개인이 도덕적으로 살고, 교회가 종교적 제의만 잘 하면 된다고 생각했다. 주민 대부분이 기독교인이기 때문에 교회가 굳이 복음전도를 할 필요도 없었다. 국가도 기독교적인 국가였기 때문에 지역사회의 문제는 국가가 해결해야 하며 굳이 교회가 나설 필요가 없었다. 그러나 'Post-Christendom' 시대로 들어가면서 교회는 소수파로 전락하게 되었고, 전도와 지역 섬김이 현실적인 과제로 떠오르게 되었다. 즉, 교회의 사명이 예전적이고 내부적인 것에서부터 외부지향적인 것으로 변하게 된 것이다.

그래서 이 시기에 '선교'는 단순히 복음전도만 의미하는 것이 아니라 교회가 속한 지역을 섬기는 것까지 포함하게 된다. 선교를 확장해서 보게 된 것이다. 단순히 복음을 전해서 회심시키는 것뿐만 아니라 하나님나라 신학을 토대로 온 세상을 구속하여 변화하는 것까지 포함된 선교 개념으로 확장된다. 또한 '후기 기독교 사회'에서는 노방전도와 같은 직접적인 전도가 효과가 없기 때문에 인격적인 관계를 통해서 점차적으로 복음으로 끌어들여야 한다. 이것을 위한 기초 작업은 지역 주민들을 만나고 섬길 수 있는, 지역에 뿌리를 내린 공동체 교회를 형성하는 것이다. 우리가 '후기 기독교 사회'에 살고 있다는 이런 인식이 교회가 지역에 뿌리를 내리는 공동체적 교회가 되어야 할 필요를 더욱 강조하게 된다.

선교에 대한 이런 전환은 우리에게 중요한 깨달음을 준다. 첫째, 교회는 그 존재 자체가 선교적 공동체라는 점 선교를 하는 것을 넘어서. 둘째, 교회 주변에 존재하는 지역사회와 주민들이 우리의 일차적 섬김의 대상이라는 점. 셋째, 그들을 섬기기 위해서는 인격적으로 그들과 관계를 맺어야 한다는 점. 넷째, 그들과 관계를 맺고 섬기고 영향을 줄 수 있는 동력은 교회가 먼저 '총체적 삶의 공동체' '대안 공동체'를 형성하는 데서 나온다는 점을 들 수 있다.

이렇게 교회의 정체성과 사명에 대한 재인식이 교회의 공동체성과 더불어 교회와 지역의 관계에 대해서도 중요한 시사점을 주면서, 사람들은 지난 수십 년간 진행되었던 '마을과 교회의 분리' 경향에서 벗어나서 지역을 기반으로 하는 '총체적 삶의 공동체'를 만들어야 할 필요성을 깨닫게 되었다. 그 결과, 마을에 뿌리를 박고 지역 사회를 섬기는 다양한 사역을 버무리는 각양각색의 '선교적 교회'들이 생겨났다. 도서관 교회, 문화 센터 교회, 노인 돌봄

센터 교회, 공부방 교회, 지역 NGO와 협력하는 교회, 등이 그런 것들이다. 또한 세계 도처에서 'Christian intentional community' 기독교 공동체가 계속해서 세워지고 있다. 그들은 서로 다른 곳에 살다가 어느 한 지역을 정해서 그곳으로 이주하여 공동체를 형성하는 사람들이다. 공동체의 본거지는 도심, 교외지역, 농촌 지역 등 다양하다. 주거 형태도 공동 주택도 있고 개별 주택도 있다. 이들은 넓고 안락한 집에서 사는 것보다 같은 비전을 공유하고 진정으로 그리스도의 형제됨을 실천할 수 있는 사람들과 함께 사는 것이 더 가치 있다고 생각하여 한 지역을 선택하여 그곳을 기반으로 공동체를 형성한 것이다.

이런 흐름은 마을을 복원하려는 사회의 흐름을 맹목적으로 추종하는 것도 아니며, 단순히 과거에 존재하던 지역 교회라는 형태만을 복원하려는 것도 아니다. 그것은 성경에서 말하는 '총체적 삶의 공동체' 를 회복하기 위한 첫걸음이 교인들의 생활공간을 일치시키는 것이라는 인식에서 비롯된 것이며, 세상을 섬기고 빛이 되는 '대안 공동체' 가 되기 위해서는 마을에 뿌리를 내리는 공동체가 되어야 한다는 깨달음에서 비롯된 것이다.

3. 지역 공동체를 형성해야 하는 이유 (공동 장소의 중요성)

'총체적 삶의 공동체' 를 지향하기 위해서는 교회가 일정한 지역에 뿌리를 내린 '지역 공동체' 가 되어야 한다. 그 이유가 무엇인가?

(1) '공동체' 는 자주 모이는 곳이며, 그러기 위해서는 공간이 일치되어야 한다.

요즘은 "만남" 이라는 개념이 확대되고 있다. 사람과 사람이 직접 만나는 것 말고도 sns에서의 만남이 더 빈번해지고 있고, 오히려 그것이 직접적 만남을 대체하고 있는 실정이다. 카카오톡이나 밴드와 같은 것에 방을 만들고 의견을 주고받고 사안을 결정하기도 하고, 페이스북이나 인스타그램을 통해서 생각과 사진을 주고받으면서 '소통'을 한다고 한다. 이런 방식의 만남은 분명히 시간과 장소에 구애를 받지 않으며 지구상에 어느 곳에 있어도 만날 수 있다, 여러 사람이 동시에 의견을 주고받을 수 있으며, 만나기 위해 비용도 거의 들지 않는다는 장점이 있다.

그러나 한계도 분명하다. 문자와 사진으로 주고받는 생각이나 의견은 인간이 할 수 있는 커뮤니케이션 방식 중에 일부에 지나지 않는다. 사람들의 커뮤니케이션 방식은 단순한 문장을 넘어서 말의 어감, 높낮이, 얼굴 표정, 몸짓, 호흡 같은 것들도 포함한다. 오히려 그런 것들이 더 중요한 경우가 훨씬 많다. 예를 들어, 밥 먹어!' 라는 똑같은 말이라도 음성의 고저에 따라 상대를 배려하면서 권고하는 경우와 마치 쓸데없는 짓하지 말고 밥이나 먹으라는 투로 상대방을 무시하는 경우로 확연히 구분된다. 영상 통화도 한계가 있기는 마찬가지다. 그것을 통해서 어떤 '대화'는 가능하겠지만, 밥을 함께 먹는다거나 함께 산책하는 것과 같은 더불어 함께 할 수 있는 다른 활동들은 불가능하기 때문이다.

그래서 예전에는 사이버 상의 만남이 빈번해지면서 그것이 사람들 사이의 물리적 만남을 대체할 것이라는 전망도 나왔지만, 현실은 예상대로 흘러가지 않았다. 사이버상의 만남과 더불어 물리적 만남도 여전히 중요하고 의미 있게 인식되고 있기 때문이다. 이런 현상을 잘 보여주는 대표적인 예가 대중음악시장이다. 음악평론가들은 과거와는 달리 현재 가수들은 음반을 판매해서 돈을 벌지 않는다고 말한다. 대부분의 음원이 무료이거나 저가이기 때문에 거기서 수익을 내기가 어렵기 때문이다. 그러면 어디에서 수익을 얻게 될까? 바로 '공연'이다. 이것은 아무리 디지털 음원으로 음악을 듣고 유튜브로 Music Video를 보고 공연 영상을 봐도, 공연장에서 가수의 목소리를 직접 듣는 라이브를 대체하지 못한다는 한계를 보여준다. 아무리 값비싼 스피커와 헤드폰과 대형 화면으로 음악을 듣고 볼 수 있어도 현장감을 대체할 수는 없으며, 가수와 내가 한 공간에 같이 있다는 것을 능가할 수 있는 즐거움이 없기 때문이다. 디지털 시대에 아날로그 방식직접 대면의 가치가 오히려 증가하고 있는 것이다.

진정한 의미의 '함께 함'은 시간과 공간의 기초 위에 가능하다. 인간은 근본적으로 시간과 공간에 영향을 받는 3차원적 존재이기 때문이다. 마음을 나누고 하고 싶은 것을 함께 하는 것을 가능하게 하는 출발점은 시간과 공간의 함께 함이다. 그러므로 진정한 의미에서 '함께 하는 것'은 공동 공간의 기초 위에 가능하다.

교회 공동체의 기초도 '함께 함'이다. 교회에서 '우리는 공동체다' 또는 '우리는 하나다'라고 아무리 크게 외쳐도 만남이 자주 이루어지지 않으면 우리가 바라던 공동체의 모습을 갖추는 것이 현실적으로 어렵다. 물론 자주 만난다고 공동체가 자동적으로 만들어지는 것은 아니지만, 빈번한 만남이 없이 공동체가 만들어지는 것은 불가능하다.

성경은 '하나님의 공동체'는 당연히 자주 만나는 곳이라고 분명하게 말한다. 예루살렘 공동체가 그 예를 잘 보여준다. 그들은 "서로 사귀는 일"에 힘썼고행 2:42, "믿는 사람이 모두 함께 지내며"44절, "날마다 한 마음으로 성전에 열심히 모이고, 집집이 돌아가면서 빵을 떼며, 순전한 마음으로 기쁘게 음식을 먹"었다.46절 그러나 세월이 흘러가면서 기대했던 주님의 재림이 지연되고 새로운 세상에 대한 기대감이 약해지고 반면에 박해는 더 심해지면서 모임이 점차 뜸해지게 되었고, 그 결과 교회의 공동체성이 약화되기 시작했다. 이런 현상을 안타깝게 여긴 히브리서 저자는 강력하게 권면한다. "어떤 사람들의 습관처럼, 우리는 모이기를 그만하지 말고, 서로 격려하여 그 날이 가까워

오는 것을 볼수록, 더욱 힘써 모입시다."히 10:25 하나님이 형성하신 가족 같은 교회, 한 몸 같은 교회, 한 건물과 같은 교회는 당연히 자주 만나고 자주 교제하는 친밀한 공동체여야 한다는 점은 세월이 흘러도 변함이 없기에 그런 공동체를 만들기 위해서는 우리를 모이지 못하게 하는 방해 요소들을 물리치고 더 자주 모이도록 노력해야 한다는 것이다.

공동체가 자주 모여야 하는 이유가 무엇인가? 성경은 왜 교인들에게 자주 모이라고 권면하는가?

첫째, 자주 모여야 가족 같고 한 지체 같은 친밀한 공동체가 형성되기 때문이다. 만남이 없이 친밀감은 형성될 수 없다. 자주 만난 친구가 더 가까워지는 것은 당연한 이치다. 더 자주 만난 관계가 더 깊어지고, 더 사랑하게 되고, 무엇이든 같이 할 수 있는 공감대가 형성된다. 심지어 가족도 자주 만나지 않으면 공유하는 것이 적어지면서 실질적으로 멀어지게 된다는 것이 우리의 경험이다. 공동체와 소그룹의 역동성을 연구하는 사람들은 일주일에 한두 번의 만남으로 진정한 공동체를 형성하기 어렵다고 이구동성으로 말한다. 예루살렘 공동체와 같은 결과를 거두려면 그들처럼 자주 만나야 한다. 짧은 시간만 나누면서 공동체의 파워를 경험하기를 바라는 것은 공허한 욕심이다.

둘째, 만나야 서로의 관심사와 은사를 알게 되고, 그것으로 연합해서 세상을 섬길 수 있는 동력을 얻게 된다. 멤버 사이의 동질성, 신뢰, 인간적 결속이 이루어져야 사역을 잘 감당하게 된다. 긴밀한 관계없이 일로만 모인 사람들은 그 일조차 제대로 감당하기가 쉽지 않다. 일과 재능 이전에 내적인 결속이 함께 있어야 진정한 사역 공동체가 되기 때문이다. 이것은 어느 조직에나 통용되는 원리다. 회사에서도 직원들끼리 내적 결속도가 약하면 지속적으로 좋은 성과를 내기 어렵다. 스포츠 팀도 마찬가지다. 아무리 개인 능력이 뛰어나도 팀웍이 탄탄하지 않으면 경기에서 이기기 어렵다. 팀웍은 서로에 대해서 잘 알고 이해하기 위한 만남이 누적되면서 생성된다. 세상을 섬기는 교회의 사명을 수행하는 것도 마찬가지다. 교인들끼리 마음이 맞아야 하고, 서로의 장단점을 파악해야 하고, 서로 협력해서 시너지 효과를 낼 수 있는 역학관계를 형성해야 좋은 성과를 낼 수 있다. 그러기 위해서는 자주 만나서 교제하고 생각을 나눠야 하는 것이 필수적이다.

셋째, 무엇보다도 우리가 '총체적 삶의 공동체'를 만들기 위해서는 자주 만나는 것이 필수적이기 때문이다. 앞장에서 우리는 '총체적 삶의 공동체'를 형성하는 것이 교회의 목표라는 점을 확인했었다. 우리는 삶의 다른 영역은 제외하고 '영적인 것'에만 보통 교회적인 것, 주일에만 나누는 어떤 것 관심이 있는 것이 아니다. 그리스도인의 삶은 우리의 모든 영역의 삶을 포괄하는 것이므로 공동체로서 우리의 관심도 그러해야 하기 때문이다.

그래서 '교회가 공동체'라는 의미는 우리 삶의 모든 부분이 함께 나누어지는 관계여야 한다는 것을 의미한다. 하나님은 우리가 서로 돌아보고 서로의 짐을 대신 져 주라고 말하고, 경제적으로 어려운 사람을 빈손으로 보내면서 '평안하라'고 말만 하지 말라고 명령한다. 그런데 이 명령을 실천하기 위해서는 두 가지가 필요하다. 먼저 서로의 형편을 알아야 한다. 어떻게 알 수 있는가? 한 시간 만나서 모든 사정을 다 알 수 있는가? "자, 이제 모두 털어놓자. 시간이 한 시간 밖에 없으니까 빨리 빨리 털어놔 봐." 이렇게 할 수는 없지 않은가? 자주 만나야 서로의 사정도 알 수 있게 되고, 내가 어떤 도움을 줄 수 있는지도 알게 된다. 또한 구체적으로 사랑을 표현할 수 있는 실천의 기회를 얻을 수 있어야 하는데, 그것을 위해서도 자주 만나야 하는 것은 당연한 일이다. 그러므로 우리가 믿음의 전인격적인 공동체를 형성하고, 공동체의 유익을 충분히 누리기를 원한다면 더 자주 만나야 한다.

그러나 바쁜 현대 생활에서 자주 모이는 것이 쉽지 않다. 현실적 한계가 있다. 성경시대를 비롯해서 과거에는 지역 교회가 한 지역에 사는 사람들로 구성되는 것이 일반적이었다. 그래서 성경에서도 공간을 함께 하는 것에 대해서는 별 언급이 없는 것이다. 굳이 언급할 필요가 없는 사안이었기 때문이다. 그렇기 때문에 예루살렘 교회처럼 매일 만나고, 집집이 돌아다니면서 교제하고, 서로의 형편을 파악해서 돌보는 일들이 무리 없이 진행될 수 있었다.

그러나 시대가 변하면서 우리의 생활 패턴이 달라졌고, 교회의 모습 또한 달라졌다. 집과 직장과 교회의 거리가 멀어져서 매일 만나는 것이 현실적으로 불가능해졌고, 집집이 돌아다니면서 떡을 떼는 것도 어려워졌다. 자주 모이고, 자주 만나야 성경적인 공동체를 형성할텐데 교인들이 서로 멀리 떨어져 살고 있기 때문에 현실적으로 어려워진 것이다.

'총체적 삶의 공동체'를 이루고 서로를 돌보는 공동체를 형성하려면 자주 모이는 것이 필요하다는 것을 알고는 있지만당위성, 공간이 너무 떨어져 있고 시간에 쪼들리는 현실에서 그것이 쉽지 않다.현실성 어떻게 해야 이 딜레마를 해결할 수 있을까?

일차적으로 가능한 해답은 삶의 공간을 일치시키는 것에 있다. 사회학에서도 공동체의 가장 기본적인 요소가 "한 공간적 맥락 속에 한동안 사람들이 있어야 하는 것"이라고 말한다.김경동, 78 즉 지역성과 공간성이 확보되어야 공동체라고 말할 수 있다는 것이다. 그래서 일반 사회에서도 친밀한 공동체를 형성하기 위해 일정한 지역에 모여 사는 마을을 세우고, 공동주택을 세워 같은 건물에서 살려고 애쓰고 있는 것이다.

공동체적인 교회를 만들려는 곳에서도 비슷한 시도가 일어나고 있다. 총체적 삶의 공동체를 만들기 위해 생활공간을 가깝게 만들려는 노력을 하는 것이다. '공동체'라면 친밀함이 기초이고, 친밀한 관계 속에서 다양한 일들이 일어나는 것이 기본이기 때문에 친밀함을 증진하기 위해서 삶의 공간을 되도록 가깝게 만들려는 노력을 하게 된다. 그러므로 친밀한 공동체를 형성하려는 사람들 중에 주거 공간이 멀리 떨어져 있는 경우는 없다. 공간의 근접성은 가장 기본적인 것이기 때문이다.

주거 공간을 일치시킬 때 친밀한 관계를 형성하기가 훨씬 수월하다. 일단 만남의 횟수가 급격하게 늘어난다. 목적성 만남뿐만 아니라 일상적 만남이 늘어나게 된다. 이런 비목적성 만남은 관계를 심화시키는데 매우 중요하다. 일상에서의 잦은 만남은 서로의 상황을 더 잘 알 수 있게 해주면서 실제적으로 '총체적 삶의 공동체'를 형성할 수 있는 기초를 형성해준다. 어떤 집에 사는지, 경제적인 형편이 어떤지, 일상이 어떻게 되는지, 고민이 무엇인지, 아이들은 어떤지, 업무량이 어떤지, 스트레스 받는 일이 무엇인지 등과 같은 일상의 소소한 상황에 대해 훨씬 더 잘 알게 되기 때문이다. 이런 상황들을 잘 알게 되면, 서로의 삶에 깊이 개입해 들어가는 것이 수월해지면서 서로 책임을 지는 공동체를 만들기가 쉬워지고, '서로'의 말씀을 실천하는 것이 가능해진다. 또한 주거 공간의 일치는 만남을 위해 들어가는 시간과 에너지를 절약해주는 장점도 있다. 목적을 가지고 만날 때에도 거리가 가깝기 때문에 부담이 훨씬 적고, 의도성이 없어도 생활공간이 일치하기 때문에 만날 수 있는 기회가 많아진다.

아프리카의 킬리만자로 산 자락에 있는 궁벽한 토착마을에 미국의 한 사회학자가 방문한 일이 있었다. 그때 마을사람들은 말로만 듣던 부자나라에서 온 사람에게 여러 가지 궁금한 것들을 질문했다. 미국에는 집집마다 텔레비전과 전화기가 있다는데 사실이냐? 자동차가 있어서 멀리까지도 빨리 갈 수 있다고 하는데? 텔레비전이나 자동차가 집집마다 몇 대씩이나 있고, 전화는 개인마다 휴대전화라는 것을 가지고 있다는 답변에 그들은 놀라서 입을 다물지 못했다. 그들에게 미국은 천국임이 분명했다. 그러나 미국 사람들은 친척이나 이웃사람들과도 거의 만나는 일이 없고, 친구 집에도 미리 전화로 약속을 해놓고 찾아가야 한다는 이 사회학자의 부연설명을 듣고는 그들은 경악했다. 그들은 이구동성으로 그런 곳이라면 자기들은 미국에서 살고 싶지 않다는 것이었다. 그들 생각에는, 자주 만나지 않는 사람들, 또한 사전약속을 해야 하는 사이라면 그것은 친구가 아니었다. 같은 마을에 살면서 오다가다 쉽게 만날 수 있는 사이, 편한 옷차림으로 지나가다가 들릴 수 있는 사이, 먹을 것이 남을 때 바로 연락해서 함께 먹자고 할 수 있는 사이, 그들은 이런 관계가 진정한 친구라고 생각한 것이다.

마을을 복원하는 것이 좋다고 하지만, 무턱대고 지금 살고 있는 지역 사람들과 관계를 맺는 것은 쉽지 않다. 잘 알지 못하기 때문에 서먹하고, 성향이 무엇인지, 가치관이 무엇인지 잘 알지 못하기 때문에 어울리기가 쉽지 않다. 그렇게 할 수 있는 사람은 우리 지역 사람들 100명에 한 두 명 정도에 불과할 것이다. 하지만 이미 관계가 형성된 사람들과 함께 마을살이를 하는 것은 훨씬 수월하다. 그래서 현재 형성되고 있는 마을 공동체도 우선적으로 마음과 뜻이 맞는 사람들이 한 지역을 선택해서 모이기 시작하면서 이루어지고 있는 것이다. 이것은 교회라고 해서 다르지 않다. 오히려 관계를 회복하는 마을을 만드는 것은 뜻과 마음이 일치된 교회 공동체 멤버들과 더불어 하는 것이 훨씬 쉽고 효과적이다.

'총체적 삶의 공동체'를 만들기 위한 기초는 일상의 토대 위에서 자주 만나 다양한 활동을 함께 하는 것이다. 우리는 삶의 현장에서, 서로의 일상에서 자주 만나야 한다. 그것이 진정한 공동체를 만드는 비결이다. 다른 왕도는 없다. 이렇게 일상생활 속에서 빈번한 만남을 갖기 위해서는 일정한 지역에서 마을 공동체를 형성하는 것이 최선의 방법이다.

(2) 성경의 공동체가 보여준 모범이다.

우리는 예수님과 제자들의 모습을 통해서 제자 공동체를 형성하는 데 있어서도 공간 공유가 매우 중요한 역할을 했다는 것을 발견할 수 있다.

예수님은 제자들을 부르시면서 다른 무엇보다도 자신과 함께 있는 것을 중요하게 여기셨다. 막 3:14 "예수께서 그들을 자기와 함께 있게 하시고" 그 결과 그들은 3년을 같은 공간에서 함께 지냈다. 예수님의 제자 훈련은 학교처럼 정해진 수업시간에만 만나는 것이 아니었다. 일상 속에서 함께 생활하면서 삶을 공유하는 가운데 훈련이 이루어지는 것이었다.

현대에도 어떤 선교단체는 예수님의 훈련방식을 본받아서 몇 달이나 몇 년을 숙식을 함께 하면서 훈련하는 방식을 채택하기도 한다. 꼭 그런 방식이 아니더라도 진정한 훈련은 구체적인 삶의 현장에서 이루어져야 한다. 제자 훈련이라는 것이 그리스도의 제자로서 세상을 살아가기 위한 훈련이기 때문이다. 그렇다면 삶의 현장이나 일상에서 유리된 훈련만으로 그치는 것은 마치 교실에서만 교육을 하고 실습은 결여된 비행기 조종사 훈련처럼 허망한 것이다.

예수님은 제자들이 예수님의 사명을 이어받을 공동체가 되기를 원하셨다. 그러기 위해서는 함께 먹고 자고 일상을 함께 하는 훈련이 필요하다고 판단하신 것이다. 물론 우리가 예수님도 아니고 제자들도 아니기 때문에 몇 년이라는 시간을 함께 지내면서 훈련을 할 수는 없지만, 예수님이 보여주신 것은, 진정한 신앙 훈련은 구체적인 삶의 현장에서 시간과 공간을 공유하면서 이루어진다는 것을 배우기에는 충분한 모델이다.

오순절 성령 강림과 사도들의 복음 전파로 형성된 예루살렘 교회는 곧바로 공동체를 형성하면서 "서로 사귀는 일"에 힘썼다. 행 2:42 그들은 "모두 함께 지내며"2:44, "날마다 한마음으로 성전에 열심히 모이고, 집집이 돌아가면서 빵을 떼며, 순전한 마음으로 기쁘게 음식을 먹"었다. 행 2:46 이렇게 공간을 일치시키고, 그 동일한 공간에서 활동을 일치시키는 공동체를 만들었더니, "그들은 모든 사람에게서 호감을 샀다. 주님께서는 구원 받는 사람을 날마다 더하여 주셨다"는 멋진 결과를 얻게 된 것이다. 행 2:47 성경은 공간을 포함한 삶의 공동체 형성과 구원받는 사람의 증가라는 두 가지가 '원인과 결과'로 분명하게 연결되어 있다는 것을 말해주고 있다. 새번역의 '그래서'가 이것을 잘 표현하고 있으며, 공동번역도 이런 관계를 잘 보여주고 있다. "이것을 보고 모든 사람이 그들을 우러러보게 되었다. 주께서는 구원받을 사람을 날마다 늘려주셔서 신도의 모임이 커갔다."

(3) '대안 사회', '대안 공동체'를 실제적으로 만들기 위한 필수 조건이다.

사회 혹은 공동체라고 할 때 지역을 제외하는 것은 말도 안 된다. 모든 인간은 일정한 공간 안에서 사회를 형성하는 것이기 때문이다. 그 공유된 공간 안에서 다양한 영역의 수많은 일들이 이루어지면서 사회가 형성되는 것이다. 의식주, 정치, 경제, 교육, 문화 교회가 '대안 사회'와 '총체적 삶의 대안 공동체'라면, 일정한 공간을 공유하고 그 곳에서 삶의 수많은 일들을 함께 하는 공동체를 형성하는 것은 기본이다.

대안 사회는 말 그대로 '사회'지만 '다르게 사는 사회'를 의미한다. 그러나 공통점은 '산다'는 것이다. 사람들이 같은 공간에서 생활하는 것이 사회이기 때문에 대안 사회 역시 같은 공간에서 일상을 살아간다는 점에서는 동일하지만, 살아가는 모습이 기존 사회의 모습과 다른 것을 만든다는 것이다. 그렇다면 '공통 공간'이라는 것은 대안 사회를 만들기 위해 기본적인 것이다. 그 일정한 공간에서 삶의 다양한 활동들을 다르게 하는 것이 바로 대안적 삶이요, 대안 사회인 것이다.

(4) 주변을 섬기면서 영향을 끼치는 것이 용이해진다.

교회가 사람들을 돕고 섬기는 것은 거리가 멀어도 얼마든지 가능하다. 정해진 시간에 찾아가서 섬기면 되기 때문이다. 그러나 한계도 분명하다. 거리가 멀면 인격적인 관계를 맺기도 쉽지 않고, 수시로, 긴급한 상황에서, 다양한 필요를 채워주는 데에도 한계가 있다. 그러나 지역에 기반을 둔 공동체를 형성하고 그 지역을 중심으로 사람들을 섬기게 되면 이런 한계를 극복할 수 있다.

홀로 사시는 노인을 돌보면서 하.나.의.교회는 지역의 의미를 더 깊이 인식하게 되었다. 교회가 지역에 기반을 두지 않았을 때에는 한 달에 한두 번 찾아뵙는 것이 전부였지만, 지역에 공동체를 형성하고 그 주변에 계시는 분들을 돌보면서, 단순히 찾아뵙는 것을 넘어서 인격적인 관계를 맺는 것까지 가능하게 되었기 때문이다. 우리가 섬기려는 사람들이 우리가 사는 지역에 함께 살고 있는 사람들이라면 그들과 인격적인 관계를 맺기가 쉽고, 그들의 실제적인 필요를 더 잘 파악할 수 있다. 그리고 거리가 가깝기 때문에 그들을 섬기기도 수월해진다.

지역에 뿌리를 내린 공동체는 그 지역을 중심으로 공공기관의 마을 공동체 사업에 참여하면서 지역을 섬길 수 있는 기회도 많이 얻을 수 있다. 우리나라 곳곳의 행정 기관들^{행안부, 시, 군, 구, 동, 읍, 면}이 다양한 마을 활성화 사업을 열심히 하려고 하지만, 함께 할 수 있는 민간의 결속력 있는 공동체나 인력이 부족하다고 아쉬움을 토로한다. 그들은 마을을 토대로 형성된 공동체나 협동조합과 같은 것을 찾고 있다. 그들과 협력하면서 민관 협력 사업을 하기를 원하는 것이다. 교회가 마을에 기초를 둔 공동체를 형성하면 지역의 필요를 채우기 위한 일에 적극적으로 나설 수 있는 기회가 많아지게 된다. 이와 관련된 자세한 내용은 10장에서 다시 다루게 될 것이다.

(5) 지역에 뿌리를 내린 공동체는 신앙의 가치로 아이들(**신앙의 다음 세대**) 을 양육하는데 큰 도움이 된다.

아이들 사이의 공동체성도 마을의 파괴와 함께 사라졌다. 그러나 교회가 지역 공동체를 형성하면 그들에게도 마을과 친구들이 생기면서 아이들끼리의 공동체가 형성된다. 아이들에게도 신앙의 공동체가 생기는 것이다. 인간은 선천적으로 이기적이고 개인주의적인 존재다. 거기에 더해서 오랜 세월 동안 개인주의적인 방식으로 교육받아왔기에 이런 성향을 바꾸는 것이 쉽지 않다. 의지적으로 바꾸려고 노력하지만 여전히 어렵다. 그러나 공동체에서 자라나는 아이들은 어릴 때부터 공동체적 습성을 몸으로 배우고 익히게 된다. 어른들은 교육을 통해서 생각을 바꾸고 그것을 몸으로 표현하려고 애쓰며 분투하지만, 아이들은 처음부터 몸으로 공동체적 삶을 체득하면서 자연스럽게 공동체적 삶을 살게 된다. 이처럼 지역을 공유하는 공동체를 형성하면 아이들에 대한 공동체성 교육이 자연스럽게 이루어지는 것이다.

또한 지역 공동체 형성은 자녀들을 일상에서 기독교적 가치로 교육하는 것을 좀 더 수월하게 만들어준다. 아이들이 어릴 때에는 부모 혼자 양육하기 어렵기 때문에 어린이집이나 유치원에 보내게 된다. 그리고 학령기가 되면 학교에 보내는 것이 일반적이다. 어린이집이나 유치원, 그리고 학교는 단순히 아이들을 맡아서 돌보는 것을 넘어 나름대로 교육의 목표와 가치를 가지고 아이들을 대하고 있다. 이 목표와 가치가 기독교인으로서 우리가 수용할만한 것인지 살펴봐야 한다. 그러나 대부분의 기독교인은 그런 것을 따져볼 겨를도 없이 눈앞에 닥친 양육, 보육, 교육이라는 큰 산 앞에서 그냥 아이들을 어린이집, 유치원, 학교로 보내버린다.

그러나 우리는 아이들이 이미 어린이집에서부터 가치관 교육을 받게 된다는 것을 안다. 의도적인 학습 내용이 있든 없든 상관없이 하루 종일 일어나는 일들 속에서 자연스럽게 가치관 교육이 이루어진다. 그렇다면 우리가 어린이집, 유치원, 학교에 대해 이런 판단을 하지 않고 그냥 우리 아이들을 맡기는 것이 옳은 것인지 생각해볼 필요가 있다. 하지만, 아무리 교육의 가치를 생각해보려고 해도 같은 가치를 공유하는 사람들과 분리되어 살고 있는 부모는 더 이상 앞으로 나아갈 수가 없다. 아이를 집 근처에 있는 기관에 보낼 수밖에 없기 때문이다. 그렇지 않고 기독교적 가치관에 맞는 곳을 찾으려다보면 집에서 먼 곳에 있는 기관으로 아이들을 통학시켜야 하는 번거로움이 발생하는 것이 일반적이다.

그러나 교회가 마을에 기반을 둔 공동체를 형성하면 아이들 교육을 위해 함께 협력할 수 있는 에너지가 생기게 된다. 공동육아를 비롯해서, 교회 공동체가 주도하는 어린이집, 대안학교, 방과 후 학교와 같은 다양한 시도를 해볼 용기가 생기게 된다. 이렇게 하면서 공동체는 아이들을 어릴 때부터 신앙적 가치로 양육하는 것이 가능해진다.

또한 마을에 기반을 둔 신앙 공동체는 이런 시도들을 통해서 단지 일주일에 하루만 이루어지고 있는 '주일학교' 교육을 '매일 학교'로 전환시킬 수 있다. 우리가 잘 알듯이 아이들의 신앙 교육은 일주일에 하루만 하는 것으로 충분치 않다. 물론 부모가 책임지고 아이들의 신앙 성장을 위해 매일 노력하면서 빈 곳을 메울 수 있지만, 공동체가 함께 협력하면 부모가 교육의 전문가도 아니고 자원도 충분치 않다는 현실을 넘어선 훨씬 더 수월하고 효과적인 교육이 가능해진다.

또한 마을에 기반을 둔 공동체는 마을에서 아이들을 함께 키우는 것이 가능해진다. 아이를 키우기 위해서는 하나의 마을이 필요하다는 옛말을 실천할 수 있는 것이다. 마을에 뿌리를 내린 공동체의 아이들은 일상에서 공동체의 어른들을 만날 기회가 많아지기 때문에 다양한 경험을 하면서 배울 수 있는 기회도 많아진다. 이렇게 온 마을의 어른들이 다양한 역할을 감당하면서 아이들의 교육에 기여하는 멋진 공동 교육 공동체가 이루어지는 것이다.

결론

(1) 마을 공동체 형성의 가치

마을 공동체를 형성하는 것에는 위에서 언급한 것과 같은 실제적인 유익들이 많다. 하지만 그 유익들은 사람들마다 가정마다 체감도가 다르다. 그래서 어떤 개인이나 가정은 체감하는 유익이 그렇게 크지 않아서 마을 공동체 형성이 별로 매력적으로 다가오지 않을 수도 있다.

그러나 우리에게는 마을을 중심으로 신앙 공동체를 형성해야 할 또 다른 이유가 있다.

그것은 '하나님나라의 가치'다. '총체적 삶의공동체'를 형성한다는 가치, 아이들과 어른들이 함께 믿음의 공동체 안에서 성장할 수 있다는 기대, 이웃에 빛과 소금이 되는 '대안 공동체'를 만든다는 고귀한 의미, 등등. 그래서 설령 피부에 와 닿고 체감할 수 있는 유익이 별로 없더라도 우리는 이런 가치들을 위해 움직일 수 있다. 그러므로 '총체적 삶의 공동체'와 '대안 공동체'를 만들기 위해서는 일정한 지역에 함께 사는 '지역 공동체'를 만드는 것이 필요하다.

물론 지역 공동체를 만들지 않으면 교회가 아니라는 뜻은 아니다. 지역 공동체를 만들지 않고도 좋은 교회를 형성하고 주께서 주신 사명을 감당하는 것이 전혀 불가능한 것은 아니다. all or nothing은 존재하지 않는다. 다만 지역성을 배제한 교회가 성경이 의도하는 '교회됨'을 형성하고 유지하기 위해서는 훨씬 더 많은 노력이 필요할 것이다. 이것은 대형교회에 대해서 말하는 것과 비슷하다. 대형교회가 그 자체로 악은 아니다. 선한 기능이 분명히 있다. 하지만 대형교회가 하나님이 의도하시는 교회의 본질을 지키고 이원론과 같은 잘못된 신앙 행태를 극복하는 것이 쉽지 않다는 것 역시 분명하다. 불가능은 아니지만 매우 어려운 것이 사실이다. 마을에 뿌리를 내리지 않는 교회도 비슷하다. 그런 교회가 하나님이 원하시는 좋은 교회, 귀한 사명을 감당하는 교회가 될 수 없다고 말할 수는 없다. 하지만 그 목표를 성취하기가 매우 어렵고 힘들며, 몇 배의 노력이 더 필요하다는 것도 사실이다.

(2) 대가 지불

세상이 돌아가는 원리는 언제나 비슷하다. 무언가 좋은 것을 얻기 위해서는 대가가 지불되어야 한다는 것이다. 땀과 수고와 노력 없이 좋은 것을 얻을 수 없다. 공동체를 형성하고, 그것으로부터 좋은 것을 얻기 위해서도 마찬가지다. 공동체를 형성하는 것이 중요하다면 그것은 아무 대가없이 이루어지지 않는다. 그러므로 우리는 대가가 무엇인지 파악해야 하고, 그 대가를 기꺼이 지불하려는 마음을 가져야 한다. 그렇다면 일정한 지역에 뿌리를 내리는 마을공동체 교회를 만들기 위해 지불되어야 하는 비용이 무엇 인가?

첫째. 주거 지역을 선택할 때 우리가 일반적으로 중요하게 여기는 기준들을 포기해야 한다. 앞에서도 언급했듯이 대한민국에서 주거 지역을 선택할 때 사람들이 중요하게 여기는 기준들이 있다. 생활의 편리성-대규모 아파트 단지를 선호한다. 그래서 그런 아파트값이 비싸다-, 학군-자식들에게 좋은 교육 기회를 제공하는 것이 모든 한국 부모들의 최우선 순위다-, 향후 집의 재산 가치의 등락-아직까지도 한국에서 부동산은 중요한 재테크 수단이다. 이런 점에서 아파트는 가장 안전하고 좋은 투자 대상이다-, 출퇴근 거리-근로시간이 여전히 긴 한국사회에서 집과 직장의 거리가 가깝다는 것은 매우 큰 장점이다-와 같은 것들이다. 한국사회에서 이런 기준들을 기초로 주거 지역과 집을 선택하는 것은 현명한 행동으로 인식된다. 그래서 그리스도인들도 한국 사람이기에 비슷한 기준으로 주거지를 선택하면서 살아가고 있다. 세상을 따르는 것이다.

그러나 이 기준들 목록에서 한 가지 빠진 것이 있다. 주변에 함께 살아갈

'사람들'은 존재하지 않는다. 특히 일반 한국 사람들과 동일한 기준으로 주거 지역을 선택하는 그리스도인들도 함께 할 이웃 사람들, 함께 공동체적인 삶을 영위할 사람들, 하나님나라의 가치를 공유하면서 총체적 삶의 공동체를 이룰 사람들은 고려사항이 아닌 것이다. 그렇게 하는 이유가 있다. 재산 가치나 편의성보다 '사람', '우정', '함께 함'을 선택하는 것은 대한민국 사회에서 상당한 비용을 치를 것이 뻔하기 때문이다. 예를 들어, 빌라보다 아파트 가격의 상승 폭이 훨씬 큰 현실에서 같은 돈을 들여서 빌라를 선택하는 사람들이 얼마나 있겠는가? 하지만 우리가 한 지역에 뿌리를 내리는 공동체를 형성하려고 한다면 대한민국 사람들이 소중하게 여기는 가치들을 내려놓고 다른 가치를 선택하는 결단을 해야 한다. 이것은 상당한 대가를 치러야 하는 선택이라는 점이 분명하다. 공동체 멤버들이 한 지역에 뿌리를 내리기 위해서는 어떤 사람은 좋은 학군을, 다른 사람은 직장과의 거리나 아파트라는 재산 가치를, 또는 편리한 주거환경을 포기해야 할지도 모른다.

그러나 우리는 이 모든 조건들보다 '사람들'이 가장 중요하다고 생각하고, 그 사람들과 더불어 하나님나라의 모델 공동체를 형성하고, 하나님나라의 가치를 실천하는 것이 가장 가치 있는 일이라고 생각하기에 이런 대가를 치르면서 '어리석은' 결정을 하는 것이다. 이것이 마을에 뿌리를 내리는 공동체가 짊어져야 할 '십자가'라면, 우리가 예수를 따르기 위해서 그것을 마다하는 것이 참된 제자도는 아닐 것이다.

둘째, 마을 공동체를 형성하기 위해서는 일반적인 신앙 공동체를 형성하는 것보다 것보다 더 많은 노력이 필요하다. 교회가 좋은 '신앙 공동체'를 만드는 것도 쉬운 일이 아니지만, 마을에 뿌리를 내리는 공동체적 교회를 형성하기 위해서는 더 많은 노력과 시간이 들어간다. 각자가 한 지역에 모이기 위해서 위에서 언급한 희생과 대가를 치러야 할뿐만 아니라, '삶의 공동체'의 내용을 채우기 위한 노력이 더해져야 하기 때문이다. 그러기 위해서는 더 자주 모여야 하고, 일반적인 교회에서는 안 해도 되는 다양한 활동에 참여해야 한다. 아이들 교육을 위한 노력들 공동육아, 방과후 학교, 대안 학교, 계절 학교, 공동식사 준비를 위한 수고, 자기 집을 좀 더 자주 오픈할 수 있는 열린 마음, 다른 사람의 삶에 더 깊이 관여해야 하는 더 넓은 마음, 지역을 섬기기 위한 노력 등이다.

'총체적 삶의 공동체'를 형성하기 위해서 지불해야 할 대가가 무섭거나 싫고 불편해서 포기한다면 하나님나라의 모델이 되는 공동체를 만드는 기쁨과 그로부터 얻을 수 있는 유익은 영영 물 건너가게 될 것이다. 세상이 우리를 바쁘게 하는 것에 휩쓸려서 하나님이 의도하시는 소중한 가치를 포기하는 것은 그리스도의 제자로 부르심 받은 자들의 모습은 아닐 것이다.

셋째, 지역에 뿌리를 내린 마을 공동체를 형성하면 멤버들 사이에 더 많은 갈등을 겪을 수 있다는 점도 염두에 두어야 한다. 사람들이 더 자주 만날수록, 여러 가지 일들을 함께 할수록, 같은 공간에 함께 있을수록 좋은 점도 있지만 불편하고 거슬리고 짜증나는 일들도 역시 늘어난다. 이것은 우리 모두가 가족을 통해서 익히 경험했던 일이다. 한 지붕에 모여살기 때문에 여러 가지 갈등이 일어나기 마련이다. 마찬가지로, 마을 공동체를 형성하면서 서로 자주 만나고 다양한 일들을 함께 하다보면 그 과정에서 부딪치는 일이 더 많이 생길 수 있다. 특히 나와 성향이 잘 맞지 않는 사람들과 함께 해야 할 경우 더 큰 어려움에 부딪치는 경우가 많아지게 된다.

그래서 공동체에서 흔하게 듣게 되는 것은 제임스 워닝의 다음과 같은 말이다. "공동체적인 삶은 언제나 쉽지 않지요. 당신은 다른 곳과 마찬가지로 공동체에서도 상처를 받게 됩니다."It's not always easy. You get hurt here, just like anywhere else. James Werning, 217 공동체는 결코 완전하지 않다. 다만 공동체는 우리가 계속해서 만들어가는 것일 뿐이다. 공동체에서는 좋을 때도 있고 힘들 때도 있고, 희망적일 때도 있고 절망적일 때도 있다.

그러나 우리는 갈등이 생기고 관계가 힘들다고 해서 가족이라는 가치를 버리지 않는다. 가정생활을 포기하지 않는다. 왜냐하면 갈등을 뛰어넘는 더 중요한 가치가 있다고 믿기 때문이다. 함께 하는 것이 의미가 있다고 생각하기 때문이다. 지역에 기반을 둔 하나님나라의 공동체도 마찬가지다. 일주일에 한 번, 한 달에 한 번 만나면 관계가 매끄러워 보인다. 갈등의 요소도 많지 않다. 그러나 그런 만남에서는 어떤 의미 있는 일도 잘 일어나지 않는다. 반면에 더 자주 만나고, 더 많은 것을 함께할수록 갈등의 요소는 더 많아진다. 이것은 당연한 일이다. 상호작용이 많을수록 긍정적인 것도 늘어나지만 부정적인 것도 늘어나기 때문이다. 그러므로 우리는 부정적인 요인이 늘어날 수 있다는 것을 예상해야 한다. 그러나 그것이 공동체를 만들려는 노력을 기피하는 요인으로 작용하도록 놔둬서는 안 된다. 대가는 지불해야 하지만, 그 대가를 상쇄하고도 남는 가치와 의미가 있기 때문이다.

(3) 틀의 중요성

마을 공동체가 중요하다고 해서 그것이 교회의 모든 문제의 해결책은 아닐 것이다. 또한 교회의 사명을 자동적으로 수행할 수 있게 해주는 것도 아니다. 마을 공동체는 틀frame 또는 구조structure와 같은 것이다. 틀이 만들어졌다고 해서 내용이 자동적으로 채워지는 것은 아니다. 틀만 있고 내용은 빠진 교회도 많이 있다. 그래서 내용을 채우기 위한 별도의 노력이 필요하다.

하지만, 틀과 형식이 없이 내용을 채우는 것은 더 어렵다. 그것은 마치 구멍 뚫린 포대로 쌀을 옮기는 것과 비슷하다. 노력에 비해 결과가 매우 적게 나온다. 그러나 지역 공동체라는 틀을 만들면 내용을 채우기가 훨씬 수월할 뿐 아니라, 더 나아가서는 그 틀이 내용 자체를 만들어내는 놀라운 기능도 경험하게 된다. 그러므로 우리가 Post—Christendom 시대에 '대안 공동체'를 만들어 세상에 빛과 소금의 사명을 감당해야하는 교회가 되기 위해서는 지역에 기반을 둔 공동체를 형성하기 위한 노력을 기울여야 한다.

8. 공동체 하우스

우리는 하나님나라의 모델이 되는 살림의 공동체를 꿈꿉니다.

그것은 공동체 속에서 개인의 삶을 살리고, 나아가 공동체의 그 생명력으로

이웃을 살리는 참살림의 공동체를 이루는 것입니다.

1. 아파트 : 사회의 새로운 흐름

(1) 한국 사회에서 주택을 선택하는 기준들

우리는 어떤 기준으로 집을 선택하고 있는가?

영화 '기생충'은 저소득층이 거주하는 반지하와 사회적으로 성공한 가족이 사는 고급 주택을 대비해서 보여주고 있다. 두 집은 단순히 집만 다른 것이 아니라 그 집이 위치하고 있는 주변 환경 또한 극명하게 대비된다. 반지하 동네는 그와 비슷한 주택들로 밀집되어 있는 지저분한 골목길에 싸구려 술집들과 촌스러운 구멍가게와 잡화점들이 빼곡히 밀집되어 있는 반면, 고급 주택가는 자가용이 어려움 없이 드나들 수 있는 넓은 도로 주변에 높은 담과 주차장 셔터로 철저히 가로막혀 외부인이 함부로 걸어 다니기조차 조심스러운 풍경이 연출된다. 이처럼 주택은 사람들의 사회적 지위와 그에 따르는 삶의 모습을 보여주는 가장 대표적인 상징이기도 하다. 사람들이 주택을 선택하는 기준은 삶의 환경을 선택하는 그것과 다르지 않다. 거기에는 현재의 사회적 지위와 함께 미래적 기대가 담겨져 있다.

주택이 함의하고 있는 다양한 사회성 때문에 보통 사람들은 거의 유사한 기준으로 주택을 선택하고 있다. 사회경제적으로 자신의 수준을 충족시키는 동네, 자녀 교육에 도움이 되는 환경학군이나 학원, 직장과의 거리, 교통의 편리성, 편의 시설, 경제적 여건 혹은 사회적 지위에 맞는 평수 등이 주요한 고려 기준들이다. 이에 더해서 급속한 경제성장기와 주택 가격 상승기를 거치면서 한국인들은 집을 투자 대상으로 여기면서 매입 후 가격 상승 가능성이 중요한 주택 선택 기준으로 대두되었다.

사람들의 주택 기대 기준을 대부분 충족시키는 것이 대규모 아파트 단지다. 1958년 서울 종암동에 아파트가 세워진 이후 초기에는 환영을 받지 못했던 아파트가 기름보일러와 입식 부엌, 그리고 내부 화장실을 갖추면서 상류층에게 매력적으로 다가오면서 1970년대 이후 고급 주택으로 자리매김하기 시작했다. 그 후 대한민국에서는 명실상부하게 아파트 공화국 시대가 열렸다. 현재 우리나라 주택 중에서 아파트가 차지하는 비중이 절반이 넘으며, 지금도 계속 증가하고 있다. 대규모 아파트 단지는 위에 언급된 욕망을 모두 충족시키는 장밋빛 전망가격 상승, 단지 내 학교, 편리한 교통, 넓은 공유 공간, 부속 상가의 편리함, 동질 수준의 이웃들, 등등을 약속한다. 우리는 서로 다르게 태어났고 서로 다른 기호와 취향을 가지고 있지만, 주거 형태에 있어서만은 동일한 형태의 주택인 아파트를 선호하는 공통성을 가진 존재로 변해왔다. 이것은 아파트가 우리의 모든 기호와 취향과 삶의 패턴까지 초월하는 최고의 가치로 군림했다는 것을 의미한다.

(2) 아파트의 문제점에 대한 인식

아파트형 주택이 수십 년 동안 사람들의 선택을 받아왔지만, 세월이 흐르면서 인간 삶에서 매우 중요한 공동체의 파괴라는 사회적 병리 현상을 더욱 확대하는 문제를 야기하고 있다. 'Apartment' 라는 영어 단어가 잘 보여주듯이 아파트의 밀집된 형태와는 달리 입주민들은 서로 '분리되어' apart 살고 있다. 예전에 '동네'에 살던 때와는 달리 앞집에 누가 사는지도 모르고 관심도 없다. 같은 건물에 살아도 이웃이 누군지 모를뿐더러 알려고도 하지 않는다. 엘리베이터에서 마주치면 어색해서 서로 모른 체한다. 물리적 거리는 가까워졌지만 마음의 거리는 훨씬 더 멀어졌다.

아파트로 이사 간 사람이 들려준 이야기다. 새로 이사 한 아파트에서 앞집과 친해지려고 음식을 몇 번 가져다주다가 점차 의아한 생각이 들기 시작했다. 접시에 음식을 담아 갖다 주어도 돌아오는 것은 예외 없이 빈 접시뿐이었기 때문이다. 일반적으로 접시를 돌려줄 때는 보답으로 다른 음식을 들려서 보내는 것이 인지상정이건만 그런 경우가 한 번도 없었던 것이다. 처음에는 그러려니 했지만 이런 일이 반복되자 이웃집이 어떤 메시지를 보내는 것이 아닌가 생각하게 되었다. 아니나 다를까, 다시 음식을 가져다주려고 벨을 눌렀더니 앞집 사람이 나와서 작심한 듯 말했다. '이제 더 이상 음식 주지 않아도 돼요, 너무 부담돼요.' 이것이 무슨 뜻일까? 이런 식의 교류가 별로 반갑지 않다는 것이다. 그냥 모른 체하면서 지내자는 뜻이다.

아파트에 살고 있는 또 다른 친구는 앞집 아저씨와 엘리베이터를 함께 탈 때마다 어색한 시간이 흐르는 것이 부담스러워 한번은 용기를 내서 인사를 했다. 앞집 사람은 얼떨결에 어색하게 인사를 받았다. 그 후 다시 엘리베이터에서 마주쳐서 이미 인사로 안면을 텄다고 생각해서 전보다는 반갑게 인사를 했는데, 그 사람이 정색을 하면서 앞으로는 자신을 아는 체 하지 말아 달라고 말하더라는 것이다. 왜 그러느냐고 물었더니, 알고 지내는 것이 부담스러워서 별로 그러고 싶지 않다는 것이다. 이런 이야기들은 아파트 생활을 경험한 사람들에게는 별로 생소하지 않을 것이다. 이처럼 밀집된 공간에 함께 살고 있지만 심리적 거리는 더욱 멀어진 것이 아파트의 삶이다.

아파트의 삶은 사회 계층의 분리라는 또 다른 문제를 생산한다. 아파트촌과 비개발지역구도시의 격차가 점차 커지고 있을 뿐만 아니라, 같은 아파트 내에서도 브랜드와 평수, 지역에 따라 사회적 계층이 구획화된다. 거기에 더해서 국가나 지방자치단체가 주택 소외계층의 문제를 해결하기 위해 정책적으로 확대하고 있는 임대주택은 같은 아파트 내에서도 계층을 분명하게 구분하는 사회적 문제가 되고 있다. 이렇게 한 사회 내에서 계층의 분리가 확대될 때 사회의 불안정성이 커지게 되고, 이것은 양자 모두에게 부정적인 결과를 가져오게 된다. 사회의 양극화가 심화되면 양 계층 모두 건강에 부정적이라는 연구 결과도 있다.

대규모로 편리한 주거 공간을 만들기 위해 아파트를 건설하지만, 요즘 공간에 대한 연구가 활발하게 이루어지면서 획일화된 아파트가 우리 삶에 미치는 부정적 영향에 대해서도 경각심이 커지고 있다.

창의성에 대해 연구하는 학자들은 공간과 창의성의 밀접한 관련성을 발견했다. 미국에서 빌 게이츠나 마크 저커버그와 같은 혁신가들이 계속 배출될 수 있는 이유를 연구한 어느 보고서는 그들이 '차고'가 있는 주택에서 유년시절을 보냈다는 공통점에 주목했다. 그들은 어린 시절부터 차고에서 다양한 창의적인 실험을 하다가 혁신적인 제품에 대한 아이디어를 떠올렸다는 것이다. 왜 차고가 의미 있는 공간이 되었을까? 무언가를 만들기 위해 필요한 도구들이 준비되어 있고 어떤 시도도 가능한 자유로운 공간이기 때문이다. 즉, 창의성을 마음껏 발휘할 수 있는 공간인 것이다. 그러나 아파트에서는 이런 공간을 찾을 수 없다. 집의 형태부터 창의성을 찾아볼 수 없는 획일화된 구조이기 때문이다. 이처럼 제한되고 도식적인 공간은 창의성을 약화시킨다.

솔크Jonas Salk는 폴리오소아마비백신을 만든 학자다. 이 사람이 피츠버그 대학 교수로 있을 때, 한 해에 미국에서만 30~40만 명의 아이들이 소아마비에 걸려서 죽거나 고통 받고 있었기에 미국에서는 국가적으로 백신을 개발하기 위한 연구에 많은 투자를 하고 있었다. 그 때 솔크는 3년간 거의 쉬지 않고 연구를 했지만, 연구 개발에 진전이 없었다. 지친 그는 어느 날 홀연히 배낭을 하나 메고 이탈리아의 아시시라는 작은 마을에서 2주간 휴식을 취하게 된다. 아시시에 있는 13세기에 지어진 천장이 굉장히 높은 수도원에서 지내는 동안 신기 하게도 그에게는 계속 좋은 아이디어들이 떠올랐고, 그는 그럴 때마다 그런 아이디어들을 하나하나 기록해 놓았다. 다시 미국으로 돌아와서 그 기록들을 바탕으로 백신개발에 착수했고 드디어 백신을 만들어 내게 된다. 그

후 그는 미국 샌디에이고 옆 동네 라호야라는 곳에 당대 최고의 건축가였던 루이스 칸에게 의뢰하여 'Salk Institute' 건물을 세우게 되었는데, 이때 솔크가 가장 강조한 것은 천장을 높게 만드는 것이었다. 그 이유는 천장이 높은 수도원에서 자신에게 불현듯 창의적인 아이디어들이 마구 떠올랐기 때문이었다. 이 'Salk Institute'는 1959년도에 지어졌는데, 60년이 지난 지금 이곳에서 노벨상 수상자가 12명이나 나왔고, 20세기 후반에 지어진 연구소 중 가장 높은 성취를 이룬 공간이 되었다. 이곳에서 연구를 진행했던 많은 학자들은 하버드나 옥스퍼드에서도 떠오르지 않던 좋은 아이디어들이 이 연구소에서 많이 떠오른 이유를 높은 천장 때문이라고 입 모아 이야기한다. 실제로 이 이유는 과학적으로 사실임이 밝혀지게 되었다. 낮은 천장은 단순 반복 업무의 집중도를 높이는 반면, 높은 천장은 창의성creativity을 높인다는 결과를 입증해낸 것이다.

이런 연구 결과들은 획일화된 아파트 주거 형태가 교육적인 측면에서 별로 도움이 되지 않으며, 특히 우리 사회가 칭송하는 '창의성'을 억누르는 형태임을 분명하게 부각시킨다.

이외에도 고층 아파트의 부작용에 대한 연구결과들이 속속 쏟아져 나오고 있다. 세종대 건축학과의 김영욱 교수도 비슷한 연구를 한 사람이다. 김영욱, 한겨레신문

그는 유럽이나 미국의 주거지역에는 고층 아파트가 거의 없는 이유 중 하나가 고층 거주가 끼치는 해악의 심각성에 관한 연구 결과 때문이라고 말한다. 학술적으로는 1970~80년대에 이미 고층 아파트 거주와 정신병리학적인 증상의 관계성에 대한 연구는 거의 다 이루어졌다고 해도 과언이 아니라는 것이다. 미국 코넬대학교 연구팀과 캐나다 브리티시콜롬비아대학교 연구팀은 각각 전 세계에서 진행된 고층 아파트가 사람에게 끼치는 영향에 관련된 연구를 망라해 조사했는데, 두 기관의 공통적인 결론은 고층 아파트가 개인이나

가족에게 뿐만 아니라 사회적으로 미치는 부정적인 효과가 압도적이라는 것이다.

김 교수는 아파트에 관련된 다양한 연구 결과를 이렇게 요약한다. "아파트의 고층에 거주할수록, 또 고층 단지에 살수록 저층에 사는 사람들보다 정신적 질환이 더 많고, 가족 간의 불화 또한 더 높은 빈도로 발생하며, 가정 폭력이나 부부 간의 갈등도 더 많다. 특히 아이들에게는 고층 아파트 거주의 부정적인 영향이 더 크게 나타난다. 고층 아파트에 사는 어린이들에게는 우울증, 야뇨증, 공포장애 등 심리적 이상증세가 더 많이 관측된다. 또한 남학생들의 경우 집중력이 떨어지고 행동장애가 더 많이 나타난다. 어른들도 예외는 아니다. 고층에 살수록 우울증, 조현병을 비롯한 정신적 질환의 발생률이 더 높고, 5층 이상에 사는 사람이 4층 이하에 사는 사람보다 정신적인 이상 증상이 두 배나 더 많다는 연구도 있다. 우리나라의 영구임대아파트를 대상으로 한 연구에서도 높은 층에 거주할수록 저층 거주자보다 자살률이 더 높다는 사실이 확인됐다. 고층 아파트는 심리적인 영향뿐만 아니라 사회적으로도 심각한 악영향을 미친다. 고층 거주자들은 상대적으로 이웃과의 교류가 더 적으며, 고층 아파트 단지에 거주할수록 혹은 살고 있는 층이 높을수록 남을 도와주려는 의지나 빈도가 더 적다. 즉, 고층에 살수록 '사회적 지지' social support가 줄어드는 것이다."

콜린 엘러드는 저층건물과 고층건물을 비교한 재미있는 연구를 소개한다.

한 연구에서는 우표가 붙어 있고 주소가 적힌 편지봉투를 땅에 떨어뜨려놓고 모르는 사람의 편지를 주워서 대신 부쳐주는 사람이 얼마나 되는지를 측정하는 방법으로 친사회적 행동을 검증했다. 이 실험은 건축설계가 극단적으로 다른 대학 기숙사 건물에서 진행되었다. 고층건물 기숙사에는 학생이 많이 살고 있어서 대개 하루 종일 서로 거의 마주치지 않았다. 저층건물이나 연립주택처럼 인구밀도가 중간 이하인 기숙사에는 대개 하루에 적어도 한번은 마주치는 식당 같은 공동시설이 더 많았다. 땅에 떨어진 편지가 회수되는 비율은 편지가 떨어진 건물의 물리적 배치에 크게 영향을 받았다. 다시 말해 인구밀도가 낮은 건물의 회수율이 가장 높고 회수율이 100퍼센트였다!, 고층건물의 회수율이 가장 낮았다. 회수율이 60퍼센트를 조금 넘었다.

관련 연구에서는 같은 고층건물 기숙사에서도 아래층에 사는 학생들이 높은 층에 사는 학생들보다 기숙사 내에서 사회적 관계망이 더 풍성한 것으로 나타났는데, 아마 아래층에 사는 학생들은 주로 1층에 있는 공동구역을 더 자주 이용해서 같은 기숙사에 사는 학생들을 알아볼 가능성이 높이 때문인 듯하다. 아래층에 사는 학생들은 꼭대기 층에 사는 학생들보다 이웃에 대한 신뢰 수준이 높고 거주 공간에 더 만족해했다. 콜린 엘러드, 199-200

좀 길지만 김영욱 교수의 말을 좀 더 들어보자. "드라마 「스카이 캐슬」에서는 서울대에만 입학한다면 자녀의 인성과 가족관계가 망가져도 좋다는 선택을 한다. 아파트를 무조건 높게 지으려는 욕망도 유사한 면이 있다. 사업성만 높아진다면 나, 우리 가족이 정신질환에 걸리고 사회가 망가져도 좋다는 선택을 지금 우리는 하고 있다. 유럽이나 미국에서는 특정 지역을 제외하고는 고층 아파트를 짓지 않는다. 공동주택을 짓더라도 거의 5층 이하다. 그러나 우리는 무조건 고층으로 아파트를 지으려 한다. 고층 아파트가 분양이 잘되어 사업성이 좋다는 돈이 우선하는 논리다. 아파트 층수를 왜 규제하냐고 외치는 조합원들의 데모가 끊이지 않고 있다. 아파트를 고층으로 짓는 것은 헌법에 보장된 재산권의 행사이며 나의 권리라고 강변한다. 그러나 고층 아파트를 짓는 것은 단순히 산이나 강 등의 경관을 특정 계층이 사유화하는 것만의 문제는 아니다. 경관 문제보다도 더 심각한 건 사람들이 고층 아파트 위주의 주거 공간에서 살게 될 때 공동체의 해체가 가속화해 '사회 공동선'이 와해된다는 것이다. 외국의 연구에서 보듯이 고층에 사는 주민들은 상대적으로 남을 도와주는 행위가 더 적다. 우리 사회는 위층 소음에 견디다 못해 이웃을 칼로 찔러 죽이는 지경에 이르렀다. 이 문제의 핵심은 콘크리트 바닥 두께가 아니라 '공동체의 와해'가 근본적인 문제다. 사회의 공동선이 무너진 것이다. 더 늦기 전에 이제부터라도 사회적 관계가 잘 일어나도록 아파트를 지어야 한다. 그렇게 하려면 저층 위주로 아파트 단지를 지어야 한다. 같은 면적의 단지에 똑같은 세대 수를 짓더라도 지금처럼 고층으로 띄엄띄엄 짓기보다는 저층 위주로 건물을 서로 붙여서 건폐율이 높게 지어야 한다. 그래야 사람들 간의 '우연한 마주침'이 더 많이 일어나고 눈에 보이지는 않지만 커뮤니티의 형성이 시작된다. 그 기반에서 '사회의 공동선'이 형성되고, 이웃이나 타인의 어려움에 손을 내밀고 사회문제 해결에 참여하는 '사회적 지지'가 증가한다. 이것이 '공간적 정의'spatial justice이며 '사회적 정의'이다." 김영욱, 한겨레신문

2. 공동체 주거

아파트로 상징되는 욕망의 극대화로 인한 마을 공동체의 파괴와 주거 형태의 도식화에 대한 부정적인 인식이 점증되면서, '공동체적 주거 형태'를 추구하는 흐름이 활발하게 생겨나고 있다. 이것은 도시나 전원 지역의 일정한 지역에 모여 다양한 주거 형태에 함께 거주하는 삶의 방식이다. 현대인들의 욕망 결정체로 대표되던 아파트의 폐쇄적이고 개인적인 주거 공간을 공동체를 위한 형태로 바꾸면서 공동체적 삶을 동시에 시도하려는 것이다. 이런 공동체는 전통적으로 전원 지역에서 형성되어 왔지만, 최근에는 도심 지역에서도

다양한 형태의 시도가 목격되고 있다.

(1) 전원공동체와 도시 공동체

우리는 공동체라고 하면 일반적으로 전원 지역에 집을 짓고 함께 농사를 지으면서 살아가는 것을 떠올린다. 아미쉬나 메노나이트처럼 농부의 복장을 하고 소와 닭을 키우면서 농사짓는 사람들이 대표적으로 연상된다. 전원 공동체는 대개 넓은 토지를 소유하고 농사를 지으면서 함께 거주하는 형태가 일반적이다. 물론 모든 공동체 멤버들이 공동체 소유의 공동주택에 살지 않고 주변 지역에 흩어져 사는 경우도 가끔 있지만, 그런 공동체도 핵심적인 공간과 주택은 공동체 멤버들의 소유인 것이 대부분이다. 그래서 전원 공동체의 형태는 공동체마다 큰 차이가 없고 대동소이하다. 예를 들어, 메노나이트 계열의 블루더호프Bruderhof 공동체는 영국 다벨이나 미국의 우드크러스트에서 볼 수 있는 것처럼 수십만 평에 이르는 넓은 토지에 약 300여명의 공동체 구성원을 위한 주택 단지를 건립해서 함께 거주한다. 이런 형태는 우리나라를 포함한 대부분의 전원 공동체가 취하고 있는 형태다.

그러나 도시 인구가 90%에 육박하는 상황에서 많은 사람들이 도시에서도 공동체를 만들어야 할 필요를 느끼게 되면서, 우리의 선입견과는 달리 우리나라뿐만 아니라 전 세계적으로 도시 공동체의 수가 점점 늘어나고 있는 추세다. 도시 공동체는 보통 걸어서 5-10분 정도면 닿을 수 있는 '마을'이라는 일정한 지역에 함께 거주하면서 공동체를 형성한다. 미국 시카고의 Jesus People USA, 에반스톤의 Reba Place, 피츠버그의 Community of Celebration, 죠지아주 오거스타의 Allelujia Community, 샌프란시스코의 The Church of the Sojourners, 일본의 애즈원 공동체, 영국 글래스고우의 Iona 공동체 등이 있고, 우리나라에도 성산동에 있는 성미산 마을, 수유리에 있는 밝은누리, 도봉구에 있는 은혜공동체, 삼각산에 있는 재미난 마을 등이 있다.

(2) 도시 공동체의 주거 형태

공동체는 일정한 지역에서 삶을 공유하는 것을 의미하기 때문에 도시 공동체도 전원공동체와 마찬가지로 도시의 일정한 지역에, 마을이나 동네라고 부를 수 있는 거리 내에 모여 가깝게 살아간다. 도시는 전원 지역에 비해서 토지나 주택 가격이 높아 도시 공동체는 상황에 맞추어 다양한 주거 형태를 취하게 된다.

어떤 공동체는 한 지역을 거점으로 선정하고, 기존에 존재하던 주택을 활용하여 공동체를 형성한다 기존 주택 활용 방식. 걸어서 쉽게 오갈 수 있는 거리에 조성된 기존 주택에 다양한 방식으로 거주하면서 마을 공동체를 형성하는 것이다. 자가 주택에서 거주할 수도 있고, 전세나 월세로 거주하는 경우도 있다. 또 다른 공동체는 공동체 멤버들이 땅이나 건물을 구입하여 '공동주택'을 건립하여 멤버들이 한 건물 안에 거주하는 형태를 취하기도 한다. 공동주택 형태: 성미산 마을의 소행주, 시카고의 Jesus People USA, 피츠버그의 Community of Celebration 이 두 가지 방식을 혼합한 형태도 있다. 공동체가 건립한 공동주택을 중심으로 그 주변 지역에 다른 멤버들이 다양한 형태의 주택에 거주하는 형태를 말한다. 마포구의 성미산 마을, 에반스톤의 Reba Place 과거 일반적인 형태는 기존 주택을 활용한 방식이었다. 그러나 점차 공동 주택을 세워서 한 건물 안에 공동체 멤버들이 함께 거주하는 형태가 늘어나고 있다.

각각의 주거 형태는 장단점을 가지고 있는데, 한 형태의 장점은 다른 형태의 단점이 되기도 한다. 기존 주택 활용 방식은 자가 주택보다는 전/월세 형태가 많아서 주택 초기 비용이 상대적으로 저렴하다는 장점이 있다. 또한 자가 주택에 비해서 들고나기가 용이하여 공동체가 함께 다른 지역으로 이동하기도 상대적으로 쉽다.

반면에, 기존 주택 활용 방식은 단점도 가지고 있는데, 우선 공동체의 불안정성을 들 수 있다. 불안정성은 세 가지 형태로 나타난다. 첫째, 전세나 월세가 지속적으로 오르면 경제적인 부담이 커지면서 그 지역에 계속 살기가 어려워지는 위험이 있다. 하.나.의.교회가 처음에 서교동에 마을 공동체를 형성하려고 했을 때 부딪쳤던 문제가 바로 이것이었다. 홍대 권역이 점차 커지면서 서교동 집값이 올라 새로운 멤버들이 이주해 들어오는 것이 어려워진 것이다. 둘째, 심리적으로 전세나 월세에 거주하면 멤버들의 공동체 이탈 가능성이 높아진다. 반면에 공동체가 자체 건물을 소유하면서 그 지역에 뿌리를 내리면 공동체 멤버간의 결속도가 훨씬 깊어지면서 이탈할 가능성이 줄어든다. 셋째, 기존 주택 활용 방식이 공동체 전체의 이동이 용이하다는 장점이라고 말했는데, 이것은 뒤집으면 단점이 될 수도 있다. 공동체가 주택과 토지를 소유하지 않았기 때문에 현재 공동체가 자리 잡은 지역에 뿌리를 내린다는 의식이 약할 수 있다. 일반적으로 주택소유자보다는 세입자의 지역 활동 참여 비율이 현격히 떨어지기 때문이다. 즉, 공동체가 지역 사회에 완전히 뿌리 내리지 못하고 이질적인 집단으로 남을 가능성이 커지게 된다.

3. 공동주택(Cohousing)

(1) 새로운 흐름

과거에는 대부분의 기독교 공동체들이 전원 지역의 넓은 토지에 집을 짓고 농사를 지으면서 함께 거주하는 형태를 취해왔다. 전원 지역을 선택하는 이유는 세속으로부터의 분리주의적 성향과 자연친화적 삶이 결합된 것이다. 그러나 최근에는 많은 사람들이 모여 있는 도시 속에서 함께 거주하는 것이 '세상 속으로 들어가라는' 주님의 명령을 준수하는 선교적 삶의 한 형태라는 인식이 커지면서 도시에 자리 잡은 공동체가 늘어나고 있다.

하지만 도시 공동체는 전원 공동체처럼 넓은 토지에 주택을 세우는 시도를 하는 것이 쉽지 않다. 땅값을 포함한 건축비가 비싸기 때문이다. 그럼에도 불구하고, 점차 도시에서도 공동체 멤버들이 협력하여 공동주택을 소유하여 함께 거주하는 공동체를 만들려는 시도가 많아지고 있다. 이런 주거 형태를 cohousing이라고 한다. cohousing은 개인이나 가족의 사적인 주거 공간과 공동체가 함께 사용하는 공동 공간이 혼재하는 주거 형태를 의미한다.

일반적인 의미의 cohousing은 덴마크에서부터 시작되었고, 그 후로 급속도로 성장했다. 첫 번째 cohousing이 1968년에 새트담멘Sattedammen에 세워진 이후 수많은 공동체주택이 세워졌다. 현재 덴마크 국민의 1%인 5만 명이 cohousing에서 살고 있다. 영국에서는 1990년대부터 cohousing에 대한 시도가 본격적으로 시작되었다. 그 결과 현재 19개의 cohousing이 세워졌고, 60개 이상의 그룹이 준비 중에 있다. 그들의 규모는 10가구에서 40가구까지 이르며, 싱글과 가족은 물론 노인과 여성들에게 특화된 cohousing들이 계속 만들어지고 있다. 독일은 베를린 지역에서만 150개가 넘는 cohousing project가 시행되면서 세계 cohousing의 중심지가 되었다. 심지어 개인주의의 본산지라고 할 수 있는 미국에서도 25년 전에 캘리포니아 데이비스에서 첫 번째 cohousing이 세워진 이후 25개 주에서 160개가 넘는 공동체가 세워졌고, 현재 125개 이상의 공동체가 세워지는 과정에 있다. 이처럼 비록 자본주의와 개인주의가 만연한 세상이지만, 그런 삶의 한계를 절감하고 다른 사람들과 한 집에서 함께 살려는 시도가 전 세계적으로 활발하게 이루어지고 있다.

(2) 우리나라의 공동주택

우리나라에서도 많은 사람들이 공동체적인 삶의 중요성에 대한 인식과 아파트 생활의 한계에 대한 깨달음, 그리고 각자의 삶에 맞는 주거 공간에 대한 필요성이 어우러지면서, 아파트를 벗어나 새로운 기준으로 집을 세우려는 시도가 활발하게 나타나기 시작했다.

서울 성산동에 자리 잡은 '성미산 마을'의 멤버들은 뜻이 맞는 사람들과 한 건물에서 좀 더 긴밀한 공동체적 삶을 영위하려는 열망으로 '소행주' 소통이 행복한 주택이라는 공동 주택을 건립했다. 이들은 1990년대 공동육아로부터 시작된 공동체를 주거 공동체로까지 확장하면서 대안적 주거 문화를 만들려는 시도를 한 것이다. 인천 검암 지역에 자리 잡은 '우동사'는 2011년 정토회에서 만난 청년 6명이 '우리 동네 사람들'이라는 청년 사회적 기업과 주거 공동체를 형성하여 건립한 공동주택이다. 그들은 혼자 사는 것보다 함께 살 때 소비를 줄이면서 생태적 삶을 살 수 있다고 생각해서 이런 시도를 한 것인데, 현재는 약 40여명의 청년들이 6개의 공동주택에 거주하면서 게스트하우스, 까페 오공, 커뮤니티펍 0.4km 등을 운영하고 있다. 부산에 있는 '일오집'은 대안학교 학부모들이 학교 근처에 공동주택을 마련해서 아이들이 학교에 다니는 기간 동안 공동체적 삶을 영위하려고 세운 공동주택이다. 이 건물에는 14가구와 공동 공간으로 구성되어 있으며, 아이가 졸업하면 퇴거하고 새로운 멤버가 들어오는 순환 구조를 가지고 있다.

우리나라 주택 보급률은 100%를 넘는다. 하지만 다주택자가 다수여서 자가 주택자 비율은 여전히 50% 수준에 머무르고 있다. 여전히 자가 주택을 소유하지 못한 가구가 절반에 이른다는 뜻이다. 하지만 주택 가격이 만만치 않기에 혼자 힘으로 자가 주택의 꿈을 이루는 것이 쉽지 않은 것이 현실이다. 특히 대도시 지역에서는 높은 주택 가격으로 인해 더 힘들다. 이런 상황에서 혼자 힘으로 쉽지 않은 주택 마련을 여러 사람들이 힘을 모아 해결하려는 시도들이 이어지고 있다. 공동체가 힘을 합하고 서로 의지하면 혼자서 엄두도 내지 못할 일을 이뤄낼 수 있기 때문이다. 이들은 공동체를 이루어 함께 살아가는 것과 주택 문제 해결을 동시에 시도한다. 즉 두 마리 토끼를 함께 잡으려는 것이다. 이런 형태 중 하나가 '협동조합 주택'이다. 여러 사람들이 생협처럼 협동조합을 형성하여 함께 집을 마련하는 것이다. 민간인들이 주도하는 경우도 있고 관에서 마을 만들기 사업의 일환으로 시도하는 경우도 있다.

'함께 주택 협동조합'은 성미산마을이 싱글들의 주택문제 해결을 위해 만든 주택이다. 3층 단독주택을 개조하여, 3평짜리 방 5개, 1.7평짜리 방 5개, 각 층마다 공동주방과 거실, 1층엔 사랑방을 마련했다. '민달팽이 주택협동조합'은 청년들의 주거 문제를 공동체적으로 해결하기 위해 구성한 조합이다. 현재 조합원이 290명에 이르고, 이들이 정부와 시에서 지원받아 건립한 10곳의 달팽이집에는 154명의 청년이 공동체를 이루어 거주하고 있다. 또한, 서울시는 가양동에 협동조합주택 24가구를 건립했다. 공동육아와 교육에 우선권을 두기 위해 3세 미만의 자녀를 둔 가정만 입주할 수 있다. 이들은 공동체적 삶에 대한 교육을 받은 후에 입주하여 자녀를 함께 키우면서 공동체적인 삶을 영위하고 있다. 이 밖에도 가양동, 만리동, 홍은동, 북가좌동에 청년 협동조합형 공동주택이 세워져 있다. 마을 살리기 사업과 청년 주거 문제 해결을 위한 정부와 각 시도의 노력이 합쳐져서 앞으로도 서울뿐만 아니라 전국에 이런 주택들이 계속 세워질 것이다.

기독교인들이나 교회도 도시에서 공동체적인 삶을 영위하기 위해 이와 비슷한 시도를 하는 경우들이 있다. 1990년대 초반에 몇몇 청년 부부들이 봉천동에 '두레 학숙'이라는 공동체 주택을 세워서 공동체 삶을 영위한 적도 있고, 2003년 망원동에서 IVF 출신 학사들이 모여서 '이레 하우스'라는 공동체 주택을 세운 적도 있다. 현재는 다양한 교회 공동체들이 마을에 뿌리를 내린 더욱 긴밀한 공동체적인 삶을 위해서 공동 주택을 세우는 시도들을 하고 있다.

(3) 난점

그러나 교회 공동체가 공동주택을 건립하는 것은 멋지게 보이기는 하지만 여전히 수많은 난관이 기다리고 있다.

첫째, 시도 자체가 쉽지 않다. 여러 사람이 공동체를 이루어야 할뿐만 아니라 한 건물에 함께 살고자 하는 마음이 일치해야 하기 때문이다. 더욱이 각 사람들이 교회나 공동체의 목표에는 동의하지만 구체적인 주거 생활에 대한 기대감이나 희망사항이 각기 다르기 때문에 그런 차이들을 조율한다는 것이 생각만큼 쉽지 않다. 공동체적 삶을 지지하는 어느 교회에 속한 다섯 가정이 공동주택을 마련하려고 시도했지만 몇 년 동안 지지부진한 상황이 지속되어 고민이라는 상담을 받은 적이 있었다. 이유를 들어보니, 각 가정이 선호하는 지역, 집의 크기, 공동 공간의 위치와 구조, 등, 가장 기본적인 것에서 합의가 잘 이루어지지 않기 때문이다. 자신의 집을 짓는 경우도 부부 사이에 의견 차이로 조율이 쉽지 않을 때가 많은데 하물며 서로 다른 사람들이 모여 집을 함께 짓는다는 것은 얼마나 복잡하고 어렵겠는가?

둘째, 공동주택을 건축하는 과정도 만만치 않다. 기존 주택을 구입하는 것은 여러 주택을 살펴보고 결정한 후에 자금을 마련하고 이사만 하면 된다. 그러나 공동주택을 세우는 것은 훨씬 더 많은 시간이 들어가는 것은 물론이고, 하나부터 열까지 스스로 결정해야 할 일들이 많다. 물론 설계와 시공은 업체에 맡기겠지만, 그 과정에서 공동체 구성원의 생각과 바램이 반영되어야 하기 때문에 신경 쓸 일이 많을 수밖에 없다.

셋째, 자금을 마련하는 것도 쉽지 않다. 이미 건축된 주택을 구입하여 이사하는 경우는, 살던 집을 토대로 계약금, 중도금, 잔금을 마련해서 지불하고 이사하면 큰 무리가 없다. 하지만 새로운 주택을 건축하는 것은 건물이 완성될 때까지 건축 과정에서 들어가야 하는 비용을 목돈으로 추가로 마련하는 것이 어려움으로 다가오게 된다.

넷째, 한국사회에서 직면하게 되는 조금 독특한 난점은, 빌라의 가격 상승폭이 아파트에 비해 낮기 때문에 빌라 형태의 공동주택이 가지는 상대적인 재산가치의 하락이다. 한국 사회에서는 주택 가격이 지속적으로 상승한다는 전망이 일반적인데, 아파트 가격은 꾸준히 상승하지만 빌라는 가격이 정체되어 있는 것이 현실이다. 그래서 아파트와 비슷한 비용으로 빌라를 건축했으나 세월이 흐르면서 아파트 가격과 점차 격차가 벌어져 재산 가치가 하락하는 위험이 상존한다.

이런 다양한 어려움이 있음에도 불구하고 계속해서 이런 시도를 하는 사람들이 많아지고 있다. 그 이유가 무엇인가? 주택의 형태가 주는 삶의 영향력이 크다고 느끼면서 좀 더 긴밀한 공동체적 삶을 영위하기 위해서는 우리의 거주 형태를 바꿔야 할 필요를 느끼기 때문이다.

(4) 하.나.의.교회의 공동체 하우스

여기서 하.나.의.교회가 새로운 주거 환경에서 공동체적 삶을 영위하려는 의도로 시도했던 공동체 주택인 '하심재'와 '하의재'의 건립 과정을 설명하는 것이 지금까지 열거한 공동체 주택의 이론을 이해하는데 도움이 될 것이다.

하.나.의.교회는 2003년에 서울 동교동에서 다섯 명이 함께 예배드리며 시작되었다. 초기부터 교회가 힘써야 할 중요한 목표 중 하나가 참된 공동체 형성이었다. 그것은 모든 하나님의 교회는 당연히 공동체여야 한다는 맥락에서 생각한 것이었다. 친밀한 공동체, 마음과 뜻이 하나 되는 공동체, 하나님 나라를 위해 살기로 의기투합하는 공동체 같은, 교회론에서 누누이 강조해오던 멋진 목표였다. 그런 목표 아래 친밀한 소그룹 모임도 하고 멤버들의 대소사를 함께 나누고, 서로를 위해 기도하고, 필요한 도움도 주고받으면서 나름대로 공동체를 형성하고 있다고 생각했다. 그 후 5년이 지난 2008년 즈음에 전교인이 함께 교회의 비전을 정리하는 작업을 하면서 교회가 공동체라는 것에 대해 좀 더 깊이 성찰할 기회를 갖게 되었다. 교인들과 함께 6개월이 넘는 기간 동안 다양한 토론을 하고 필요한 공부를 하면서 우리는 '교회는 공동체'

라는 의미가 단순히 영적 공동체를 넘어서 '총체적 삶의 공동체' 여야 한다는 점을 깨닫게 되었다. 이렇게 해서 하.나.의.교회의 두 번째 비전이 정립되었다.

> 하나님나라 공동체 : 우리는 하나님나라의 모델이 되는 살림의 공동체를 꿈꿉니다. 그것은 공동체 속에서 개인의 삶을 살리고, 나아가 공동체의 그 생명력으로 이웃을 살리는 참 살림의 공동체를 이루는 것입니다.

이 비전을 정립하면서 우리는 총체적 삶의 공동체의 가장 기본이 되는 세 가지 내용에 대해서 생각하게 되었다. 그것은, '공동의 목표', '공동의 장소', '공동의 재정' 이었다. 이런 깨달음에 미국 판테고 바이블 교회Pantego Bible Church의 랜디 프래지 목사의 저서가 많은 도움이 되었다. 랜디 프래지, 『21세기 교회 연구, 공동체』

'공동의 목표' 는, 교회라면 멤버들이 한 마음과 한 뜻이 되어 모든 지체들이 예수 그리스도를 닮아 성장하며, 함께 이 땅에 하나님나라의 모델 하우스를 만들기 위해 힘쓰고, 예수님의 파송을 받아 세상을 섬기는 사역을 잘 감당해야 한다는 목표에 일치해야 한다는 것이다. 아무리 많은 사람들이 모여도 뜻이 일치되지 않으면 바른 방향으로 힘 있게 나아갈 수 없기에 '공동의 목표' 정립은 매우 중요한 것이다. 이런 점에서 교회의 지체들은 뜻을 함께 하는 '동지同志' 라고 부를 수 있다.

'공동의 장소' 는 친밀한 하나님나라의 공동체와 세상에 모델이 되는 공동체를 형성하기 위해서는 공간적 친밀함이 필수적이라는 것을 의미한다.

'공동의 재정' 은 현대인이 가장 중요하게 여기는 것이 돈이라는 것을 부정할 수 없기에, 특별히 이 영역에서도 진정한 공동체를 이루기 위해 더욱 노력을 기울여야 한다는 것이다. 이 주제에 대해서는 다음 장에서 다시 설명할 것이다.

이 세 가지 목표 중에서 우리가 가장 취약했던 것은 '공동의 장소' 였다. 그 당시 하.나.의.교회 멤버는 어른과 아이를 합쳐 130명 정도 되었지만, 예배 공간이 있었던 마포구 동교동에 걸어서 올 수 있을 만한 거리에 사는 사람은 거의 없었다. 모두 버스, 지하철, 승용차를 이용해서 먼 거리에서 모이고 있는 상황이었다. 홍대 근처가 가지는 교통의 편리성 때문에 이동 거리가 크게 부담되지 않았던 것이 한 가지 이유였던 것 같다. 이것은 다른 말로 하면, 그 당시 하.나.의.교회는 지역성이 전혀 없는 공동체였다는 것이다. 그렇다고 해서 성도간의 교제가 별로 없었던 것은 아니다. 주일 예배와 성경공부, 주중에 있는 가정모임과 형제 및 자매 모임 등, 필수적인 모임은 지속적으로 이어지고 있었고, 그 모임 속에서 그리스도 안에서 형제됨을 충분히 경험하고 누리고 있었다.

그러나 하나님나라의 공동체는 같은 지역에서 함께 살아가는 총체적 삶의 공동체여야 한다는 깨달음을 비전으로 정립한 후, 교회에서 가까운 서교동에 모여서 살아보자는 구체적인 적용을 실천하게 되었다. 그래서 몇 몇 가정이 그곳으로 이사하고, 싱글 자매들을 위한 공동체 하우스도 형성하였다. 하지만 얼마 지나지 않아 서교동이 공동체의 중심 지역이 되기에는 현실적으로 쉽지 않다는 것이 드러나게 되었다. 홍대 상권의 확장으로 서교동의 집값도 영향을 받아 계속 상승하고 있었기 때문이었다. 그래서 이곳으로 이사 오고 싶어하는 성도들의 이주가 쉽지 않은 상황이 되었다. 이 상황에서 지역 바꾸기는 필연적인 선택이 되면서 교회가 위치한 동교동에서 멀지 않고 교회 멤버 몇 가정이 살고 있었던 남가좌동이 새로운 후보지로 떠올랐다. 서교동 보다 저렴한 주택 가격에 재개발과 같은 변수가 없는 지역이라 교회 멤버들이 마을 공동체를 형성하기에 적합한 곳으로 보였다. 결국 그 곳에서 마을 공동체를 형성하자고 뜻을 모았고, 2009년부터 여건이 되는 가정부터 그곳으로 이사했고, 청년 공동체 하우스도 이전하였다.

이렇게 조금씩 마을 공동체를 이루기 위한 시도들을 해오다가, 2010년 여름 수련회에서 공동체에 대한 말씀을 함께 나눈 후에 몇몇 사람들이 좀 더 긴밀한 공동체적 삶을 위해서는 마을 공동체를 형성하는 것뿐만 아니라 공동주택을 건립하여 함께 모여 사는 것도 필요하지 않느냐는 이야기를 하게 되었다. 이 제안이 기폭제가 되어 수련회 후 몇 번의 모임이 더 이어졌고, 그 해 말 9가정이 공동주택을 건축하기로 마음을 모았다. 물론 처음에 관심을 보였던 멤버들 모두가 마지막까지 함께 한 것은 아니었다. 초기에는 수련회의 감동과 공동체에 대한 기대감으로 모임에 참석했지만, 점차 공동체적 삶의 현실적 어려움을 깨닫게 되면서 이탈하는 멤버가 생기기도 했다. 하지만 새로운 멤버가 충원되고 몇 차례 정리 과정을 거친 후 최종적으로 12가정이 공동주택 건립에 함께 하기로 하고 집터를 물색하기 시작했다.

그러나 비록 12가정이 의기투합 했지만, 이들이 공동체 주택 건축과 함께 살기와 관련된 염려들을 모두 극복한 것은 아니었다. 익숙했던 개인적 삶을 뒤로 하고 전혀 경험해보지 못했던 공동체적 삶을 살아야 한다는 두려움, 함께 집을 지어야 하는 처음 경험하는 새로운 시도에 대한 두려움과 귀찮음, 그리고 한 건물에서 함께 살아갈 때 발생할 수 있는 멤버들끼리의 갈등을 염려하는 마음들이 우리 안에 여전히 자리를 잡고 있었다. 하지만 이 모든 염려와 두려움을 뒤로 하고 우리는 교회가 총체적 공동체여야 한다는 하나님의 뜻을 따르고, 함께 하는 공동체 멤버들을 믿는 마음으로 힘든 여정을 함께 하기로 결심했다.

그 때까지도 국내에는 전원 지역에 세워진 공동체는 몇 군데 있었지만, 도심에 형성된 공동체는 흔하지 않았다. 전통적으로 공동체라고 하면 대개 전원 지역에서 세속을 떠나 친환경적인 농사를 지으면서 대안적인 삶을 사는 것을 떠올리게 된다. 국외든 국내든 대부분의 공동체가 이런 개념으로 공동체를 형성해온 것이 사실이다. 이것은 나름대로 신학적, 사회적, 문화적 이유가 있을 것이다. 그러나 도시가 형성되고 현재 우리나라를 비롯해서 대부분의 국가에서 80-90%에 이르는 사람들이 도시에 거주하고 있는 상황에서 도시를 떠나 반문화적인 공동체를 형성하는 것만이 대안이라고 생각하는 것은 '아버지께서 나를 보내신 것처럼 나도 너희를 세상 속으로 보낸'고 하신 예수님의 말씀을 온전히 따르는 것이라고 보기 어렵다. 요 17:18, 20:21 대부분의 교회가 사람들이 많이 모여 있는 도시에 형성된다. 이것은 자연스러운 현상이다. 사람들이 교회이기 때문에 사람들이 없는 곳에 교회가 세워질 수는 없기 때문이다. 그래서 사람들이 많은 도시에 교회도 역시 많이 생기게 되는 것이다. 그런데 유독 '공동체'라고 하는 것만은 사람들이 많은 도시를 떠나 사람들이 없는 전원 지역에 있어야 할 것처럼 생각하는 경향이 있다. 그것은 교회와 공동체를 분리해서 생각하기 때문이다. 하지만 교회가 사람들 속에 있어야 한다면, 공동체성을 강조하는 교회도 역시 사람들 속에 존재하는 것이 그 의미를 살리는 길일 것이다. 물론 그렇다고 해서 전원에 대안 문화적인 공동체를 건설하는 것이 무의미하다는 것은 아니다. 그것도 의미 있고 필요하다. 하지만 그것만이 유일하게 의미 있는 방식이라고 주장하는 것은 편협한 생각이다. 우리가 공동체를 형성하는 이유가 우리끼리 잘 먹고 잘살기 위함이 아니고 세상에 소금과 빛의 역할을 감당하기 위한 것이라면, 사람들이 모여 있는 도시를 떠나는 것이 오히려 이상한 일일 것이다. 우리도 처음에는 전원 지역에 공동체를 형성할 마음도 있었다. 지금까지 우리가 보아온 공동체 대부분이 전원 지역에 있었기 때문에 그 영향을 받은 탓이었다. 하지만 우리 지체들의 삶의 터전이 도시이고, 또한 지난 7-8년 동안 교회가 위치했던 곳이 도시라면, 도시를 떠나 다른 지역에 또 다른 공동체를 형성하는 것이 별로 적합하지 않다는 생각이 들면서 교회가 위치한 곳에서 가까운 서대문구 남가좌동이라는 도심 지역에 공동주택을 세우기로 결정한 것이다.

그러나 이렇게 도시에서 공동체 주택을 세우기로 결심했지만, 우리의 모델이 될만한 선례가 별로 없었다. 유일하게 있었던 것은 80년대 운동권 출신 가정들이 90년대 중반부터 공동육아를 중심으로 모여 살기 시작한 성미산 마을과 그들이 2011년에 세운 공동주택인 '소행주소통이 행복한 주택' 정도였을 뿐, 특별히 기독교적 가치를 중심으로 공동체 주택을 세운 예는 찾을 수 없었다. 그래서 우리는 2011년부터 본격적으로 공동체 주택 건축을 시작하면서 성미산 마을과 소행주를 방문해서 둘러보고 조언을 듣는 기회를 가졌다. 그들과 우리의 신앙적/사상적 토대가 다르지만, 공동체가 이 시대의 대안이고 그 중심에 공동체 주택이 있다는 인식에 있어서는 동일했기 때문에 그들로부터 많은 것을 배울 수 있었다. 소행주는 2011년 제1호를 시작으로 현재까지 마포구 성산동과 그 주변 지역에 열 개가 넘는 공동체 주택을 세웠다.

　　2010년 말부터 논의를 했던 공동체주택 건립은 2011년 초 땅을 찾는 일로부터 시작되었다. 남가좌동에서 두어 달의 노력 끝에 12가정이 들어갈 만한 건물을 세울 수 있는 넓이123평의 부지를 찾게 되었고, 계약과 동시에 설계에 들어갔다. 성미산 마을의 소행주에 관한 책 중 한 권의 제목은 '우리는 다른 집에 산다'이다. 소행주/박종숙, 『우리는 다른 집에 산다』 그것은 여러 가지 의미를 내포하고 있다. 여러 가정이 하나의 큰 집에 산다는 의미이기도 하고, 공동체 주택 자체가 하나의 마을이라는 뜻이기도 하고, 또한 각 집이 아파트처럼 공장에서 찍어낸 것처럼 천편일률적인 모습으로 만들어진 것이 아니라는 의미이기도 하다. 단독주택을 건축하는 사람들은 자신의 생활 스타일에 맞게 설계를 하는 것이 일반적이지만, 아파트나 빌라는 건축업자들이 보편적인 구조를 만들고 소비자는 이미 만들어진 집을 크기만 고려해서 선택하는 것이 대부분이다. 그래서 가정이나 개인마다 자신의 생활 스타일이나 개성을 살릴 수 있는 집을 원하는 것은 애초에 불가능하다. 다른 공간보다 부엌이 컸으면 좋겠다고 생각하는 사람도, 욕실을 크게 만들고 싶은 사람도, 자신만의 조용한 공간을 원하는 사람도 그 바람을 실현시킬 방도가 거의 없다. 하지만 공동체 주택은 가정이나 개인의 기호를 설계 단계에서부터 어느 정도 반영시킬 수 있다. 그래서 '소행주'의 어떤 집은 욕실이 보통 집의 두 배가 되는 집도 있고, 방을 나누지 않고 큰 방 하나만 만든 집도 있고, 집에 문을 전혀 달지 않은 집도 있다.

우리도 설계 단계에서 각 집의 생활 스타일에 맞추어 공간을 만들어가는 작업을 했다. 물론 원하는 모든 것을 다 반영할 수는 없겠지만, 나름대로 자신들이 원하는 것을 조금이라도 반영하는 집을 구성하는 재미를 맛볼 수 있었다. 그 결과 하.나.의.교회의 공동체 하우스인 '하심재'의 12개의 집과 '하의재'의 8개의 집들은 대부분 서로 다른 모양으로 만들어지게 되었다. 집의 크기도 다양하고 실평수 12평에서 30평까지, 복층 구조도 있고, 부엌의 크기도 다르고, 화장실의 크기도 제각각이다. 심지어 창문의 위치도 집집마다 다르게 만들어졌다. 이것이 스스로 집을 짓는 재미이자 혜택일 것이다.

일반 빌라는 보통 한두 달 정도면 설계가 끝나지만 '하심재' 설계에는 6개월 이상이 소요되었다. 그러나 그 기간이 단순히 집을 설계하는 과정만은 아니었다. 그 기간 동안 멤버들은 정기적으로 모여서 설계에 대해 이야기하고, 자신의 생활 방식에 대해 이야기 하고, 바라는 것이 무엇인지, 무엇을 좋아하고 싫어하는지, 어떤 삶을 꿈꾸는지, 어떤 공동체 생활을 하고 싶은지에 대한 다양한 이야기들을 나누었다. 이 모두가 공동체를 만들어가기 위한 과정들이었다. 특히 모든 공동체 주택의 필수 요소인 '공동 공간' community room에 대한 논의는 공동체적 삶과 주택이 가지는 연관성에 중요한 의미를 부여했다. 공동체 주택이라고 하면 필수적으로 공동의 공간을 두어야 한다. 함께 모이고, 함께 먹고, 함께 놀고, 함께 아이를 키우는 공간을 확보해야한다. 공동체는 일상을 나누는 모임이기 때문에 함께 활동하는 공간의 필요는 당연하다. 어떤 의미에서는 이 공간을 확보하기 위해서 공동체 주택을 직접 건축하려는 것이기도 하다. 그래서 공동체 주택의 전문가들은 이구동성으로 개인 거주 공간이 좁아지더라도 공동체 공간을 반드시 확보해야 하고, 구성원들의 개별 공간보다 더 잘 만들어야 한다고 조언한다. '하심재'는 공동 공간을 어디에 둘 것인지, 크기는 어느 정도로 할지, 그 비용은 어떻게 마련할지에 대한 논의를 거쳐서, 건축비가 많이 들더라도 넓은 공간이 확보되는 지하에 마련하기로 합의했다. 그곳에는 공동부엌, 모임 공간, 어른들을 위한 휴식 공간, 아이들을 위한 놀이방, 화장실, 공동 세탁실과 같은 시설을 갖추기로 했다. 몇 달 동안 다양한 논의를 거친 후에 2011년 11월에 설계를 완성하게 되었고, 12월 착공 후 지난한 과정을 거쳐서 예상보다 훨씬 늦은 2013년 5월에야 준공을 하고 12가정이 입주할 수 있게 되었다. 입주와 동시에 건물의 이름을 함께 논의하다가 '嘏心齋하심재'로 정하기로 했는데, 그것은 '크고 장대한 분, 왕'의 의미를 담은 嘏를 기초로 다중적인 의미를 담고 있다. '하나님의 마음을 품는 집', '하나된 마음을 담은 집', '하향지향적인 삶을 실천하는 집', '하.나.의.교회 멤버가 함께하는 집'.

　하심재가 완공된 후 1년 반쯤 지났을 무렵 사회적으로 큰 이슈가 되었던 것이 '젠트리피케이션' gentrification 이었다. 부동산 가격이 안정적이던 지역에 새로운 상권이 형성되면 그 지역의 지가와 임대료가 상승하면서 기존 세입자나 임차인들이 그 비용을 감당하지 못해서 쫓겨나가는 현상을 일컫는 말이다. 결국 그 지역 활성화의 장본인들이 역으로 부동산 가격 폭등에 밀려 쫓겨나는 기이한 현상이 벌어지는 것이다. 신촌, 홍대, 경리단길, 가로수길 등 창의적인 가게와 문화 공간으로 사람들을 많이 끌어 모으던 지역에 이런 현상이 나타나고 있었다. 성미산 마을이 자리잡고 있었던 서교동-성산동-망원동 일대도 지가와 임대료가 상승하면서 성미산 마을 사람들이 수익창출과 마을 사랑방 역할을 위해 운영하던 마을 식당과 까페들이 더 이상 버틸 수 없는 상황이 발생했다. 만약 이들이 건물 소유주였다면 젠트리피케이션의 영향을 받지 않앉겠지만, 저렴한 비용으로 임차해서 운영해오다가 임차료가 급격하게 상승하거나 건물주가 건물을 팔면서 갑자기 위기에 빠지게 된 것이다.

하.나.의. 마을공동체가 자리 잡고 있었던 남가좌동도 서교동만큼 심하지는 않지만 유사한 기류가 감지되기 시작했다. 서울 대부분 지역의 부동산 가격이 지속적으로 상승하는 영향도 있었지만, 연남동과 연희동의 상권 확장과 더불어 '가재울 뉴타운' 형성의 영향이 이 지역에까지 미치게 된 것이다. 공동체가 있던 남가좌2동은 뉴타운에서 제외되어 소규모 단지의 아파트와 단독주택, 빌라 등이 혼재되어 있는 동네였지만 점차 부동산 가격의 오름세가 나타나기 시작했다. 이런 흐름을 보면서 우리 공동체가 이 지역에서 좀 더 안정적으로 자리잡고 공동체 멤버들의 정주 여건을 확보하기 위해서는 제2, 제3의 공동체주택이 빨리 세워져야 할 필요를 느끼게 되었다. 그래서 2015년 초에 제2 공동체 주택을 건립하기 위한 관심자를 모집했다. 몇 차례의 모임 후에 최종적으로 8가정이 함께 하기로 하고 바로 건물 부지를 물색하였다. 주택 두 필지가 필요했기 때문에 1월에 한 필지를 계약하고 3월에야 이미 구입했던 필지에 붙어있던 다른 필지도 계약하게 되었다. 총 109평

하심재 건축의 경험이 있었기 때문에 두 번째 공동체 주택은 좀 더 수월하게 뜻을 모을 수 있었고, 건축과정도 큰 시행착오 없이 진행할 수 있었다. 하지만 하심재와는 다른 점이 하나 있었다. 하심재 건립 당시 우리는 하심재를 주택협동조합으로 만들기를 원했다. 하지만 당시 협동조합법이 제대로 갖춰져 있지 않아서 우리의 생각을 실현할 수 없었고, 결국 멤버들이 각자 소유하는 형태로 갈 수밖에 없었다. 물론 공동체주택이라는 취지를 멤버들 모두 인지하고 있었기 때문에 내부 규약을 통해서 협동조합형 주택의 특성은 살릴 수 있었지만 법적으로는 아쉬움이 남을 수밖에 없었다. 그러나 두 번째 공동체 주택을 세울 때에는 다행히도 주택협동조합법이 마련되었기 때문에 2015년 4월 9일에 주택협동조합 하.나.의.를 설립하여 조합이 건물을 소유하고 각 가

정은 조합 소유의 건물에 임대로 들어가는 형태를 취할 수 있었다. 아마 이 두 번째 공동체주택은 우리나라에서 두 번째로 세워진 협동조합 주택일 것이다. 그 이후 협동조합 주택에 대한 관심이 증가하면서 전국 도처에 협동조합 주택이 세워지고 있다.

땅을 확보한 후 8가정은 정기적인 모임도 갖고 엠티도 가면서 함께 살아갈 준비를 함과 동시에 건물 설계에 들어갔다. 처음에는 8가정을 위한 주택만을 계획했지만, 교회에서 좀 더 논의를 한 후에 지하와 1, 2층에 교회를 위한 공간을 마련하여 서대문구 창천동에 있던 예배당을 이전하기로 하고 설계를 변경했다. 2015년 9월 착공에 들어가 2016년 5월 준공하게 되어, 6월에 8가정이 입주하고, 7월에 교회도 이전하였다. 이 두 번째 공동체주택의 이름은 하심재와 비슷한 뜻을 지닌 '하의재 蝦意齋'로 정했다. 이렇게 두 채의 공동체 주택에 거주하는 12가정과 8가정, 주변에 다른 형태로 거주하는 공동체 멤버들, 그리고 교회를 위한 공간이 남가좌동에 마련되면서 실제적으로 교회와 마을공동체가 하나가 되기 시작되었다.

이 책을 저술하고 있는 동안 제3 공동체 하우스 하담재 蝦談齋 프로젝트가 시작되었다. 2020년 2월에 하심재와 하의재 중간 지점에 있는 61평의 부지를 구입하여 싱글을 위한 원룸 포함 6가구가 입주할 주택을 건축하고 있다. 준공일은 2021년 8월로 예정되어 있다.

4. 왜 우리는 공동체 하우스를 만들었는가?

하.나.의.교회가 남가좌동에서 마을 공동체를 형성하고 공동체 주택을 지었지만, 그 과정에서 주변에 있는 모든 사람들이 동의하고 지지했던 것은 아니었다. 다양한 비판과 더불어 오해들도 있었다.

'교회가 공동체라는 것, 그리고 마을 공동체를 형성해야 할 필요성에 대해서는 인정한다. 하지만 그냥 한 지역에 모여 공동체를 형성하는 것으로 충분할텐데 왜 굳이 공동체주택을 건립하려고 하는가?' 하는 의문을 제기하는 사람들도 있었다. 공동체 내부에서는 보다 현실적인 비판도 있었다. 재정적 여유도 별로 없는 사람들이 비용이 많이 드는 시도를 하는 것에 대한 회의적인 시각이 있었고, 또한 우리나라처럼 부동산 가격이 지속적으로 상승하는 경우에 빌라는 아파트 가격의 상승치를 따라가지 못하기 때문에 시간이 지날수록 재산 가치가 떨어지는데 왜 굳이 빌라를 건립하는가 하는 현실론도 있었다. 교회 외부에서는 정반대되는 오해도 있었다. 즉, 우리가 돈이 많아서 이 프로젝트를 했다고 생각하는 것이다. 우리 사정을 잘 아는 사람들은 '돈도 없는 사람들이…' 라고 걱정했지만, 잘 모르는 사람들은 '돈이 많았겠지' 라고 단정한 것이다.

이런 우려는 충분히 예상된 것들이었다. 마을공동체 구성 자체가 쉽지 않기 때문에 한 지역에 모여 마을공동체를 형성하여 살아가는 노력만으로도 좋은 시도로 평가되는 것이 사실이다. 굳이 공동체주택까지 세울 필요는 없었을지도 모른다. 이것은 성경적 명령도 아니고 교회 역사에서 찾을 수 있는 일반적인 사례도 아니기 때문이다. 또한 우리나라에서는 빌라의 재산 가치가 아파트에 못 미치는 것도 사실이다. 실제로 하심재 입주 후 서울의 아파트 시세가 꽤 많이 상승하면서 하심재 입주 가정들은 상대적으로 손해를 봤다. 지난 5-6년 동안 빌라 가치는 큰 변동이 없었지만 아파트 시세는 몇 억씩 상승했기 때문이다. 그리고 외부에서 오해하는 것과는 달리 우리는 토지와 건축 비용을 합해서 40억이나 소요되는 공동체 하우스를 건립할 만큼 돈이 많지도 않았다. 오히려 가진 것이 너무 없어서 자금을 조달하는데 애를 많이 먹었다. 그렇다면 이런 어려움과 우려에도 불구하고 우리는 왜 공동체주택을 시도했는가?

(1) 첫째, 총체적 삶의 공동체를 위한 확실한 기초를 형성하기 위해 총체적 삶의 공동체를 만들기 위해서는 두 가지가 실제적으로 이루어져야 한다.

우선 멤버들 사이에 만남이 자주 이루어져야 한다. 자주 보지도 않는 관계를 공동체라고 할 수는 없다. 옛말처럼 멀리 있는 가족보다 옆에 있는 이웃이 더 가까운 관계를 형성할 수 있으며, 그런 관계를 토대로 공동체가 만들어질 수 있는 것이다. 두 번째로는 멤버들이 실제적으로 함께 하는 일들이 많아져야 한다. '공동체의 삶' 이라는 것은 다른 거창한 것이 아니라 혼자 하던 일을 함께 하는 시도이기 때문이다. 혼자 벌어 혼자 쓰던 것을 함께 벌어 함께 쓰고, 혼자 아이를 키우다가 함께 키우고, 혼자 놀다가 함께 놀고, 혼자 사용하던 자동차를 함께 사용하고, 혼자 사용하던 물품들을 다른 사람과 공유하는 것이 실제적인 공동체의 삶이다. 공동체는 거창한 이론이나 멋진 수사법이 아니다. 그것은 물리적으로 함께 하는 것이며, 함께 대화를 나누면서 생각을 맞추는 것이며, 다양한 과업들을 같이 하는 것이다. 아무리 친밀한 사이라도 자주 만나지 않거나, 함께 하는 일이 적어지면 관계가 소원해진다. 그것을 공동체라고 말할 수 없다. 가장 친밀한 공동체라고 생각하는 가족도 만남이 뜸해지고 함께 하는 활동이 적어지면 결국 이름만 가족으로 남게 되는 것을 주변에서 흔하게 목격한다.

그러므로 공동체 주택은 실제적인 공동체를 형성하기 위한 좋은 기초와 여건을 제공해준다. 주거 공간이 가까울수록 만남이 빈번해지는 것은 당연한 일이다. 먼 거리에 사는 것보다 마을을 이루어 사는 것이 일부러 만나기도 수월하고 우연한 만남도 자주 일어날 수 있다. 같은 원리로, 마을에 흩어져 사는 것보다 한 건물 안에 살 때 서로간의 만남이 훨씬 더 많이 자연스럽게 일어난다. 현관, 복도, 엘리베이터를 공유하고, 세탁실을 공유하고, 공동 공간을 공유하고, 옥상을 공유하고, 주차장을 공유하면서 일상의 삶이 서로 얽히고설

키면서, 거기서부터 다양한 공동체적 삶이 나타나고 만들어지고 형성된다. 그런 점에서 공동체 주택을 공동체적 삶을 위한 기초라고 말하는 것이다. 의도적이든 우연히든 자주 부딪치고 만나는 것이 사소해 보여도 서로를 의식하게 되고, 히브리서 10:24 말씀대로 서로를 돌아보고 살피는 것이 훨씬 수월하게 이루어지고, 그러면서 점진적으로 공동체적인 사람으로 바뀌어 가는 것이다. 자주 보게 되면 상대의 문제를 더 쉽게 알아챌 수 있어서 필요한 도움을 적시에 줄 수 있다. 엘리베이터나 계단, 혹은 복도에서 마주치는 일이 자주 벌어지면 상황을 좀 더 잘 알 수 있다. 심지어 아이들도 자주 볼수록 애정이 깊어지고, 관계도 더 좋아지게 된다.

공동체 멤버들과 함께 하는 공동체적 활동은 공동주택을 함께 만들어가는 과정에서부터 이미 시작된다. 함께 목표를 맞추고, 그 목표에 따라 공간을 배치하고, 입주 후에 함께 살아갈 방식을 생각하고, 그것을 설계에 반영하고, 건축의 전 과정을 함께 하는 활동들자금 모으기, 부지 구입, 인허가, 건물 이름 짓기, 공동 공간 배치와 활용법을 통해서 이미 공동체를 실질적으로 경험하고, 공동체성을 더욱 확고히 하는 과정으로 들어가는 것이다.

또한 공동체 주택은 완공 후에도 멤버들이 자신들의 주택을 직접 관리해야 하는데, 그것도 공동체적인 삶의 한 부분을 구성한다. 아파트에 살면 관리사무실에서 관리해주기 때문에 이웃과 의논하거나 생각을 굳이 나눌 필요가 없다. 내 집만 신경 쓰면 되고 그 문제를 관리실과 협의하면 되기 때문이다. 그러나 공동주택은 아파트와는 달리 구성원들이 직접 건물을 관리해야 한다. 건물 관리 및 수리, 청소, 화재보험업체 선정, 방역, 주차, 쓰레기 처리, 아이들 안전 관리, 옥상 관리, 공동 공간 관리, 등등 건물관리가 번거롭고 귀찮기도 하지만, 그것을 위해 협력하고, 서로 일을 나누고, 서로에게 의존하고, 자신이 맡은 영역에 대해 책임지는 활동들은 우리에게 공동체적인 삶을 훈련시켜주면서 공동체적으로 살도록 유도한다.

공동체 주택에서의 삶은 개인이나 각 가정이 모든 물품을 다 소유할 필요가 없이 생활에 필요한 물건들을 활발하게 나누어 쓰면서 공유적 삶을 살 수 있는 토대가 된다. 이웃과 분리되어 살고 있는 현대인들은 생활에 필요한 모든 물품들을 스스로 마련해야 한다. 그렇기 때문에 물품 비용도 많이 들고, 그 물품을 보관할 더 넓은 장소도 필요해진다. 많은 사람들이 일 년에 한두 번밖에 사용하지 않는 물품들을 모두 구입하여 창고에 쌓아둔다. 여행용 가방, 공구, 음식조리기, 캠핑용 텐트, 계절 용품 그러나 마을공동체를 이루면 필요한 물품을 공동체 멤버들을 통해서 쉽게 빌릴 수 있다. 어떤 물품이 필요할 때 마을 공동체에 도움을 요청하면 대부분 구할 수 있다. 실제로 50여 가구가 모여 형성된 하.나.의.마을공동체에서도 이런 일이 빈번하게 일어나고 있다. 어떤 물품이 필요하면 단톡방에 요청한다. 그러면 거의 대부분 어느 집에선가 나오게 된다. 그래서 '마을공동체에서는 구할 수 없는 것이 없다' 는 말까지 자연스럽게 나오면서, 공동체에서는 필요한 물품을 개인의 비용을 들여 모두 마련할 필요가 없게 된다. 그 결과 재정적 절약도 이루어질 뿐만 아니라 빌려주고 빌리는 공동체적 행위를 통해 더욱 긴밀한 관계를 만들어주기도 한다.

그러나 공동체 주택에서는 마을공동체보다 훨씬 더 긴밀한 공유도 이루어진다. 물건뿐만 아니라 밥이나 반찬, 음식 재료까지도 공유가 수시로 이루어진다. 공동체 멤버가 바로 옆과 위아래에 살기 때문에 즉각적인 주고받기가 언제든지 가능하기 때문이다. 심지어 자동차도 나눔의 대상이 된다. 자동차가 필요할 때가 분명히 있지만 모든 가정이 매일 차가 필요한 것은 아니다. 이럴 때 여러 가정이 각자 필요한 시간대를 맞추어 공유하는 것이 훨씬 경제적이고 공동체적이다. 마을공동체에서도 차량 공유에 무리가 없다. 그러나 집이 떨어져 있으면 차를 가지러 오가는 불편함이 발생한다. 공동체주택은 한 집에 사는 것과 마찬가지이기 때문에 차량 공유로 인해서 발생하는 불편을 최소화할 수 있는 장점이 있다. 이런 것들이 실제적으로 공동체로 산다는 의미다.

공동체적 삶이란 이렇게 일상생활의 소소한 것들을 함께 하고 나누고 공유한다는 것을 의미하기 때문이다.

이처럼 공동체 주택은 기존의 단절된 삶을 이어주면서 공동체적 삶이 실제적으로 이루어지게 하는 중요한 기능을 한다. 거창한 일을 함께 하지 않더라도 일상에서 자주 만나고, 같이 먹고, 함께 건물을 관리하고, 필요한 것들을 서로 나누는 것과 같은 소소한 활동들이 실제적인 공동체적 삶인 것이다.

(2) 둘째, 공동체 하우스는 마을 공동체의 구심적 자리로서의 기능을 하기 때문에 공동체 하우스는 마을 공동체가 지속성을 확보하기 위한 기초가 될 수 있다.

해가 진 후에도 아이들을 데리고 슬리퍼 신고 마실 갈 수 있는 가까운 거리에 모여 사는 것이 마을 공동체의 개념이다. 그런데 마을 공동체는 마을이라는 지역을 기반으로 하며, 그 기반은 주택을 중심으로 만들어진다. 그렇기 때문에 주거가 안정되지 않으면 공동체의 기반이 언제 흔들릴지 모르게 된다. 그래서 공동체에서 주거 형태는 매우 중요하다.

마을 공동체 주거 형태는 다양할 수 있다. 자가 소유 주택, 전세, 월세 등. 그러나 공동체 멤버들의 자가 소유 주택 비율이 낮을 때 공동체의 지속성에 문제가 발생할 가능성이 커진다. 우리나라는 주택 가격 상승률이 매우 심하기 때문에 전세나 월세가 급등할 때 소득이 적은 사람이 기존에 살던 지역에서 계속 살기란 쉽지 않다. 그래서 서울에 살던 사람이 전세가격 급등으로 인해 경기도로 밀려나는 현상이 빈번하게 발생하는 것이다. 이런 상황이 마을 공동체에도 발생할 수 있다. 그런 일이 발생하면 한 지역에서 애써 형성한 마을 공동체가 지속적으로 존재하기 어렵게 된다. 반면에 공동체 멤버들 중에서 자가 소유 주택 비율이 높다면 이런 위험에서 비교적 자유롭다. 시세 차익을 얻으려는 욕심만 제어한다면 집값 변동의 영향에서 자유롭기 때문이다. 우리가 남가좌동 공동체에 하심재와 하의재라는 공동체 주택을 만든 것은, 이 지역에 뿌리를 내리면서 이곳을 중심으로 좀 더 안정적으로 하나님나라 가치를 담은 공동체를 만들어보겠다는 의지의 강한 표명이다.

공동체 하우스는 마을 공동체 내부의 안정적인 핵심 '자리' 역할도 할 수 있다. 공동체 주택은 다수의 공동체 멤버들이 거주하는 공간이기 때문에 마을 공동체의 중심적인 역할을 하게 된다. 한 건물에 여러 공동체 가정이 함께 거주하게 되면 자연스럽게 공동체의 센터 기능을 하면서 공동체에 안정감을 주게 되고, 그 공간을 중심으로 다양한 활동이 일어나는 기반이 될 수 있다. 특히 공동체 주택 안에 공동 공간community room이 확보되면 그 공간은 공동체 주택 거주자들뿐만 아니라 마을 공동체의 다양한 활동의 중심지 역할을 할 수 있다. 실제로 하심재의 공동 공간에서는 공동 식사, 방과 후 학교, 공동 육아, TV나 영화 시청과 같은 활동이, 하의재에서는 각종 발표회와 공연, 그리고 절기 행사와 같은 마을 공동체의 다양한 활동이 이루어지면서 마을의 중심지가 되고 있다. 그러므로 공동체 주택은 마을 공동체가 안정적으로 지속되면서 다양한 활동을 할 수 있는 기반을 제공하는 역할을 한다.

(3) 셋째, 공동체 하우스에 거주하는 멤버들이 많은 유익을 얻기 때문에 믿음은 현실의 삶에서 발휘되어야 하는 것이다.

그래서 믿음의 삶을 '신앙생활'이라고 표현한다. 소소한 일상생활 속에서 하나님을 신뢰하고 순종하는 모습을 드러내는 것이 진정한 믿음이라는 것이다. 그렇지 않고 안전한 교회 안에서만 믿음을 운운한다면 그것은 화석화된 믿음, 쓸모없는 믿음, 그래서 거의 죽은 믿음이라고 볼 수밖에 없다. 신앙의 선배들의 믿음은 기본적으로 힘든 상황에서 어려운 발걸음을 내디딜 때 드러나는 것이었다. 아브라함이 전혀 예상할 수 없는 가나안으로의 여행길을 나선 것, 이스라엘 백성이 모세의 인도 아래 하나님이 약속해주신 가나안으로

가기 위해 적들이 우글거리는 광야길로 발걸음을 내디딘 것, 가나안에 들어가서 안식년을 지키기 위해 일 년 동안 농사를 짓지 않는 것, 예수님의 제자들이 미래가 보장되지 않은 상황에서 부모 형제 재산을 모두 버리고 예수님을 따라 나선 것과 같은 일들이 실제적인 삶 속에서 발휘되어야 하는 믿음의 속성을 잘 보여주는 예들이다. 결국 믿음이란 우리가 분별한 하나님의 뜻을 따르기 위해 위험하고 불확실하고 힘든 과업에 발을 내딛는 것이며, 그래서 믿음은 모험과 도전이라는 속성을 내포하고 있는 것이다. 고후 5:7 하지만 이런 믿음에 기초한 모험과 도전의 삶 속에서 우리는 온실에서 안전하게 거할 때에는 결코 경험할 수 없는, 우리와 함께 하시고 은혜를 베풀어주시는 하나님을 더욱 리얼하게 체험할 수 있는 특권을 누릴 수 있다.

우리가 하심재와 하의재를 세우는 과정에서 경험한 것이 바로 이것이었다. 이것에 대해 자세히 언급하려면 또 하나의 책이 필요할 것이다. 한국 사회나 교회에서 생소했던 공동체주택을 세우려는 취지에 공감하는 사람들이 모이는 과정, 불가능하게 보였던 40억이라는 큰 돈을 모으고 조달하는 과정, 집을 지어본 사람들은 누구나 공감할 수많은 우여곡절을 겪으면서 설계하고 시공하고 감리 받는 과정에서 하나님의 적절한 개입과 인도를 경험했던 것, 함께 살아갈 것을 준비하기 위해 멤버들이 자주 모이고 엠티를 하면서 경험했던 은혜, 여러 이유로 공사가 늦어지게 되면서 자금을 조달하기 위해 기존에 살던 집에서 나와 다른 멤버들과 살림을 합쳐서 지냈던 기간 동안 경험한 공동체적 삶의 은혜 등, 우리는 공동체 주택을 세우는 모든 과정에서 이전에 경험하지 못했던 하나님의 인도하심과 도우심과 은혜를 깊이 경험할 수 있었다.

우리는 이런 경험이 하나님의 뜻에 순종하는 자들을 하나님이 결코 내버려두지 않으신다는 하나님의 신실하심과 사랑에 대한 확인이라고 생각한다. 이런 체험은 안락한 삶을 버리고 하나님의 뜻을 따라 무모하고 도전적인 삶을 택한 자들만이 할 수 있는 것이다. 그것이 바로 믿음이며, 믿음에 기초한 삶을 구체적으로 살려는 노력이다. 공동체주택은 이렇게 안락함과 안전함을 추구하다가 하나님의 실존에 대한 체험을 점점 잃어버리고 있는 현대 신앙인들에게 하나님의 살아계심과 돌보심을 실제로 확인할 수 있게 해주는 좋은 시도요 경험이다.

이에 더해서, 공동체 하우스에서 생활하면서 얻는 유익도 많다. 공동체 주택에서의 삶은 실제로 공동체적인 삶을 통해 얻는 유익을 극대화시켜준다. 옆집, 위아래 집이 모두 공동체 멤버들이기 때문에 마치 한 집에서 사는 것 같은 상황이라 필요한 도움을 즉각적으로 받을 수 있다. 남는 음식을 나누고 부족한 음식을 채우는 일이 쉽게 이루어지고, 필요한 물품도 바로바로 얻을 수 있다. 급한 우편물이나 택배를 대신 수령하는 것이 가능하고, 부모의 귀가가 예상보다 늦어질 때 아이들을 긴급하게 돌봐주는 것도 쉽게 이루어진다. 몇 년 전에는 남편이 출근한 후에 갑자기 산통을 하게 된 임산부를 공동체주택의 다른 멤버가 출근한 남편 대신 병원에 긴급하게 데리고 가는 일도 있었다. 아파트에서는 쉽게 할 수 없는 활동들예를 들면, 악기와 노래 연습, 함께 영화나 스포츠 중계 보기, 소리 내어 기도하거나 찬송 부르기을 커뮤니티 공간을 활용해서 밤늦게까지 하는 것도 가능하다. 공동체 주택 자체가 하나의 마을이기 때문에 아이들을 데리고 다른 멤버의 집을 방문하는 것이 심리적으로나 물리적으로 훨씬 쉽다는 점도 큰 유익이다.

또한 아이들도 공동체적 존재로 성장할 수 있는 기회를 얻게 된다. 요즘은 마을이 사라지고 이웃간의 교류가 줄어들면서 아이들의 안전이 위협받는 시대가 되었다. 아이 혼자서 친구 집에 가는 것도 쉽지 않고, 아이들만 집에 두고 어른들이 외출하는 것도 불안하다. 그러나 공동체 주택은 그 자체로 '작은 마을'이면서 동시에 여러 가정들이 함께 사는 '큰 집'이기 때문에 아이들에게는 마을의 자유로움과 동시에 집의 안전함을 주는 공간이 된다. 지하에 있든, 복도에 있든, 계단에 있든, 다른 집에 있든, 이 건물 안에만 있다면 마치 집에 있는 것과 같은 안정감을 느낄 수 있다. 아이들은 어떤 집에서, 어떤 마을에서, 어떤 사람들과 함께 자라는가에 따라 그들의 생각과 성품에 큰 영향을 받는다. 어릴 때부터 일상의 삶에서 공동체를 경험하게 되면 의도적으로 머리를 사용해서 공동체적 삶을 받아들이고 애써 훈련하려고 노력하는 어른들보다 훨씬 더 쉽게 공동체적인 존재로 자라나게 된다. 다른 사람과 함께 생활하고, 나누고, 돕고, 지켜주는 방법들이 몸에 각인되기 때문이다. 이것은 그 어떤 학교나 교회의 가르침보다 훨씬 더 효과적인 교육 방식이다.

(4) 넷째, 그리스도를 따르는 제자도의 삶을 실천하기 위해서 그리스도의 제자는 삶의 모든 영역에서 그리스도를 따르고자 애쓰는 사람이다.

바울의 언급처럼 "먹든지 마시든지, 무슨 일을 하든지, 모든 것을 하나님의 영광을 위하여" 살려는 것이 제자의 본분이다.고전 10:31 바울은 일상의 소소한 일들까지 하나님의 영광과 관련짓고 있다. 교회 안에서만 주님되심을 고백하거나 성경 읽고 기도하는 것에 국한되지 않고, 먹고 자고 벌고 쓰고 즐기는 모든 활동에서 그리스도의 제자답게 행하려고 노력하는 사람이 참된 제자라는 뜻이다. 그래서 그리스도인 직장인은 일터에서 그리스도인으로서 어떻게 처신하는 것이 좋을지 분별하고 실천하기 위해 노력해야 하고, 그리스도인 정치인이라면 정치의 영역에서 자신의 이익이 아니라 하나님의 가치를 실천하기 위해 노력하는 것이 마땅하다. 부모가 자녀를 키울 때에도 그리스도의 뜻대로 양육하려고 애쓰는 것도 같은 맥락이다. 이처럼 참된 그리스도의 제자는 삶의 모든 영역에서 하나님의 뜻을 분별하고 그 뜻을 실천하기 위해 애쓰는 사람들이다.

이렇게 제자로서 하나님의 뜻을 따라 살고자하는 우리 삶의 영역에는 주거도 포함된다. 아니, 어쩌면 주거 공간은 우리 일상에서 다른 어떤 것보다 중요한 영역이기에 제자도의 삶을 진지하게 고민하는 사람이라면 이 영역을 제외한다는 것이 매우 이상할 것이다. 그렇다! 주거 공간은 우리의 신앙 '생활' 과 분리될 수 없는 영역임에 틀림없다. 하지만 지금까지 많은 기독교인들이 이 원론적 사고방식에 젖어, 주거 문제에 영적인 가치를 적용하지 않았다. 마치 주거는 제자도 영역 밖에 존재한다고 생각한 것이다. 그 결과가 무엇인가? 세상 사람들과 전혀 다르지 않은 방식으로 주거 지역을 고르고 주택을 선택하는 것이다. 그러나 주거 지역과 형태 역시 우리의 영성을 드러내는 중요한 영역이 되어야 한다. 주택 문제는 우리 삶에서 매우 중요한 것이며, 그렇기에 온전한 제자의 삶을 살고자 할 때 제외될 수 없는 영적인 영역이기 때문이다.

우리는 주거 공간이라는 문제와 제자도가 어떻게 연관되는지 고심했다. 지금까지 우리가 주거 공간을 선택하는 방식에 대해 성찰했고, 그것이 하나님나라 가치와 얼마나 부합되는지 반성하고 하나님이 기뻐하시는 방식이 무엇인지 공부하면서, 이론에 그치지 않고 구체적인 실천방안을 모색한 것이다. 그렇게 해서 하나의 실천 사항으로 도출된 것이 '공동체 하우스' 였다. 다시 말하면, 공동체 하우스는 그리스도의 제자로서 하나님나라의 가치를 일상의 삶에 적용하려는 시도다. 그리스도의 주님되심을 주택이라는 영역에도 적용되어야 한다고 생각했고 그 방식 중 하나가 공동체 하우스라고 생각했기에 순종의 발걸음을 내디딘 것이다.

성경에는 우리가 반드시 따라야 하는 계명도 있는 반면살인하지 말라, 하나님의 넓은 뜻 안에서 스스로 분별하여 실천해야 할 내용도 많다. 돈을 어떻게 사용해야 하는가? 우리는 공동체 하우스가 하나님의 분명한 명령은 아니지만 교회는 '공동체' 여야 한다는 하나님의 뜻을 실천하기 위한 중요한 실천 방법이라고 생각했기에 힘들지만 순종하면서 나아간 것이다. 그 과정이 편하거나 이익이 되기는커녕 오히려 그것 때문에 고생도 많이 하고 금전적 손해를 본 것이 사실이지만, 그리스도의 주되심을 인정하는 것은 '하나님나라의 가치' 를 따르기로 작정하는 것이기 때문에 돈이나 편리함 같은 세상 가치들과 비교할 수 없다고 생각하기에 순종한 것이다.

그러므로 개인주의 성향을 거슬러가면서, 경제적 손해를 보면서, 프라이버시를 제쳐두면서, 직장이 멀어지고, 때로는 멤버들 사이에 갈등을 겪으면서도 공동체적 교회를 만들기 위해 노력하는 이유는 다른 것 때문이 아니다. 성경에 계시된 교회를 향한 하나님의 뜻에 순종하기 위한 것, 바로 그것이 가장 큰 이유다. 그것은 전적으로 신앙적 결단에서 비롯된 것이다. 주택을 선택할 때 고려해야 할 많은 변수들이 있지만, 우리는 그 중에서 공동체적 삶이라는 하나님나라의 가치를 최우선에 놓고 선택한 것이다.

공동체 주택과 관련된 제자도의 실천은 세 가지 방식으로 나타난다.

첫째, 우리는 누구와 함께 살 것인지를 최우선 순위로 놓고 공동체적인 삶을 시도하려고 공동주택을 만들었다.

집을 선택하는 여러 가지 기준들이 있다. 학군, 직장과의 거리, 가격 전망, 주거 환경, 주차의 용이함 등. 그러나 관계적 존재인 우리 인간에게 가장 중요한 '이웃 사람들' 앞집 뒷집 옆집에 사는 사람들에 대한 고려가 종종 제외된다. 그 결과, 그야말로 어쩌다 우연히 주변에 살게 된 사람들과 이웃을 형성하거나, 모르는 사람들과 이웃을 형성하기가 부담되면 주변 사람들과 관계를 맺지 않고 독립적인 삶의 방식을 선택한다. 외로운 섬처럼 살아가는 것이다. 이것이 일반적인 대한민국 사람들의 삶의 방식이다.

그러나 우리 인간은 더불어 사는 존재이기에 어떤 사람들과 함께 사는가 하는 것이 중요한 문제이고, 그래서 집을 선택하는 기준에서 누구와 혹은 어떤 사람들과 함께 살 것인가를 심각하게 고려해야 한다고 생각한다. 지금 여러 곳에서 시도되고 있는 다양한 공동체 주택들이 바로 이런 목적을 담고 있는 것이다. 성미산 마을과 소행주는 옳다고 믿는 가치관에 맞게 아이들을 교육시키려는 목적을 기초로, 함께 한 공간에서 살아가는 삶이 참다운 인간성을 구현하는 방식이라고 믿는 사람들이 모인 공동체와 공동주택이다. 가양동 협동조합 주택 역시 같은 정신으로 아이를 키우려는 사람들이 모인 공동체다. 이들은 다른 조건보다 마음과 뜻이 맞는 사람들을 선택한 것이다. 하심재 건축의 시발점 역시 "우리 함께 살면 어떨까?"라는 단순한 발상으로부터 시작되었다. '누구와 이웃하면서 함께 살 것인가'를 더 우선적인 가치로 생각한 것이다.

공동체 마을의 형성도 공동체적인 삶을 위한 시도인 것은 분명하다. 그러나 공동체 주택은 그것보다 훨씬 더 이웃을 고려한 삶을 살기 위한 시도다. 공동주택에 산다는 것은 기존에 관계가 형성된 사람들이 그 관계를 중심으로 물리적 공간을 공유하기로 결정한 것이다. 주어진 주택이 우리 삶의 모습을 결정하는 피동적인 사고를 뒤집어 우리가 삶의 우선

순위공동체적 삶를 먼저 세우고 그것을 위해 주택을 마련하는 것이다. 이것은 공동체가 우선이고 주택은 그것을 뒷받침하는 부차적 요소로 생각하는 것이며, 중요한 가치에 따라 실제로 살려는 과감한 시도다. 그러므로 공동체 하우스는 우리의 삶에서 가장 중요한 것을 돈과 편리함, 또는 성공에 두지 않고, '뜻을 함께 하는 사람들'이라는 중요한 가치를 실천하려는 시도다.

둘째, 우리나라 주택 문제를 그리스도의 제자들이 공동체적으로 해결하려는 시도가 공동체 주택이다.

앞에서도 언급했듯이, 우리나라는 가구당 주택 보급률이 100%가 넘지만, 실제로 자가 주택 소유 비율은 50% 수준에 머무르면서 절반이 넘는 가구가 남의 집에서 전월세를 살고 있다. 이것보다 더 심각한 것은, 영화 '기생충'에서 볼 수 있듯이 지하, 반지하, 옥탑방처럼 주거 취약 환경에 놓인 사람들이 여전히 많다는 사실이다. '2017년 서울시 주거실태조사'에 따르면 서울시 전체 가구 중에서 반지하에 사는 가구는 24만 9790가구6.6%, 지하에 사는 가구는

1만 8924가구$^{0.5\%}$, 옥탑에 사는 가구는 3785가구$^{0.1\%}$로 총 27만 2499가구 $^{7.2\%}$에 이른다. 이들은 집을 살 돈이 없을 뿐만 아니라 인간다운 삶이 보장되는 안전하고 쾌적한 공간을 얻을 여유조차 없는 사람들이다. 그러나 이것보다 더 심각한 것은, 전월세로 사는 사람들이나 취약한 주거 환경에 거주하는 사람들은 주택 가격의 변동, 특히 우리나라처럼 거의 언제나 상승하는 주택 가격 부담에 대한 방어책이 제대로 마련되지 않은 처지라는 뜻이다. 우리나라처럼 주택 가격과 전월세 가격이 지속적으로 오르는 상황에서는 목돈이 없고 수입이 크게 증가할 가능성이 없는 사람들은 더욱 큰 고통을 당하게 마련이다. 이런 심각한 위기를 개인이 스스로 해결한다는 것은 쉽지 않다. 개인의 소득만으로 상승하는 부동산 가격을 따라잡는 것이 현실적으로 불가능하기 때문이다. 그렇다면 다른 해결 방법은 없을까?

일단 국가적 차원에서 문제를 해결하는 방법이 있다. 공공임대주택이 한 가지 방안이다. 국가의 재정으로 주택을 지어서 저렴한 임대료로 저소득층에게 장기간 제공하는 것이다. 유럽에서는 이미 공공임대주택이 상당히 많이 보급되어 있지만 우리나라는 이제 걸음마 단계에 불과하다. 이것이 더 많이 확대되면 저소득층에게 큰 도움이 될 것은 분명하다. 그러나 몇 가지 한계를 가지고 있다. 첫째, 국가 재정이 필요를 채울 수 있을 만큼 충분한가 하는 문제가 있다. 둘째, 보수적 성향의 사람들은 국가가 막대한 재정을 투여해서 임대주택을 공급하는 것을 못마땅하게 여긴다. 주택 문제를 개인이 각자 해결하는 것이 옳다고 생각하기 때문이다. 그래서 그들의 반대를 무릅쓰고 예산을 충분히 편성하기 어렵다는 현실적 한계가 있다.

셋째, 자가 주택 보유자의 이기주의가 방해가 되는 경우도 많다. 지금도 규모 아파트 단지에는 필수적으로 임대주택을 함께 공급하도록 규정하고 있고, 국가나 지방자치단체에서는 주거 취약계층인 청년들을 위한 임대주택을 세우려고 노력하고 있다. 그러나 일반 주택 보유자들은 이것을 못마땅하게 여겨서 자신의 지역에 임대 주택이나 청년주택이 세워지는 것을 반대한다. 자신들의 주택 가격이 떨어지거나 생활환경이 나빠진다는 비합리적인 이유를 내세운다. 이런 반대는 공공임대주택의 확대를 가로막는다.

넷째, 공동체 내적인 측면에서 생각하면, 공동체 멤버들이 주택 문제를 해결하기 위해서 공공임대주택으로 들어가려고 하면 마을 공동체를 벗어날 수밖에 없는 상황이 발생한다. 공동임대주택은 여러 곳에 흩어져 있으며, 내가 원한다고 어느 지역에 반드시 들어간다는 보장도 없을 뿐만 아니라, 지금 공동체가 형성된 지역에 유효한 임대주택이 있다는 보장도 없다. 그러므로 주택 문제 해결을 위해서 임대주택을 선택하면 공동체와 멀어지는 단점을 감수해야 한다. 이 선택은 다시 공동체 삶보다 주택의 가치를 더 중요하게 여기는 것으로 귀결된다. 그러면 마을 공동체를 여전히 지키면서도 주택 문제를 해결할 수 있는 방법은 없을까?

세상에는 혼자라면 힘들지만 여럿이 힘을 합하면 해결할 수 있는 문제들이 많다. 전 4;12 "혼자 싸우면 지지만, 둘이 힘을 합하면 적에게 맞설 수 있다. 세 겹 줄은 쉽게 끊어지지 않는다." 주택 문제도 마찬가지다. 주택 문제는 상당히 많은 돈을 필요로 하는 영역이기 때문에 혼자 힘으로 해결할 능력이 부족한 사람들이 많다. 특히 아직 경제적 기반을 확보하지 못했거나 취업난을 겪고 있는 젊은 세대는 더욱 그럴 것이다. 혼자서 한정된 재정으로 안전한 주거 공간을 구하기도 어렵고, 은행에서 융자 내기도 점점 어려워지고, 설령 융자를 낼 수 있다고 해도 이자 부담이 상당하다. 바로 이 지점에서 공동체의 협력이 필요한 것이다. 공동체가 힘을 합하고 서로 의지하면 혼자서 엄두도 못내는 일도 이루어낼 수 있다. 공동체 하우스는 이렇게 혼자서 해결하기 어려운 주택 문제를 개인에게 맡겨두지 않고 공동체가 함께 해결하려는 공동체적 노력의 일환이다. 다양한 공동주택들이 이런 의도로 시도되었다. '민달팽이 유니온'은 원룸이나 고시원에서 흩어져 살던 청년들이 함께 힘을 합쳐 공동주택을 세우면 훨씬 저렴한 비용으로 더 나은 공간에서 생활할 수 있다는 생각으로 국가의 지원을 받아 협동조합 주택을 마련했다. '함께 주택 협동조합'은 소행주와 성미산마을이 싱글들의 주택문제 해결을 위해 만든 공간이다. 자금의 일부는 성미산마을 생협 커뮤니티, 소행주, 동네 주민, 입주자 33명이 모여 구성한 조합을 통해 마련했고, 나머지는 서울시 사회투자기금에서 저리로 대출받아 해결했다.

그리스도의 제자인 우리에게 주어진 재물은 하나님이 우리의 필요를 위해 주신 것일 뿐만 아니라 다른 사람을 섬기라고 주신 것이다. 그래서 그것을 잘 활용하여 함께 사는 공동체를 만들어야 할 책임이 우리 모두에게 있다.

공동체 하우스는 하나님께서 우리에게 주신 재산을 다른 지체들을 위해 아름답게 사용하고 나누려는 구체적인 시도다. 이것이 구체적으로 어떻게 가능한가?

하심재와 하의재는 두 가지 방식으로 재정의 공동체를 시도했다. 먼저 하심재의 경우는 상대적으로 재정적 여유가 있는 사람이 기초 자본을 마련하여 버팀목이 되어주었고, 재정적 여유가 없는 사람들이 거기에 기대어 함께 공동주택을 마련하여 주택 문제를 해결할 수 있었다. 구체적으로 설명하면 이런 방식이다. 공동체주택의 전체 비용이 40억이라고 할 때 12집의 크기가 모두 다르기 때문에 각각 부담해야 할 비용이 다르게 산출된다. 어떤 멤버는 자기 집에 들어가는 비용을 모두 부담할 수 있는 반면에 다른 멤버는 그렇지 못한 경우도 있다. 그래서 일단 각자가 동원할 수 있는 돈을 모두 모았다. 어떤 가정은 자신이 부담해야 할 주택비용 전체를 조달할 수 있었지만, 다른 가정은 은행 융자를 포함해도 70%밖에 가져올 수 없었다. 우리는 여기서 공동체가 함께 책임져주는 원리를 도입했다. 나머지 부족한 부분을 여러 가정이 다양한 방식으로 조달해오고, 그것을 공동체 주택 입주자가 함께 부담하는 방식을 사용한 것이다. 모든 가정이 매달 소득 수준에 따라 일정한 비율의 기금을 내어 이 차입금의 이자를 갚아나가기로 한 것이다. 이렇게 해서 자신의 주거비용을 100% 감당할 수 없었던 가정을 위해 12가정 공동체가 함께 짐을 나눠지면서 12가정 모두의 주거 문제가 해결된 것이다.

재산이 많은 사람이 자신의 재산을 자신만을 위해서 사용하지 않고 공동체에 종자돈으로 내어 놓아 그것을 토대로 다른 사람이 비빌 수 있는 언덕을 만들어주었고, 신용 능력이 있는 사람이 자신의 신용으로 빌린 돈을 다른 가정의 주택 문제를 해결하는데 사용한 것이다. 또한 수입이 많은 사람이 공동체 기금을 더 많이 내어 함께 주거비용과 공동체 활동 기금으로 사용했다. 이렇게 상대적으로 여유가 있는 몇 몇 가정이 버팀목이 되어주었기 때문에 공동체 주택 프로젝트가 실행 가능해졌다. 결국 혼자서는 해결할 수 없는 주택 문제를 함께 협력해서 해결하는 '공동체적인 실천' 이 이루어진 것이다.

하의재의 경우는 멤버들 대부분이 자가 주택을 소유할 수 없는 형편이었다. 그러나 함께 돈을 최대한 모아 주택협동조합을 구성하고 교회의 다른 멤버들도 조금씩 거들어 주니 서울시 사회투자기금의 지원을 받을 수 있는 자격이 생겼다. 그 결과 2016년 당시로는 매우 저렴한 2%의 이자율로 17억이라는 자금을 지원받을 수 있었던 것이다. 공동체가 하나님나라의 가치를 중심으로 모이고 힘을 합할 때 불가능하게 보였던 일이 가능하게 바뀌게 된 것이다. 이것이 주거의 영역에 제자도를 실천하는 한 가지 방식이다.

셋째, 공동체 하우스는 공동체에서 재정적 공유를 할 수 있는 중요한 토대가 된다.

자본주의 사회의 핵심은 '절대적 사유재산권' 이다. 자신의 소유이니 자기 마음대로 자신만을 위해서 사용하는 것이 전혀 문제가 없다고 생각하는 것이다. 그러나 이것은 성경적 원리에 맞지 않다. 물론 모든 것을 공유하는 완전 소유 공동체가 유일한 성경적 대안은 아니지만 성경에서 재물의 완전 공유를 명령한

적이 없다. 동시에 재산의 개인 소유를 절대적인 것으로 생각하고 나누지 않거나 다른 가난한 지체들을 돕지 않는 것도 성경적 원리를 따르는 삶은 아니다. 공동체에서 하나님이 주신 재물을 나누는 것은 매우 중요하다. 우리 삶에서 중요한 가치로 자리매김한 돈에 대해 공동체적인 적용을 하지 않고 좋은 공동체를 형성하는 것은 불가능하다. 공동체에서 돈을 나누는 방식은 여러 가지가 있지만 공동체 하우스를 만들어 함께 거주하게 되면 재정 공유의 필요성과 이유가 더욱 분명해지고, 그렇게 하려는 동기부여가 더욱 강화된다.

하심재와 하의재는 초기부터 멤버들의 재정을 투명하게 오픈했는데 그것은 재정 공동체를 향한 첫걸음을 떼는 의미였고, 재정을 잘 사용하겠다는 다짐이기도 했고, 재물을 자신만을 위해서가 아니라 공동체를 위해서 사용하겠다는 결심이기도 했다. 자기 재산을 숨기고는 진정한 공동체를 형성할 수 없다고 생각했기 때문이다. 그 기초 위에서 다양한 경제적인 나눔이 이루어질 수 있었다. 앞에서도 언급했듯이 하심재 거주자들은 재정적으로 여유가 없어서 자기 집 가격의 70%만 부담하는 가정을 위해 12가구가 함께 융자를 내고 함께 이자를 갚아나가는 방식으로 재정의 나눔을 실천했다. 또한 공동체 주택의 유지와 다양한 공동체 활동을 위해 소득 수준에 따라 일정한 비율로 기금을 모았다. 그 기금은 '건물 관리', '외부로 흘려 보내는 기금', '장학 기금', '공동체 활동 기금' 등의 항목으로 나누어 적립하면서 필요에 따라 사용되고 있다. 이렇게 하다보면 공동체 밖에서 살 때보다 더 많은 재정적 부담을 지게 되는 것이 사실이다. 그래서 재정적 여유를 만들기 위해 '단순한 생활방식 simple life'을 실천하는 노력을 권장하고 있는데, 이것 역시 제자도의 중요한 영역이다. 이 모든 것이 의미하는 것은, 공동체 하우스는 재물을 나누는 공동체라는 제자도를 주거문제에 적용해보려는 시도인 것이다.

결론

지금 우리나라는 근로소득보다 부동산투자투기?가 재산 형성에 더 크게 기여하고 있는 비정상적인 현실 속에 있다. 이것은 불로소득에 대한 환상과 더불어 노동에 대한 부정적인 인식을 확대시킨다. 더불어 부동산 가격의 지속적인 상승은 젊은 세대와 저소득층에게 큰 부담과 동시에 상대적 박탈감을 안겨주고 있다. 그래서 정부에서도 부동산 시장을 안정시키기 위해 다방면으로 애를 쓰고 있지만 사람들의 욕망을 이기기에는 역부족인 것 같다.

이런 현실은 그리스도의 제자들에게 깊은 고민을 안겨준다. 그리스도인들도 부동산 시장의 원리에 편승해야 할까? 그래서 나도 손해 보지 않기 위해 투기까지는 아니더라도 부동산을 이용하여 재산을 늘리는 방식을 채택하는 것이 현명한 것일까? 그것이 양심에 좀 거리낀다면, 단순히 임대주택과 같은 정부 정책에만 의존해야 하는 것인가? 이 문제에 대해 교회나 공동체는 아무런 대책이나 대안이 없는 것인가?

많은 사람들이 부동산을 통해 재산을 축적하려는데 혈안이 되어 있는 와중에 소수의 '어리석은' 사람들은 그 기회를 포기하고 '가치'를 중심으로 주거 지역을 선택하고 집을 선택하는 시도를 하고 있다. 뜻이 맞는 사람들이 협력하여 협동조합 주택을 시도하거나 아파트를 거부하고 마을을 이루어 공동체적인 삶을 시도하는 사람들이 그들이다. 점점 더 많은 '어리석은' 사람들이 여기저기서 출몰하고 있다. 그런데 이런 시도는 오히려 세상을 섬기고 대안적 삶을 제시하기 위해 부름 받은 그리스도인들이 더 선도적으로 주도해야 하는 것이 아닐까? 다른 어떤 사람들보다도 그리스도를 따르는 제자들은 세상을 거스르며 하나님나라 구현을 위한 삶을 살기 위한 토대가 굳건하기 때문이다. 실제로 하심재와 하의재를 세울 때 설계와 시공을 담당했던 사람들이 무릎을 치면서, 공동체주택을 시도하기에 최적의 집단은 신앙 공동체인 교회라는 것을 깨달았다고 하는 말을 들었다. 자신들은 기독교인이 아니었지만, 신앙의 공유가 공동체적 주거 형성을 위해 함께 노력할 수 있는 가장 중요한 토대가 될 수 있다고 보았기 때문이다. 그렇다! 그리스도의 제자가 삶의 모든 영역에서 제자도를 실천하려는 사람이라면, '주거' 영역은 그 중에 당연히 포함되어야 한다. 그러므로 공동주택 프로젝트는 그리스도의 제자들이 그리스도의 주되심을 인정하는 중요한 공동체적 실천일 수밖에 없다.

그 얼마나 아름답고 즐거운가! 형제자매가 어울려서 함께 사는 모습! 머리 위에 부은 보배로운 기름이 수염 곧 아론의 수염을 타고 흘러서 그 옷깃까지 흘러내림 같고, 헤르몬의 이슬이 시온 산에 내림과 같구나. 주님께서 그곳에서 복을 약속하셨으니, 그 복은 곧 영생이다. 시 133:1-3

9. 공동체와 돈

나눔은 공동체도 부유하게 만들어 준다.

공동체 멤버들이 실제적인 필요를 채울 수 있어서 부유하게 된다.

나눔과 섬김의 실천이 공동체를 내적으로 풍성하게 만들어 준다.

멤버들 상호 간에 사랑을 풍성하게 만들어 주고 서로를

더욱 신뢰하게 만들어 준다.

1. 돈은 공동체 영성의 중요한 척도

(1) 돈에 대한 태도는 '제자도'의 중요한 기준이다.

예수님은 자신을 따르는 제자들에게 가장 큰 걸림돌이 돈이라는 것을 아셨다. 그래서 돈 문제에 대해 자주 언급하셨다.

> 아무도 두 주인을 섬기지 못한다. 한쪽을 미워하고 다른 쪽을 사랑하거나, 한쪽을 중히 여기고 다른 쪽을 업신여길 것이다. 너희는 하나님과 재물을 아울러 섬길 수 없다. 마6:24
>
> 또 가시덤불 속에 뿌린 씨는 이런 사람이다. 그는 말씀을 듣기는 하지만, 세상의 염려와 재물의 유혹이 말씀을 막아, 열매를 맺지 못한다. 마13:22
>
> 그러나 그 젊은이는 이 말씀을 듣고, 근심을 하면서 떠나갔다. 그에게는 재산이 많았기 때문이다. 마19:22
>
> 세상의 염려와 재물의 유혹과 그밖에 다른 일의 욕심이 들어와 말씀을 막아서 열매를 맺지 못한다. 막4:19
>
> 자기를 위해서는 재물을 쌓아 두면서도, 하나님께 대하여는 부요하지 못한 사람은 이와 같다. 눅12:21
>
> 그가 [근심에 사로잡힌 것을] 보시고 말씀하셨다. '재물을 가진 사람이 하나님 나라에 들어가기는 참으로 어렵다.' 눅18:24
>
> 바울도 말세에 어려운 때의 한 가지 표시가 돈을 사랑하는 것이며딤후

3:2, "돈을 사랑하는 것이 모든 악의 뿌리"이며, "돈을 좇다가, 믿음에서 떠나 헤매기도 하고, 많은 고통을 겪기도 한 사람이 더러 있다"고 말하면서 돈에 대해 심각하게 경고한다. 딤전6:10

돈은 우리 삶에서 없어서는 안 되는 필수 요소이지만 그만큼 위험한 것이다. 그래서 그리스도의 제자들이 돈에 대해 갖는 태도가 그리스도를 따르는 여정에서 실패와 성공을 가름할 수 있을 정도로 중요하다.

(2) 돈에 대한 태도는 '공동체 영성'을 평가하는 중요한 기준이다.

돈이 개인의 영성에 큰 영향을 주는 것과 마찬가지로, 공동체의 영성에도 지대한 영향을 미친다. 공동체 멤버들이 돈에 대해 어떤 태도를 가지고 있고, 돈을 어떻게 사용하며, 공동체에 주어진 돈이 어떻게 관리되고 사용되고 있는가 하는 문제는 공동체가 하나님과 어떤 관계를 갖고 있고, 하나님의 뜻을 얼마나 잘 실천하고 있는지를 평가하는 중요한 척도가 된다.

성령의 임재와 더불어 생겨난 예루살렘 교회의 가장 중요한 특징은 각자 가지고 있던 재물을 공동체와 더불어 나누는 것이었다.

> 믿는 사람은 모두 함께 지내며, 모든 것을 공동으로 소유하였다. 그들은 재산과 소유물을 팔아서, 모든 사람에게 필요한 대로 나누어주었다. 행2:44-45
>
> 그들 가운데는 가난한 사람이 한 사람도 없었다. 땅이나 집을 가진 사람들은 그것을 팔아서, 그 판 돈을 가져다가 사도들의 발 앞에 놓았고, 사도들은 각 사람에게 필요에 따라 나누어주었다. 키프로스 태생으로, 레위 사람이요, 사도들에게서 바나바 곧 '위로의 아들'이라는 뜻의 별명을 받은 요셉이, 자기가 가지고 있는 밭을 팔아서, 그 돈을 가져다가 사

도들의 발 앞에 놓았다. 행 4:34-37

　야고보는 과거 예루살렘 교회의 아름다운 나눔 전통이 사라지고 있는 당시 교회의 모습을 보면서 서로 사랑하는 공동체라면 다른 지체의 경제적 사정을 잘 알고 필요를 채워주는 게 참된 믿음이라고 지적한다.

> 어떤 형제나 자매가 헐벗고, 그 날 먹을 것조차 없는데, 여러분 가운데서 누가 그들에게 말하기를 '평안히 가서, 몸을 따뜻하게 하고, 배부르게 먹으십시오' 하면서, 말만 하고 몸에 필요한 것들을 주지 않는다고 하면, 무슨 소용이 있겠습니까? 이와 같이 믿음에 행함이 따르지 않으면, 그 자체만으로는 죽은 것입니다. 약 2:15-17

　바울 역시 궁핍한 형제를 위해 하나님이 주신 재물을 기쁜 마음으로 내어놓는 것이 하나님께 받은 은혜에 대한 바른 반응이라고 말한다.

> 각자 마음에 정한 대로 해야 하고, 아까워하면서 내거나, 마지못해서 하는 일은 없어야 합니다. 하나님께서는 기쁜 마음으로 내는 사람을 사랑하십니다. 하나님께서는 여러분에게 온갖 은혜가 넘치게 하실 수 있습니다. 그러하므로 여러분은 모든 일에 언제나, 쓸 것을 넉넉하게 가지게 되어서, 온갖 선한 일을 얼마든지 할 수 있습니다. 고후 9:7-8

　사도 요한도 형제를 향한 진정한 사랑은 궁핍한 형제를 물질로 돕는 것이라고 말한다.

> 누가 이 세상의 재물을 가지고 형제의 궁핍함을 보고도 도와 줄 마음을

닫으면 하나님의 사랑이 어찌 그 속에 거하겠느냐? 자녀들아 우리가 말과 혀로만 사랑하지 말고 행함과 진실함으로 하자. 요일 3:17-18

이처럼 사도들은 교회에서 물질을 나누는 것이 공동체를 위한 우리의 사랑과 믿음을 표현하는 강력한 증거라고 분명하게 말하고 있다.

지금까지 교회는 돈 문제에 대한 언급 자체를 피하는 경향이 있었다. 교회에서는 단지 개인 생활에서 돈을 어떻게 벌고 사용해야 하는지에 관한 가르침만 주고 있다. 즉 돈과 개인의 관계로만 교회의 관심주제가 한정되었다. 실제로 서점에 유통되고 있는 그리스도인과 돈에 관한 책들을 보면 거의 대부분 개인과 돈에 관한 이야기들이다.

반면에 돈과 공동체와의 관계에 대한 이야기는, 헌금에 대한 강조를 제외하면, 교인들끼리 하는 돈 거래를 금지하는 권면이 전부라고 해도 과언이 아닐 것이다. 돈은 사람들이 가장 중요하게 여기는 것이기 때문에 이해관계가 첨예하게 충돌할 수 있다. 그래서 교인들 사이에서 돈을 빌려주고 못 받는다거나, 잘못된 상거래 때문에 관계가 뒤틀리게 되는 현상이 발생했기 때문에 이런 가르침을 준 것으로 보인다. 실제로 많은 교회에서 돈 문제로 인해 교회에 분란이 일어나거나 성도들 사이의 관계가 깨지는 일들이 심심치 않게 일어나고 있다. 그러므로 교회 내에서 돈거래를 하지 말라는 가르침은 충분히 이해할만 하다. 하지만 돈으로 인한 공동체 내부의 갈등과 분열을 막으려는 생각은 교회에서 돈이라는 중요한 의제를 추방하는 부작용을 낳게 되었다. 그 결과 돈에 대해서 자본주의에 기초한 개인주의적 견해가 아무런 제약 없이 교회 내에서 널리 유포되고 있는 실정이다.

현대 개인주의는 자본주의와 밀접하게 관련되어 발전해왔다. 개인주의의 핵심은 자본주의고, 자본주의의 기본 전제도 개인주의다. 그래서 다른 것은 몰라도 돈에 관해서만은 개인의 권리가 중요하고, 그것은 거의 불가침의 권리라고 생각한다. 이 점에서는 그리스도인도 별로 다르지 않다. 오히려 과거 공산주의자들이 자본가를 인민의 적으로, 그리고 기독교인을 자본주의의 본산지인 미국 제국주의의 앞잡이로 간주하면서 박해했던 경험이 각인되어, 기독교인들은 공산주의든 사회주의든 자본주의와 대척점에 있다고 생각하는 이념을 무조건 배척하는 경향이 생겼다. 그 결과 사적 소유를 기초로 하는 자본주의가 절대화되었고, 개인의 재산권을 침해하거나 건드리는 모든 것을 향한 저항 기류가 형성되었다. 이렇게 해서 기독교인은 개인주의와 자본주의의 극단적인 모습을 모두 가진 존재가 된 것이다. 그리스도인들은 돈에 대해서만은 자신의 소유권을 강하게 주장하게 되었고, 교회에서도 돈이라는 주제를 다루는 것을 불편하게 여기게 되었다.

그러나 돈은 공동체에서 침묵해야 할 문제가 아니라 오히려 더 중요하게 다뤄야 하는 문제다. 돈은 개인의 영성과 밀접한 관계가 있는 것처럼 공동체에서도 당연히 중요한 자리를 차지하고 있기 때문이다. 총체적 삶의 공동체라고 하면서 우리의 삶에서 중요한 것을 제외하고 무엇을 함께 하고, 무엇을 나눈다는 것인가? 설령 그것이 위험성을 내포한 것이라 할지라도 이렇게 중요한 것을 제외한 공동체가 진정한 공동체라고 말할 수 있겠는가?

2. 소유 공동체에 관한 의문

: 성경적 공동체는 반드시 '완전 소유 공동체'가 되어야 하는가?

공동체에서 재물을 어떻게 다루고 나눠야 하는지 본격적으로 살펴보기 전에, 공동체와 돈의 관계에서 종종 오해하는 주제를 먼저 다루는 것이 좋을 것이다. 그 주제는 '완전 소유 공동체'다. "모든 것을 공동으로 소유하였다"고 하는 예루살렘 교회처럼행 2:44, 하나님은 지금도 모든 그리스도인들이 완전 소유 공동체를 이루어 살기를 원하시는가?

개인주의에 기초한 자본주의는 개인의 소유권을 절대화하는 경향이 있다. 내가 획득한 것은 전적으로 나의 것이며, 따라서 나의 판단에 따라 사용할 권리가 있다고 생각한다. 그러나 어떤 그리스도인들은 자기가 번 것을 개인 재산으로 주장하지 않고 다른 사람과 함께 공유해야 할 것으로 생각한다. 그들은 예루살렘 공동체가 "모든 것을 공동으로 소유했다"는 전례를 우리도 따라야 한다고 생각한다. 설령 그 전례를 따르는 것이 규범은 아닐지라도, 재물의 소유권을 개인에게 두는 것보다 공동체에 두는 것이 재물에 대한 욕심을 제어하는데 훨씬 효과적이라고 생각한다. 이런 생각을 바탕으로 2천 년 동안 수많은 공동체들은 완전소유공동체를 형성해왔고, 지금도 그런 공동체가 세계 도처에 많이 존재한다. Bruderhof, Jesus People USA , Reba Place , Community of Celebration

공동소유는 우리에게 중요한 질문을 던진다. '우리가 지금 당연하게 여기고 있는 사유재산은 성경적인가?', '우리는 사유재산을 포기하고 예루살렘 교회처럼 공동소유를 실천해야 하는 것은 아닌가?, 이것이 성경을 따르는 참된 제자의 모습은 아닌가?' 이런 질문과는 다른 방향에서 공동소유에 관해 정반대의 질문이 제기되기도 한다. '공동소유는 진정으로 성경적인가?, 혹시 그것은 공산주의 사상의 영향받은 것은 아닌가?'

그러므로 공동체와 돈의 관계를 다루기 전에 우리는 공동소유에 따른 질문에 대한 답을 먼저 정리해야 할 필요가 있다. 다른 주제와 마찬가지로 우리는 이 문제에 대한 답을 찾기 위해 먼저 성경이 어떻게 말하고 있는지 부터 살펴봐야 한다.

(1) 소유에 대한 구약성경의 가르침

구약 시대에는 하나님이 자신을 믿고 따르는 자들에게 풍성한 재물의 복을 주는 경우가 많다. 가장 대표적인 사람이 아브라함과 욥이다. "아브람은 이집트를 떠나서, 네겝으로 올라갔다. 그는 아내를 데리고서, 모든 소유를 가지고 이집트를 떠났다. 조카 롯도 그와 함께 갔다. 아브람은 집짐승과 은과 금이 많은 큰 부자가 되었다."창 13:1-2, "주님께서 욥의 말년에 이전보다 더 많은 복을 주셔서, 욥이, 양을 만 사천 마리, 낙타를 육천 마리, 소를 천 겨리, 나귀를 천 마리나 거느리게 하셨다."욥 42:12

이스라엘 백성이 가나안에 들어가서 누리게 될 삶에 대한 약속은 풍성한 재물을 포함한다. "주님께서는, 당신들에게 주시겠다고 당신들의 조상에게 약속하신 이 땅에서, 당신들 몸의 소생과 가축의 새끼와 땅의 소출이 풍성하도록 하여 주실 것입니다."신 28:11 실제로 이스라엘 백성이 가나안에 들어갈 때 하나님은 각 지파별로, 족속별로, 가족별로 땅을 분배해주어 개인 소유로 삼게 해 주셨고, 그것을 토대로 젖과 꿀이 흐르는 가나안의 삶을 누릴 수 있게 하셨다.

하나님께서 출애굽한 이스라엘 백성과 언약을 맺으면서 주신 십계명은 재물과 관련된 계명을 포함한다. "도둑질하지 말라."출 20:15 "네 이웃의 집을 탐내지 말라."출 20:17 두 가지 명령은 모두 사적 소유를 전제로 한 것이다.

희년법은 이스라엘 백성들이 하나의 공동체라는 것을 확인하고 실천하는 중요한 법령이다. 이 희년법의 가장 중요한 규정은 토지 반환에 관한 것이다. 각 가족이 소유했던 땅은 어떤 이유로든 다른 사람에게 소유권이 이전되었을 경우, 50년마다 돌아오는 희년이 되면 원 소유주에게 무조건 돌려주어야 했다. 이것은 생산 수단을 다시 확보해주어 가난이 영구화되는 것을 막으려는 의도였다. 그러나 원주인에게 돌려주어야 하는 것은 토지에 국한되었을 뿐 다른 재산에는 해당되지 않았다. 희년이 되면 토지는 원주인에게 반환해야 하지만 나머지 재산은 자신이 계속 간직할 수 있었다. 이것은 사유재산을 인정하는 것뿐만 아니라 강력한 공동체 법령인 희년법조차도 사유재산을 무효화하지 않는다는 것을 보여준다.

이처럼 구약 시대에 하나님은 각 사람들에게 재물을 허락하셨고, 각 사람은 자신의 재물을 소유하면서 그것으로 즐겁게 생활할 수 있었다. 반면에 공동소유에 관한 명령이나 실례들은 찾아보기 어렵다. 그러므로 우리는 구약성경은 공동소유를 규범으로 설정하지 않으며, 오히려 기본적으로 개인 소유를 인정한다고 결론내릴 수 있을 것이다.

다른 한편으로, 구약성경은 비록 개인의 사유재산을 인정했지만, 모든 재물의 절대적인 소유권은 여전히 하나님에게 있으며 하나님만이 만물의 진정한 소유주라는 것을 강조한다.

> 땅을 아주 팔지는 못한다. 땅은 나의 것이다. 너희는 다만 나그네이며, 나에게 와서 사는 임시 거주자일 뿐이다. 레위기 25:23
> 누가 먼저 내게 주고 나로 하여금 갚게 하겠느냐 온 천하에 있는 것이 다 내 것이니라. 욥 41:11
> 숲 속의 뭇 짐승이 다 나의 것이요, 수많은 산짐승이 모두 나의 것이 아니더냐? 산에 있는 저 모든 새도 내가 다 알고 있고, 들에서 움직이는 저 모든 생물도 다 내 품 안에 있다. 내가 배고프다고 한들, 너희에게 달라고 하겠느냐? 온 누리와 거기 가득한 것이 모두 나의 것이 아니더냐? 시 50:10-12
> 은도 나의 것이요, 금도 나의 것이다. 나 만군의 주의 말이다. 학 2:8

이런 맥락에서 사유재산의 제한 규정에 대해 자주 언급하고 있다. 안식년이 되면 비록 자신의 땅이라 할지라도 일 년 동안 경작을 쉬어야 했다. 출 23:10-11, 레 25:1-7 희년이 되면 모든 빚을 탕감해주고, 노예를 해방시켜주고, 땅을 원주인에게 돌려준다. 레 25:8-55 이것은 개인의 무한 소유권을 부정하고 개인주의를 넘어서 다른 사람과 공동체 전체의 안녕을 위해 자신의 재산권 포기를 규정하는 것이다. 이스라엘 백성은 매년 소산의 십일조를 바쳐야 했다. 그것은 하나님의 소유였다. 레 27:30-33, 민 18:8-32, 신 14:29 가난한 사람들을 위해서 재산의 일부를 내놓거나 권리주장을 유보하라는 권면도 찾아 볼 수 있다. "밭에서 난 곡식을 거두어들일 때에는, 밭 구석구석까지 다 거두어들여서는 안 된다. 거두어들인 다음에, 떨어진 이삭을 주워서도 안 된다. 포도를 딸 때에도 모조리 따서는 안 된다. 포도밭에 떨어진 포도도 주워서는 안 된다. 가난한 사람들과 나그네 신세인 외국 사람들이 줍게, 그것들을 남겨 두어야 한다. 내가 주 너희의 하나님이다."레 19:9-10 사유재산 사용에 대한 규제도 엄격했다. 그래서 이스라엘 백성들 사이에 이자 받기를 금지하면서 돈으로 돈을 버는 행위는 금지되었다. 출 22:25-27, 신 23:19-20

지금까지 살펴본 사유재산에 관한 구약 성경의 가르침을 요약해보자. 이 세상에 존재하는 모든 것의 궁극적인 주인은 하나님이다. 하나님이 각 사람에게 재물을 나누어주셔서 각자가 소유해서 사용할 수 있게 하셨다. 그러나 사적 소유는 무제한적인 것이 아니다. 하나님은 개인의 재물을 타인을 위해 내어놓아야 할 필요가 있다고 말씀하시면서 사유재산에 제한을 가하신다.

(3) 소유에 대한 신약성경의 가르침

신약 성경에는 모든 재산을 포기하라는 명령과 더불어 공동소유의 모습도 나타난다.

예수님은 제자들에게 모든 것을 포기하고 자신을 따르라고 말씀하셨다.눅 14:33 실제로 예수님을 따르기로 작정한 12명의 제자들은 모든 것을 포기하고 예수님을 따랐다.눅 5:11, 28 또한 예수님은 어떻게 해야 영생을 얻을 수 있겠느냐는 질문에 대해 "네가 가진 것을 다 팔아서, 가난한 사람들에게 나누어 주어라. 그리하면 네가 하늘에서 보화를 차지하게 될 것이다. 그리고 와서 나를 따라라"고 말씀하셨다.눅 18:22

실제로 예루살렘교회는 "모든 것을 공동으로 소유하였다"고 기록되어 있다. "믿는 사람은 모두 함께 지내며, 모든 것을 공동으로 소유하였다. 그들은 재산과 소유물을 팔아서, 모든 사람에게 필요한 대로 나누어주었다."행 2:44-45 "많은 신도가 다 한 마음과 한 뜻이 되어서, 아무도 자기 소유를 자기 것이라고 하지 않고, 모든 것을 공동으로 사용하였다."행 4:32 이 구절에서 묘사한 공동소유와 관련해서 우리는 몇 가지 의문이 생긴다. 같은 내용을 두 번이나 반복한 것은 강조를 의미하지 않을까? 특히 이것이 오순절 성령 충만함의 결과라는 것을 고려하면, 그 때 이후 이처럼 성령 충만한 적이 없었기 때문에 교회가 이런 실천을 따르지 않은 것은 아닐까? 만약 진정으로 교회가 성령 충만하다면 예루살렘 교회를 본 받아 공동소유를 실천하게 되지 않을까?

그러나 구약과 마찬가지로 신약에서도 사유 재산을 인정하는 모습이 많이 나온다. 먼저, 예수님은 사유재산의 소유에 대해 문제를 삼은 적이 없다. 포도원 주인의 비유에서 예수님은 주인이 자기 마음대로 일꾼에게 삯을 줄 수 있다고 말씀하신다. 왜? 포도원도 돈도 주인의 것이기 때문이다.마 20:15 삭개오가 회개하고 재산의 절반을 가난한 사람들에게 나누어주고 강제로 빼앗은 것은 네 배로 갚아주겠다고 결단했지만, 모든 재산을 완전히 포기한 것은 아니었다. 이에 대해 예수님은 삭개오에게 모든 재산을 포기하라고 요구하지 않고 오히려 그의 결단을 칭찬하셨다.눅 19:8-9

또한 예수님은 공동 소유를 행하라고 말씀하신 적이 한 번도 없다. 예수를 따르는 모든 사람들도 자신의 소유를 다 팔고 예수님을 따른 것 같지는 않다. 그 대표적인 사람들이 예수님을 열심히 따랐던 여자들이었다. "그리고 악령과 질병에서 고침을 받은 몇몇 여자들도 동행하였는데, 일곱 귀신이 떨어져 나간 막달라라고 하는 마리아와 헤롯의 청지기인 구사의 아내 요안나와 수산나와 그밖에 여러 다른 여자들이었다. 그들은 자기들의 재산으로 예수의 일행을 섬겼다."눅 8:2-3

우리가 잘 아는대로 예수님은 가난하고 불쌍한 사람들을 돕고 선행을 베풀 것을 자주 말씀하셨다. 잔치를 베풀 때에도 가난한 사람들을 초대하라고 말씀하신다.눅 14:12-14 선한 사마리아인의 비유에서도 우리의 재물로 불쌍한 사람을 도우라고 말씀하신다.눅 10:30-37 이렇게 남에게 베풀고 도울 수 있다는 것은 자신이 소유한 자산이 있다는 걸 의미할 것이다.

제자들도 예루살렘 교회에서 공동 소유가 실천되던 바로 그 시대에 사유재산을 인정하는 모습을 보여주었다. 초기 성도들이 집집이 돌아다니며 기도하러 모였다면, 각 성도들은 자신의 집을 소유하고 있었을 것이다. 행 2:46, 12:12 비록 바나바가 재산을 모두 팔아 교회에 바쳤지만, 교회는 그것을 표준으로 삼은 적도 없고 모든 신자들에게 그 모범을 따르라고 명령한 적도 없다. 아나니아와 삽비라가 재산을 팔아 절반을 바쳤을 때에도 베드로는 왜 전부를 바치지 않았느냐고 책망하지 않았다. 오히려 베드로는 "그 땅은 팔리기 전에도 그대의 것이 아니었소? 또 팔린 뒤에도 그대 마음대로 할 수 있었던 것이 아니었소?" 라고 하면서 그들의 소유권을 인정해주었다. 행 5:4 그들의 잘못은 하나님을 속인 데 있었다. 이것은 사도행전 2장에서 공동 소유 실천이 묘사 된 예루살렘 교회에서도 개인의 재산권은 인정됐다는 사실을 보여준다.

유대 지역에 기근이 들었을 때 안디옥 교회는 "각각 자기 형편에 따라" 돈을 모아 구제금을 보내주었다. 행 11:29 이것은 개인 소유가 있었다는 것뿐만 아니라 각 성도들마다 소유 재산의 차이가 있었다는 것을 알려준다. 루크 존슨. 38 안디옥 교회를 지도하던 바울이나 바나바도 이것을 문제 삼지 않았다. 사도행전 2장과 4장의 언급 외에 사도행전 다른 부분이나 서신서 그 어느 곳에서도 사도들은 완전한 재산의 포기나 공동소유를 명령한 적이 한 번도 없다. 심지어 바울은 선교 재정을 마련하기 위해 일을 해서 돈을 벌었고, 필요에 따라 돈을 사용할 수 있을 만큼 돈을 소유하고 있었다. 행 21:24

(4) 개인소유 vs. 공동소유

우리가 위에서 살펴 본 신약 성경 한편에서는 개인 소유를 긍정하는 말씀과 예화가 있고, 다른 한편에서는 재산의 포기에 대한 말씀과 더불어 공동소유의 모델이 나온다. 두 가지 상반되는 것처럼 보이는 말씀들이 공존하고 있는 것이다.

그러면 우리는 어떻게 해야 할까? 우리 임의대로 둘 중 하나를 택해야 할까? 꼭 그렇지는 않다. 우리는 예수님과 사도들의 말씀과 초대 성도들이 보여준 실례를 비중있게 살펴보면서 방향을 설정해야 한다. 두 가지 상반되는 말씀과 실례가 있다는 것은 두 가지 모두 엄격한 규범으로는 기능할 수 없다는 것을 의미한다. A와 B 둘 중 A를 규범화하면 B를 버려야 한다. 그것은 A와 동일하게 B에 대해서도 강조하고 있는 성경의 의도를 무시하는 것이 된다. 그 반대도 마찬가지다. 그렇다면 우리는 두 가지 중에서 어느 하나를 규범화해서 그것만이 성경적인 것이라고 섣불리 결론 내려서는 안 된다.

모든 것을 포기하고 예수님을 따르라는 명령은 예수를 따르는 자들 모두가 공동소유를 해야 한다는 결론으로 이끌지는 않는다. 예수님은 제자들 이외에 자신을 따르는 무리와 완전 소유 공동체를 형성했다는 증거는 없다. 심지어 또 다른 사도였던 바울도 그런 공동체를 형성하지 않았다. 또한 모든 것을 포기하라는 말씀은 예수님의 제자들에게는 적용되었지만, 예수를 따르는 모든 자들에게 보편적으로 적용되는 명령으로 보기는 어렵다. 예수를 따르는 수많은 여인들은 이 명령대로 하지 않았고, 그것에 대해 예수님은 잘못했다고 질책하지 않았다. 이후에 그 여인들은 자신의 소유로 교회를 섬기는데 크게 기여하기도 했다. 그러므로 모든 것을 포기하고 나를 따르라는 말씀을 공동소유에 관한 절대적 명령으로 읽을 필요는 없다.

예루살렘 공동체의 공동소유도 모든 그리스도인들이 따라야 할 하나님의 명령으로 볼 수 없다. 그들의 나눔은 순수하게 자발적인 것이었다. 이것이 후대의 모든 교회가 따라야 할 모델로 기능하는 것은 아니다. 그래서 예루살렘 교회의 예가 우리 규범이 되지는 않는다. 실제로 예루살렘 교회도 시간이 지나면서 재산 공유에 대한 인식이 느슨해졌다. 사도행전 4장에서 바나바가 자신의 밭을 팔아 교회에 바친 것이나 5장에서 아나니아와 삽비라 부부도 자신의 소유를 팔아 교회에 바쳤다는 것은 그들이 완전소유공동체를 이루지 않았다는 것을 보여주는 좋은 증거다. 그래서 신약 시대의 다른 교회들도 소유 공동체를 형성하지 않았고 사도들도 그것을 명령한 적이 없다.

지금까지 살펴본 것에 의하면 성경은 사유재산을 인정한다고 보는 것이 합당하다. 빈부 차이를 근본적으로 부정하지 않고, 사람마다 재산의 차이가 있을 수 있다는 것을 인정한다. 또한 물질적 나눔도 사랑하는 마음으로, 각자 마음에 정한대로 자발적으로 실천하라고 말한다. "각자 마음에 정한 대로 해야 하고, 아까워하면서 내거나, 마지못해서 하는 일은 없어야 합니다. 하나님께서는 기쁜 마음으로 내는 사람을 사랑하십니다."고후 9:7 그렇다면 우리가 공동소유를 하지 않는 사람들을 열등한 신자로 여기거나, 다른 사람들에게 공동소유 실천이 성경적이라 주장하면서 강요하는 것은 잘못된 것이다.

그렇다면 예루살렘 교회의 공동 소유는 지나치게 '오버' 한 것인가? 비록 공동소유가 성경적 규범은 아니지만, 그들이 공동소유를 실천한 것을 과도한 열정 탓으로 몰아붙일 수는 없다. 예루살렘 교회 성도들의 재물에 대한 개인적 욕심의 극복과 공동 책임을 위한 헌신은 성령 충만한 모습의 한 가지 예가 분명하기 때문이다. 행 4:31-32 그들의 공동소유 실천은 두 가지 의미를 내포한다. 첫째, 공동소유는 돈의 노예로부터 벗어나 오직 하나님이 우리가 섬겨야 할 참된 신이라는 실제적인 신앙고백을 나타낸다. 둘째, 하나님의 은혜 공동체를 사랑하는 마음은 자신의 모든 것을 내어 놓는 것으로 표현된 것이다. 이것은 우리에게 무엇을 말해주는가? 우리가 성령 충만하다면 내 재산을 절대적으로 내 것이라 주장하지 않게 되고, 가족적인 책임감으로 공동체를 위해 기꺼이 내 재물을 내어놓을 의향을 가지게 된다는 것을 의미한다.

그러므로 우리는 공동소유냐 사적 소유냐 하는 문제에서 어느 한 가지를 절대적인 규범으로 설정할 수 없다. 어느 한 가지를 절대화하는 것은 재물에 대한 성경의 복합적인 가르침을 단순화시키는 잘못을 범하는 것이다. 재물은 기본적으로 각 개인에게 주신 하나님의 선물이지만, 예루살렘 교회를 본받아서 공동체가 함께 공유할 수도 있다. 선택할 수 있는 자유가 우리에게 있다. 어느 쪽을 선택해도 상관없다. 개인이 재산을 소유하면서 사는 것도 삶의 한 가지 방식이고, 공동소유로 사는 것도 한 가지 방식이다.

그러나 성경은 개인소유를 인정하는 바탕 위에 재물의 공동체성을 상당히 강하게 긍정하는 것도 분명하다. 이것은 두 가지 방향의 권면에서 분명하게 나타난다.

먼저, 신약 성경은 돈의 위험성에 대해 경고하면서 돈에 매이지 말라고 권면하고 있다.

> 돈을 사랑하는 것이 모든 악의 뿌리입니다. 돈을 좇다가, 믿음에서 떠나 헤매기도 하고, 많은 고통을 겪기도 한 사람이 더러 있습니다. 딤전 6:10
>
> 그대는 이 세상의 부자들에게 명령하여, 교만해지지도 말고, 덧없는 재물에 소망을 두지도 말고, 오직 우리에게 모든 것을 풍성히 주셔서 즐기게 하시는 하나님께 소망을 두라고 하십시오. 딤전 6:17
>
> 돈을 사랑함이 없이 살아야 하고, 지금 가지고 있는 것으로 만족해야 합니다. 히 13:5

두 번째는 하나님께서 주신 돈을 자신만을 위해 사용하지 말고 필요한 사람에게 나눠주는 것이 돈을 주신 하나님의 뜻이라는 점을 강조하고 있다.

> 누구든지 세상 재물을 가지고 있으면서, 자기 형제자매의 궁핍함을 보고도, 마음 문을 닫고 도와주지 않으면, 어떻게 하나님의 사랑이 그 사람 속에 머물겠습니까? 요일 3:17
>
> 도둑질하는 사람은 다시는 도둑질하지 말고, 수고를 하여 [제] 손으로 떳떳하게 벌이를 하십시오. 그리하여 오히려 궁핍한 사람들에게 나누어 줄 것

이 있게 하십시오." 4:28

또 선을 행하고, 좋은 일을 많이 하고, 아낌없이 베풀고, 즐겨 나누어주라고 하십시오. 딤전6:18

어떤 형제나 자매가 헐벗고, 그 날 먹을 것조차 없는데, 여러분 가운데서 누가 그들에게 말하기를 '평안히 가서, 몸을 따뜻하게 하고, 배부르게 먹으십시오' 하면서, 말만 하고 몸에 필요한 것들을 주지 않는다고 하면, 무슨 소용이 있겠습니까? 이와 같이 믿음에 행함이 따르지 않으면, 그 자체만으로는 죽은 것입니다. 약2:15-17

그렇다면 그리스도인들이 성경에서 강조하는 재물의 공동체성을 무시하고 사적 소유만을 강조하면서 그것만이 유일한 표준적인 삶이라고 여기는 것은 잘못된 태도다. 우리는 재물에 대한 성경의 균형잡힌 가르침을 다시 회복해야 한다. 자본주의의 영향으로 사적 소유를 절대화하는 경향에 브레이크를 걸어야 한다.

(5) 공동소유와 개인소유 공동체의 장점과 위험성

지금까지 우리가 살펴본 것처럼, 성경은 교회 공동체를 향해서 공동소유를 명령하지도 않고, 특별히 권장하지도 않으며, 신약 시대의 초기 교회들도 그것을 모범으로 삼아서 실천한 것 같지 않지만, 기독교 역사를 보면 적지 않은 공동체들이 예루살렘 교회의 모델을 따라 공동소유를 이상으로 삼고 실천해왔다. 그래서 많은 사람들이 공동체라고 하면 일차적으로 공동소유 공동체를 연상하게 된다. 그러나 공동소유 공동체냐 아니면 개별소유를 기초로 하는 공동체냐 하는 것은 각각의 공동체가 상황과 필요에 따라 선택할 수 있는 사안이다. 각각은 장단점을 가지기 때문이다. 그러므로 우리는 둘 중 어느 것 하나가 더 낫다거나 하나님의 뜻을 더 잘 구현한다고 섣불리 판단해서는 안 된다.

그러면 공동소유 공동체의 장점은 무엇일까?

내가 가진 모든 재물을 공동체와 함께 사용하려는 것은 성경적인 태도이고, 섬기는 삶의 한 방식이고, 재물의 청지기로 살아가는 좋은 삶이다. 그러나 아나니아와 삽비라가 결심했지만 실행 단계에서 주저한 것처럼, 자신의 모든 소유를 포기하는 것은 쉽지 않다. 그래서 많은 성도들이 성령으로 충만했던 예루살렘 교회에서는 이런 실천이 이루어졌지만, 그 후에 교회가 커지고, 여러 종류의 신자들이 교회에 유입되면서 더 이상 이런 급진적인 시도는 이루어지지 않았던 것이다.

그러나 한번 크게 결단하여 공동체에 재산을 헌납하고 다른 사람들과 함께 공동 소유의 삶을 살기로 작정하면 이후의 삶에서는 돈의 유혹으로부터 상당한 자유를 얻을 수 있게 된다. 돈이 우리 손에 있고 내 마음대로 처리할 권리가 있다고 생각하면 처음에는 내가 돈을 관리하지만, 점차 돈이 나를 관리하고 통제하게 될 위험이 커지고, 그 결과 우리의 삶은 돈의 굴레에 묶여 버린다. 하지만 일단 돈을 내 손에서 떠나보내면 그런 유혹을 받을 위험이 줄어든다.

그러나 공동소유로 산다고 해서 돈의 유혹으로부터 완전히 해방될 수 있는 것은 아니다. 돈의 위력은 그렇게 약하지 않고 우리 결심도 그렇게 확고하지 않기 때문이다. 한번 성령으로 충만했어도 이후에 자기 소유에 대한 욕심이 얼마든지 다시 생길 수 있다. 인간은 연약하기 때문이다. 그래서 완전소유 공동체들도 돈과 물건에 대한 욕망을 제어하기 위해 끊임없이 노력하는 것이다.

공동소유 공동체는 재산을 공유하는 멋진 결단 위에 이루어지지만, 다른 종류의 위험성에 노출될 수 있다.

교회 역사는 공동소유를 하는 공동체가 최근의 몇몇 공동체를 제외하고는 거의 대부분 사회를 떠나 자기들만의 폐쇄적인 공동체를 형성한 모습을 보여주었다. 그러나 이것은 세상으로 들어가서 세상의 소금과 빛이 되라는 예수님의 뜻을 따르는 것이 아니다. 바울 역시 세상에서 유리된 교회를 생각한 적이 없다. 예수님이나 바울은 제자들이 세상 속에 살되 단지 그 흐름을 따르지 않도록 조심해야한다고 권면한다. 그러므로 공동소유의 토대 위에서 자기들끼리 유토피아를 만들어 세상과 분리되어 살려는 욕구는 제어되어야 한다.

루크 존슨은 공동소유의 또 다른 잠재적 위험이 '권위주의적 구조'라고 말한다. 루크 존슨, 172 공동소유 공동체가 형성되면 필연적으로 특정한 누군가가 재산을 관리하게 되고, 결국 권력 문제는 남게 된다고 보는 것이다. 소유와 관련된 가장 큰 문제는 '욕심'인데, 돈에 대한 욕심은 어느 정도 제어하지만 권력에서 기인한 또 다른 욕심은 전혀 해소되지 않는다는 것이다. 이 문제는 예루살렘 교회를 통해 잘 드러난다. 모든 재산을 교회에 바친 결과 재산 관리자가 필요하게 되었고, 초기에는 사도들이 직접 관리하다가 문제가 발생했다. 재산을 균등하게 사용하지 않는다는 불만이 제기된 것이다. 그 결과 예루살렘 교회는 재산 관리를 전담하는 집사를 세우게 되었다. 그렇게 해서 문제가 완전히 해결되었을까? 결국 권력의 문제를 해결하기 위한 방안은 또 다른 누군가에게 권력을 몰아주는 것이다. 재산에 관한 결정권이 누군가에게 위임되는 것이다. 결정권자는 사도들이었고, 수도원의 원장이었고, 공동체의 장로였다. 이렇게 되면서 권력 집중과 남용 문제가 다시 불거진다. 물론 권력자에 따라 결과가 달라질 수 있겠지만, 제도를 이용해 재산문제를 풀려는 시도는 결국 소수 개인의 능력 문제로 귀결된다. 그러므로 공동소유를 실천하려는 사람들은 이 위험성을 잘 인식하면서 보완책을 마련해야 할 것이다.

공동소유 공동체의 장단점을 뒤집으면 그대로 개인소유를 허용하는 공동체의 장단점이 된다. 개인소유를 인정하면 모든 재산을 바치는 일생일대의 큰 결단을 해야 하는 부담이 없어진다. 공동체의 삶을 살려는 마음이 있더라도 모든 재산을 공유해야 한다는 부담으로 인해 공동체 자체를 포기하는 경우가 종종 있다. 공동체라면 모두 완전 소유 공동체로 살아야 한다는 잘못된 선입견에 사로잡혀 있기 때문이다. 그러나 성경에서 모든 교회와 공동체가 완전소유 공동체를 형성해야 한다고 말하지 않는다면, 우리는 자신의 소유를 유지하면서도 얼마든지 공동체의 삶을 살 수 있다. 그러나 돈의 소유와 사용의 책임은 여전히 본인에게 있기 때문에, 맘몬이라는 거대한 영적 세력의 노예가 되지 않도록 싸우며 사는 부담감을 평생 동안 져야 한다. 이 싸움이 얼마나 치열할지 알기에, 성경은 돈에 대한 수많은 경고를 하고 돈을 잘 사용해야 한다고 여러 지침을 주는 것이다. 공동소유의 삶을 살기로 작정하면 처음에만 큰 결단을 하고나면 이후의 삶에서 돈 문제로 크게 유혹을 받을 일이 없어지는 반면, 개인 소유를 유지하면 평생 동안 끊임없이 이 문제로 싸우면서 살아야 하는 부담을 져야 한다.

결국 공동체가 공동소유를 택하느냐 아니면 사적소유를 인정하느냐 하는 것보다 더 중요한 것은 공동체 멤버들 각자가 '재물'을 어떻게 생각하고 있는가 하는 점이다. 재물은 내가 가지고 있지만 내 것이 아니다. 내게 주어진 모든 재물은 궁극적으로 하나님의 것이다. 우리는 재물의 '청지기'일 뿐이다. 그렇다면 재물의 사용 방식도 내 뜻이 아니라 하나님의 뜻을 분별하여 그 뜻대로 잘 사용해야 한다. 재물을 공동의 소유로 하든 개인의 소유로 하든 상관없다. 더 중요한 것은 '소유의 형태'가 아니라 '사용 방식'이기 때문이다.

3. 나눔의 공동체 만들기

(1) 총체적 삶의 공동체는 사랑의 공동체이며, 하나님을 향한 사랑과 서로
   에 대한 사랑은 재물을 나누는 것으로 표현되어야 한다.

사도행전은 오순절 성령 강림으로 형성된 예루살렘 교회의 모습을 묘사하는데, 그 공동체는 몇 가지 특징을 가지고 있었다. 행 2:42-47, 4:34-37, 5:1-2 첫째, 그들은 사도들에게 배우고 기도하고2:42, 하나님을 찬양하였다.2:47 이것은 좁은 의미의 영적 활동이라고 말할 수 있을 것이다. 둘째, 그들은 서로 교제에 힘썼

다. 2:42, 46 셋째, 그들은 자신의 재산을 나누었다. 2:44-45 이것은 그들이 좁은 의미의 영적 교제만 한 것이 아니라 삶의 핵심적인 부분까지 나누는 진정한 공동체를 이루었다는 것을 의미한다.

예루살렘 공동체의 모습에서 돈과 재산과 관련된 몇 가지 원리를 찾을 수 있다.

첫째, 그들의 재산에 대한 인식이 변화되었다. 그들은 자신의 재산에 대해 절대적 권한을 주장하지 않았고, 하나님의 소유권에 대한 인정과 더불어 공동체의 필요에 따라 사용해야 한다는 점을 분명하게 인식하고 있었다. 4:32 "아무도 자기 소유를 자기 것이라고 하지 않고, 모든 것을 공동으로 사용하였다."

둘째, 그들은 공동체에서 경제적으로 어려운 사람들을 위해 자신의 재물을 사용하였다. 공동체 내에서 생계가 어려운 사람이 생기면 그것을 성령으로 형성된 공동체 내에서 해결할 문제로 인식했다. 이것에 대해 블룸버그는 크로델을 인용하면서 이렇게 말한다. "크로델은 38절의 성령이라는 선물, 42절의 '교제코이노니아', 그리고 44-45절이 말하는 재물의 처리 방식 사이에 긴밀한 연관이 있음을 분명히 인정한다. '우리가 가진 재물로 무엇을 하느냐 혹은 하지 않느냐는 성령이 우리 안에 계시느냐 아니냐를 보여 주는 한 표지다.'" 크레이그 블룸버그, 235 이어서 그는 "역사적 사실을 기술하는 내러티브에서는 보통 부정과거 시제의 동사가 등장하는데, 43-47절에서는 미완료 시제 동사들이 두드러지게 나타난다. 이는 재산을 포기하는 행위가 단 한 번만 있었던 것이 아니라, 가난한 자가 생기면 그때 그때 재산 처분과 구호 활동이 이루어졌음을 보여준다"고 말한다. 크레이그 블룸버그, 236 미완료 시제 동사는 행 4:34-35에도 자주 등장한다. 신자들은 자신의 재산을 소유하고 있었지만, 누군가 도움이 필요한 사람이 있다면 기꺼이 돈을 주거나 재산을 팔아서 교회에 바쳤다. 비록 완전한 경제적 평등이 이루어진 것은 아니지만, 그들은 극심한 가난에 시달리는 사람이 생기지 않도록 자신의 재산을 기꺼이 내놓은 것이다. 이것은 신 15:4의 원리 "당신들 가운데 가난한 사람이 없게 하십시오"를 실천하려는 것이었다. 그 결과 사도행전은 "그들 가운데는 가난한 사람이 한 사람도 없었다"고 말한다. 행 4:34 "우리와 이웃이 한 몸이라는 인식이 있다면, 우리는 자신의 재산을 다른 사람들의 필요를 채워 줄 수 있는 자원으로 여길 것이다"라는 라킨의 언급은 예루살렘 공동체를 적절하게 묘사한 것이다.
William J. Larkin Jr., 83

셋째, 그들은 강제적으로 자신의 재물을 내놓거나 가난한 사람을 도운 것이 아니었고, 성령 충만함의 결과로 자발적으로 그렇게 한 것이었다. 그들은 재물에 관한 강제 규정을 만들지 않았다. 하지만 성령과 은혜로 시작한 나눔의 삶은 강제 규정을 초월하는 능력을 보여준다는 점을 증명했다. 하나님의 은혜가 형제 사랑으로 이어졌고, 그것은 형제들의 필요를 채워주는 나눔으로 나타나는 것이다.

넷째, 그들은 자신들이 직접 도울 때도 있었지만, 오히려 공동체가 주도적으로 사람들의 필요를 잘 채울 수 있도록 그들의 재물을 공동체에 내어놓은 경우가 더 많았다. 행 4:34-35 "땅이나 집을 가진 사람들은 그것을 팔아서, 그 판 돈을 가져다가 사도들의 발 앞에 놓았고, 사도들은 각 사람에게 필요에 따라 나누어주었다." 그로 인해 공동체 멤버들의 경제적 어려움을 해결하는 것은 교회의 중요한 직무가 되었고, 그것을 전담하는 사람들집사이 세워졌다.

사도들은 이후에도 재물을 나누는 것에 대해 계속해서 강력한 가르침을 주었다.

> 누구든지 세상 재물을 가지고 있으면서, 자기 형제자매의 궁핍함을 보고도, 마음 문을 닫고 도와주지 않으면, 어떻게 하나님의 사랑이 그 사람 속에 머물겠습니까?요일 3:17

여기서 '누구든지'는 공동체 멤버 모두를 의미한다. 공동체의 모든 멤버들은 예외 없이 재물을 나누어야 하는 의무를 가진다. 하나님을 사랑한다는 것은 추상적인 것이 아니다. 그것은 공동체에서 재물을 나누는 형제사랑으로 표현되는 것이다. 이렇게 해서 하나님과의 관계수직적 관계가 형제와의 관계수평적 관계와 연결된다. 그 둘은 분리되지 않은 하나다.

> 선을 행함과 가진 것을 나눠주기를 소홀히 하지 마십시오. 하나님께서는 이런 제사를 기뻐하십니다. 히 13:16

우리는 '제사' 혹은 '예배'를 하나님과의 관계로만 한정시키지만, 히브리서 저자는 진정한 제사와 예배는 도움이 필요한 형제에게 나의 것을 나누어 주는 것이라고 말한다. 이것은 바울이 롬 12:1에서 말하는 우리의 몸을 산 제물로 드리는 합당한 예배와 같은 것이다.

> 그대는 이 세상의 부자들에게 명령하여, 교만해지지도 말고, 덧없는 재물에 소망을 두지도 말고, 오직 우리에게 모든 것을 풍성히 주셔서 즐기게 하시는 하나님께 소망을 두라고 하십시오. 또 선을 행하고, 좋은 일을 많이 하고, 아낌없이 베풀고, 즐겨 나누어주라고 하십시오. 그렇게 하여, 앞날을 위하여 든든한 기초를 스스로 쌓아서, 참된 생명을 얻으라고 하십시오. 딤전 6:17-19

하나님 앞에서 얻게 될 '참된 생명'은 '아낌없이 베풀고 즐겨 나누어주는 것'과 관련이 있다고 말한다. 돈을 어떻게 사용하는가 하는 문제가 나의 믿음의 진정성을 판정하는 기준이 된다는 뜻이기도 하다.

방식이 무엇이 되었든 공동체는 돈을 서로 나누어야 한다고 성경은 분명하게 명시한다. 그것은 완전 소유 공동체를 통해서 원천적으로 나눔의 삶을 사는 것일 수 있다. 그런 삶은 규범 영역에 들어가지는 않지만, 자유롭게 시도할 수 있는 또 하나의 삶의 방식이 된다. 반면에 사유 재산을 유지하면서 살 수도 있다. 그러나 그럴 경우에도 형제들을 위해 자신의 재물을 사용하고 나누기 위해 노력하는 것이 필요하다. 소유를 나누지 않는 공동체는 진정한 공동체라고 할 수 없다. 공동체를 사랑하면서도 돈을 나누지 않으면 진정으로 사랑하지 않는 것이다. 뒤집어서 표현하면, 우리가 진정 공동체를 사랑한다면 돈을 나누는 것으로 그것을 표현하고 실천하게 될 것이다. 우리가 중요하게 여기는 것을 형제들을 위해 내어놓지 않으면 우리가 진정으로 '하나'라고 말할 수 없다. 그러므로 진정한 공동체인지 여부를 판단할 수 있는 가장 중요한 기준 중 하나는 그 공동체에서 돈이 얼마나 잘 나누어지고 있는지를 보는 것이다. 우리 공동체가 진정으로 깊은 관계로 들어가려면, 또한 우리가 서로에게 진정한 사랑을 보여주려면 돈을 나누는 공동체가 되어야한다.

그러므로 공동체에서 돈을 나누는 것은 선택이 아니라 의무다. 돈의 궁극적 주인은 하나님이기 때문에 우리는 나의 재산을 절대화하지 말아야 한다. 사유재산을 절대화하고 있는지 여부를 판단하는 기준은 다른 사람들을 위해 얼마나 나누는 삶을 살고 있는지로 판단 될 수 있다. 하나님은 나눔의 삶이 우리의 '선택'이라고 말한 적이 없다. 그것은 하나님의 재물을 맡은 자의 '의무'다.

(2) 공동체에서 재물을 나누기 위해서는 다른 사람들의 형편을 자세히 살펴 보는 세심한 노력이 있어야 한다.

우리는 형제자매들에게 '안녕하세요', '잘 지냈나요?', '샬롬' 같은 인사말을 건넨다. 그런데 이런 인사말은 진심이 담겼다기보다는 습관적으로 나오는 말일 가능성이 크다. 야고보 시대에도 비슷한 일들이 있었던 것 같다. "어떤 형제나 자매가 헐벗고, 그 날 먹을 것조차 없는데, 여러분 가운데서 누가 그들에게 말하기를 '평안히 가서, 몸을 따뜻하게 하고, 배부르게 먹으십시오' 하면서, 말만 하고 몸에 필요한 것들을 주지 않는다고 하면, 무슨 소용이 있겠습니까?' 약2:15- 16 야고보는 우리가 형제자매들에게 무심코 던지는 인사말에 대해 문제를 제기 한다. 형제자매가 먹을 것이 없고 몸을 따뜻하게 할 연료가 없는 것이 현실인데 도 이런 인사말을 건네는 것은 형제를 무시하는 것이고 사랑하지 않는 것이라고 비판한다. 야고보가 지적하는 핵심은 말로만 평안을 빌지 말고 실제적인 행동으 로 형제자매의 평안을 위해 노력하라는 것이다.

그런데 야고보의 권면을 실행하려고 해도 우리의 행동을 막는 것이 있다. 우 리는 형제자매의 형편이 어떠한지 잘 모른다는 사실이다. 그렇기 때문에 내가 문 제가 없으니 다른 형제자매도 별 문제가 없을 거라 생각하면서 이런 인사를 무심 코 던지는 것이다. 그렇다면 우리가 말로 그치지 않고 행동으로 사랑을 보여주기 위한 중요한 전제 조건이 생긴다. 형제자매의 형편을 잘 알고 있어야 한다는 것 이다. 아무리 돕고 싶은 마음이 있다고 해도 형제자매의 형편을 모르면 도울 수 없다. 무작정 아무에게나 돈을 뿌릴 수는 없는 노릇 아닌가? 그러므로 우리가 형 제자매들을 경제적으로 돕기 위해 먼저 필요한 것은 그들의 경제적 형편을 아는 것이다. 마음만 있다고 되는 것이 아니라 '관심'을 먼저 가져야 한다. 물론 우리 가 교회의 모든 사람들의 형편을 다 알 수는 없다. 그러나 최소한 가깝게 교제하 는 소그룹 지체들의 필요에 대해서는 알고 있어야 한다.

이런 깨달음은 우리에게 공동체 교제의 핵심 내용이 무엇인지에 대해 중요한 점을 알려준다. 우리는 공동체 교제를 할 때 영적 사항을 체크하고 성경읽기, 큐티, 기도 등등, 자녀에 대한 고민을 나누고, 직장 문제를 나누고, 부부 문제에 대해서 나눈다. 하지만 경제적 상황을 나누는 경우는 드물다. 돈 얘기를 하지 않는 것이 피차 부담되지 않는다는 생각, 또는 얘기해도 해결책이 쉽게 나오지 않는다는 것 을 이미 경험적으로 알고 있기 때문일 것이다. 그 결과, 교회 모임에서 돈 문제는 관심사에서 멀어졌다. 그러나 야고보는 이것이 잘못된 행태라고 비판한다. 우리가 형제자매들을 진정으로 사랑하고 그들의 필요를 채워주기를 원한다면, 그들의 경제적 상황에 대해서 잘 알아야 하고, 그것이 나눔의 주제가 되어야 한다는 것이다. 그래서 우리는 교회 공동체 안에서 경제적 상황을 나누어야 한다. 각자의 형편을 이야기해야 한다. 서로의 수입이 얼마나 되는지 알아야 한다. 그 수입으로 생활은 가능한지 아니면 쪼들리는지 서로 나누어야 한다. 그래야 누가 굶주리고 누가 경제적으로 쪼들려서 죄를 짓는 상황까지 내몰리고 있는지 알게 된다.

> 제가 가난해서, 도둑질을 하거나 하나님의 이름을 욕되게 하거나, 하지 않도록 하여 주십시오. 잠30:9

필요를 알게 되면 우리는 무엇을 해야 할지 판단할 수 있게 된다. 무심코 '평안하라'고 말로만 인사하지 않고, 형제에게 지금 필요한 것이 무엇인지 파악하여 그 필요를 채워주기 위해 노력할 수 있다. 그 필요를 혼자 채울 수 없다고 생각하면 다른 형제자매들과 연합해서 도움을 주면 되고, 그것으로도 부족하다면 공동체 전체 차원에서 해결책을 모색하는 것이 필요할 것이다. 공동체는 만남을 자주 가지면서 친근한 관계를 형성하여 지체들의 형편을 들어야 한다. 그래야 필요를 채워줄 수 있는 기회를 얻을 수 있게 된다. 돕고자 하는 마음이 아무리 많아도 상대방의 형편을 모르면 실제적으로 아무 것도 할 수 없기 때문이다.

(3) 필요할 때 도움을 받고 여유가 생길 때 도움 주기

우리가 경제적 공동체라면, 주는 사람도 있고 받는 사람도 있다. 주는 것도 용기가 필요하지만, 받는 것도 용기가 필요하다. 사람들은 자존심 때문에 받는 것을 꺼리는 성향이 있기 때문이다. 하지만 도움이 필요할 때 가족으로부터 도움받는 것을 어렵게 생각하지 않는 것처럼, 공동체의 도움을 받는 것에도 기꺼이 마음을 열어야 한다. 이렇게 주고받는 공동체가 진정으로 하나가 되는 공동체인 것이다.

그렇다고 뻔뻔하게 받기만 하라는 것은 아니다. 받으려는 사람만 있고 주는 사람이 없다면 공동체의 균형이 깨지게 된다. 받는 것을 강조하다보면 그것을 당연하게 여기는 부작용이 생기기도 한다. 바로 이 지점에서 바울이 말한 '균형'을 잘 이루어야 한다. 바울은 갈라디아서 6장에서 서로 모순되는 것 같은 두 가지 권면을 한다. "서로 남의 짐을 져주라"는 것이 첫 번째 권면이다. 갈 6:2 '짐'을 뜻하는 헬라어는 '$\beta\alpha\rho o\varsigma$baros'로 대개 재정적 부담을 지칭하며, 짐을 '진다'$\beta\alpha\sigma\tau\alpha\zeta\epsilon\iota\nu$, bastazein는 것도 "다른 사람의 빚과 같은 것을 맡는다는 의미로 사용"된다. 벤 위더링턴 3세, 168 이 권면은 다른 사람의 경제적 어려움을 서로 나눠지도록 노력하라는 뜻이다. 그런데 몇 구절 뒤에서 바울은 "각각 자기 몫의 짐을 져야 한다"고 말한다. 갈 6:5 여기서 짐은 헬라어로 '$\varphi o\rho\tau\iota o\nu$phortion'으로, 일차적으로 등에 짊어진 짐을 의미한다. 그러므로 2절이 재정적 짐을 말하고 있고, 4절에서 '일'$\epsilon\rho\gamma o\nu$, ergon도 경제적 수입을 위한 노동을 의미하며, 6절에서 "모든 좋은 것을 함께 한다"는 것은 "일꾼이 자기의 먹을 것을 받는 것이 마땅하다"마 10:10는 예수님의 말씀을 연상시키면서 경제적 보상을 의미하는 것이라면, 5절에서 말하는 '짐'$\varphi o\rho\tau\iota o\nu$, phortion 역시 경제적 부담을 의미한다고 보는 것이 옳을 것이다. 벤 위더링턴 3세, 173

그렇다면 '자기 몫의 짐경제적 짐을 져야 한다'는 것과 '서로 남의 짐경제적 짐을 져주라'는 언뜻 모순되어 보이는 이 두 가지 권면은 어떻게 동시에 가능할 수 있을까? 바울은 기본적으로 자신의 경제적 문제를 스스로의 힘으로 해결하기 위해 노력해야 한다고 말한다. "그리고 우리가 여러분에게 명령한 대로, 조용하게 살기를 힘쓰고, 자기 일에 전념하고, 자기 손으로 일을 하십시오. 그리하여 여러분은 바깥사람을 대하여 품위 있게 살아가야 하고, 또 아무에게도 신세를 지는 일이 없도록 해야 할 것입니다."살전 4:11-12 "일하기를 싫어하는 사람은 먹지도 말

라. 그런데 우리가 들으니, 여러분 가운데는 무절제하게 살면서, 일은 하지 않고, 일을 만들기만 하는 사람이 더러 있다고 합니다. 이런 사람들에게, 우리는 주 예수 그리스도 안에서 명하며, 또 권면합니다. 조용히 일해서, 자기가 먹을 것을 자기가 벌어서 먹으십시오."살후 3:10-12

데살로니가 교회 성도들 중에는 직접 일하지 않고 다른 사람을 의지해서 살아가는 사람들이 있었던 것 같다. 이 사람들은 왜 일하지 않았을까? 두 가지 이유가 있다고 학자들은 말한다. 첫 번째 이유는, 주님께서 곧 오실 것을 기대하면서 현세적 삶을 무시하기 때문이라는 것이고, 두 번째 이유는, 로마 사회의 '후견인-피후견인 제도'가 그 배경이라고 말한다. 당시에는 부유한 후견인을 정치적으로 종종 비윤리적인 방식까지 사용해서 도우면서 심부름 해주는 사람들이 있었다. 바울은 이들을 비윤리적이고 노동을 기피하는 사람들이라고 여겼다. 심지어 기독교인이 된 후 교회에 들어와서도 이런 삶의 태도를 그대로 유지하는 사람들이 있다는 것을 바울이 못마땅하게 여긴 것이다. 그들은 여전히 자신이 심부름 해주는 부유한 성도들이 자신들을 먹여 살릴 것으로 기대한 것이다. 크레이그 블롬버그, 262 바울은 그들을 게으른 사람들이라고 질책한다. 살후 3:6 더 나아가서 그들을 일하지 않는 사람으로 규정해서 "일하기를 싫어하는 사람은 먹지도 말라"고 강력하게 경책한다. 비록 바울 자신도 다양한 후원을 받았고 후원받는 것을 당연한 권리라고 생각했지만, 필요에 따라 직접 일을 해서 재정을 충당하기도 했다. 특히 누군가에게 재정적으로 기대는 것이 복음 선포에 도움 될 것 같지 않은 상황에서는 복음을 전하고 문제를 지적하는데 거리낌 없도록 스스로 돈을 벌었다. 살후 3:7-8 그러므로 바울은 우리 모두가 열심히 일해서 자신의 먹을 것을 마련하도록 노력하고 다른 지체들에게 짐이 되지 않는 것을 제일 원칙으로 세웠다. 그렇게 해야 '후견인-피후견인' 제도가 만연한 당시 사회에서 오히려 존경을 받을 수 있었기 때문이다. 살전 4:12 이것은 "도둑질하는 사람은 다시는 도둑질하지 말고, 수고를 하여 [제] 손으로 떳떳하게 벌이를 하십시오. 그리하여 오히려 궁핍한 사람들에게 나누어 줄 것이 있게 하십시오"엡 4:28 라는 가르침에서도 다시 확인된다.

하지만, 어떤 사람들은 일할 수 없을 때가 있고, 일을 해도 충분한 수입을 얻지 못하는 경우도 종종 있다. 바울 시대뿐만 아니라 우리 시대에도 이런 경우는 얼마든지 있을 수 있다. 이런 어려운 상황에 빠진 사람들이 있다는 것을 바울도 잘 알고 있다. 그렇기 때문에 기본적으로는 자신의 먹을 것을 위해 힘써서 일해야 하지만, 그와 동시에 다른 사람의 상황도 살펴서 혹시 그 사람이 충분히 벌 수 없는 상황이라면 우리가 그 짐을 대신 져주도록 노력해야 한다고 말한다.

그러므로 각각 자신의 짐을 지는 것과 서로 다른 사람의 짐을 져주는 것은 전혀 상충되지 않으며, 오히려 우리가 함께 견지해야 할 태도다. 우리는 공동체에 기대기보다는 먼저 스스로 열심히 일해서 경제적 문제를 해결하기 위해 노력해야 한다. 그리고 각자 번 것을 공동체에 내어 놓으며 나눔의 공동체를 만들기 위해 노력해야 한다. 그러나 그런 노력에도 불구하고 경제적으로 어려움에 봉착할 때는 다른 사람의 도움을 받을 수밖에 없다. 그럴 때는 자존심을 내려놓고 기꺼이 도움을 받을 수 있어야 한다.

도움을 받는 것은 공동체를 공동체답게 만드는 것이기도 하다. 공동체는 총체적 나눔이 있는 곳이다. 그렇다면 경제적 나눔도 포함되는 것이 당연하다. 경제적 나눔이 없다면 완전한 공동체라고 할 수 없다. 경제적 나눔이 성립하려면 주는 사람도 있어야 하지만 받는 사람도 있어야 한다. 이 균형이 깨지면 나눔은 사라지게 된다. 그러므로 공동체에는 주는 자와 받는 자가 적절하게 섞여 있는 것이 좋다.

교회는 대개 나누어주는 것에 대해서만 강조해왔다. 나눔은 자본주의 사회에서 돈에 대한 욕심에 사로잡혀 살아가는 우리들이 실천하기 가장 어려운 덕목이기 때문이다. 하지만 우리는 받는 것에 대해서도 열린 마음을 가져야 한다. 내가 형편이 어려워 도움이 필요하다고 느낄 때 공동체의 도움을 받을 수 있어야 한다. 그런 행동은 공동체를 신뢰하고 의지한다는 뜻이다. 또한 기쁨으로 받는 것은 나중에 내가 풍족해지고 다른 사람이 부족한 상황이 발생했을 때, 나도 기꺼이 나눠주겠다는 다짐이기도 하다. 이것은 은혜가 은혜를 낳고, 용서가 용서를 낳고, 나눔이 나눔을 낳는 복음의 원리와 같다. "거저 받았으니 거저 주라"는 원리의 다양한 적용인 것이다. 내가 먼저 은혜를 받았으니 다음에는 내가 다른 사람에게 값없이 은혜를 베풀 수 있게 되는 것이다. 그러므로 값없이 은혜를 받았지만, 그 은혜는 암묵적인 조건을 담고 있다. 다른 사람이 은혜를 필요로 할 때 값없이 베풀라는 것이다. 그러나 빚과는 차이가 있다. 빚은 도움을 받은 사람에게 되돌려주는 것이지만, 은혜의 원리는 반드시 그 사람에게 되돌려줄 필요가 없다. 필요가 있는 제3의 사람에게 주면 된다. 이렇게 해서 선순환이 확장되어 가는 것이다.

(4) 필요할 때 도움을 주는 것에서 한 걸음 더 나아가, 근본적으로 삶을 책임져 주는 공동체, 경제적으로 평균케 되려고 애쓰는 공동체로 나아가야 한다.

하나님은 공동체 내에서 지나친 빈부격차가 발생하는 것을 싫어하신다. 구약 이스라엘에도 기본적으로 빈부 격차가 존재했다는 것은 인정하지만, 일정한 한계를 넘어서서 빈자의 삶을 완전히 무너뜨릴 때는 사회 전체가 책임져야 한다고 말한다. 그래서 가난한 자들을 지원하기 위해 십일조 제도가 마련되었고, 안식년에 경작을 쉴 동안 자연스럽게 자라난 농작물을 가난한 사람들이 수거하도록 허용했고, 생계를 위해 어쩔 수 없이 생산수단인 토지를 팔았던 가난한 사람들이 희년이 되면 토지를 다시 돌려받아 삶의 기반을 회복할 수 있는 기회를 주라고 명령한 것이다.

또한 부자들이 자신의 자본력을 이용해서 가난한 사람들의 삶을 초토화시키는 것도 금하였고사 5:8, "너희가, 더 차지할 곳이 없을 때까지, 집에 집을 더하고, 밭에 밭을 늘려 나가, 땅 한가운데서 홀로 살려고 하였으니, 너희에게 재앙이 닥친다!" 가난한 자들의 터전이 부동산 투기로 없어지는 것을 비판하는 것이다. , 가난한 자들에게 자본이 필요할 때 이자의 부담을 지우지 말고 지원하라고 명령한 것이다. 출 22:25, "너희가 너희 가운데서 가난하게 사는 나의 백성에게 돈을 꾸어 주었으면, 너희는 그에게 빚쟁이처럼 재촉해서도 안 되고, 이자를 받아도 안 된다." 레 25:36-37, 신 23:19-20

이 모든 규정들은 기본적으로 이스라엘 공동체가 어느 정도의 균등한 삶을 유지할 수 있도록 하기 위한 조치들이었으며, 출애굽 후 광야에서 하나님이 주시는 만나를 통해서 이상화된 사회의 모습을 가나안 땅에서도 구현하려는 시도들이다.

> 오멜로 되어 보면, 많이 거둔 사람도 남지 않고, 적게 거둔 사람도 모자라지 않았다. 그들은 제각기 먹을 만큼씩 거두어들인 것이다. 출 16:18

하나님은 자신의 언약 공동체 안에서 경제적으로 서로 의존하여, 지나치게 부유한 사람도 없고 지나치게 가난한 사람도 없는 공동체가 되기를 원하신다. 이것을 블롬버그는 '적정의 원리' moderation 라고 부른다. 크레이그 블롬버그. 364 하나님은 "가진 자들과 못 가진 자들의 간격을 좁히려는" 의도를 가지고 안식년이나 희년과 같은 다양한 규정을 주셨다. 크레이그 블롬버그. 364 그러나 이스라엘의 권력자들은 부를 계속 축적하여 빈부격차를 심화시키면서 하나님의 의도를 저버렸고, 그것은 이스라엘 멸망의 중요한 이유가 되었다.

바울은 이 '적정의 원리'를 교회에서도 그대로 적용하라고 권고한다. "지금 여러분의 넉넉한 살림이 그들의 궁핍을 채워주면, 그들의 살림이 넉넉해질 때에, 그들이 여러분의 궁핍을 채워 줄 수도 있을 것입니다. 이렇게 하여 평형이 이루어지는 것입니다. 이것은, 성경에 기록하기를 '많이 거둔 사람도 남지 아니하고, 적게 거둔 사람도 모자라지 아니하였다' 한 것과 같습니다." 고후 8:14-15 데

이빗 플랫도 바울의 원리를 설명하면서 "하나님은 한쪽을 풍요롭게 하셔서 다른 이들의 필요를 채우게 하신다"고 말한다. "이것은 성경이 분명하게 가르치는 진리다. 존 칼빈은 고후 8-9장 주석에서 이렇게 적고 있다. '하나님은 우리들이 절약하고 절제하는 것을 기뻐하시며 누구든지 넉넉함을 남용해서 도를 넘는 것을 금하신다.' 부유한 이들은 무절제하고 방종하게 하기 위해서가 아니라 형제들의 기본적인 필요를 채우게 하시려고 주님이 부요함을 허락하셨다는 사실을 기억해야 한다." 데이빗 플랫, 175 이것은 두 가지 방식으로 실천할 수 있다. 첫째, 공동체 안에 부유한 성도가 자신의 재산을 가난한 사람들을 위해 내어주는 것. 둘째, 모든 멤버들은 경제적 여유가 있을 때 이웃과 공동체를 위해 나누고, 반대로 부족할 때 도움을 받는 것, 이것이 '상호책임의 공동체' 다.

삶을 책임지는 공동체로 나아가기 위해서는 공동체 전체적인 차원에서 멤버들 각자의 경제적 상황을 살펴보고 체계적으로 필요를 채워주려는 노력이 필요하다. 개인이 다른 사람의 필요를 파악하여 자신의 것을 나누는 것, 그리고 소그룹에서 서로의 형편을 살피고 도움을 주는 것은 기본적인 것이다. 그러나 때로는 개인이나 소그룹에서 파악하기 어려운 상황도 있을 수 있고, 또한 개인이나 소그룹 차원에서 해결할 수 없는 큰 문제도 있다. 이런 문제를 파악하고 해결하기 위해서는 공동체 전체 차원에서의 움직임이 필요하다. 공동체 전체의 상황을 파악하고 멤버들의 삶을 평균케하기 위한 적절한 행동을 기획하고 실행하는 주체가 있어야 한다.

이에 대한 선례를 우리는 예루살렘교회에서 찾아볼 수 있다. 그들은 자신들이 직접 도울 때도 있었지만, 공동체가 다양한 사람들의 필요를 잘 채울 수 있도록 자신의 재물을 공동체에 내어놓은 경우가 더 많았다.

> 땅이나 집을 가진 사람들은 그것을 팔아서, 그 판 돈을 가져다가 사도들의 발 앞에 놓았고, 사도들은 각 사람에게 필요에 따라 나누어주었다. 행 4:34-

그로 인해 공동체 멤버들의 경제적 어려움을 해결하는 것이 교회의 중요한 직무가 되었고, 그것을 전담하는 사람들까지 세우게 되었다. 초기에는 사도들이 직접 관여하다가 일이 많아지면서 감당할 수 없게 되자 집사를 세우게 되었다. 이처럼 예루살렘 교회는 상호책임의 공동체를 실천하려는 교회에 실제적인 모범을 보여주었다. 첫째, 성도들은 자신의 재산을 교회에 기부하고, 둘째, 교회는 적절한 책임자를 세워서 교인들의 상황을 면밀히 파악하여 도움이 필요한 멤버가 있을 때 모아 놓은 자산으로 도움을 주는 것.

기독교 역사에도 이와 같은 사례들이 많이 나온다. 로마 시대에 수감자들은 국가가 생계를 책임지는 것이 아니라 가족들이 제공해주는 음식과 의복으로 감옥 생활을 해야 했다. 당시 기독교인들은 서로를 형제요 자매, 즉 가족으로 여겼다. 그래서 하나님을 믿는다는 이유로 감옥에 갇힌 사람들을 교회가 상시적으로 지원해주었다. 한 가지 예로, **AD 250년** 카르타고에서 투옥된 성도들을 위해 교회에 보낸 편지에서 키프리안은 교회가 그들의 필요를 채워주어야 한다고 권면한다. "영광스러운 투옥자들에게 여러분은 특별한 도움을 주어야 합니다. 나는 그들이 우리의 형제들의 헌신과 자선의 도움을 받고 있다는 것을 알고 있습니다. 하지만 여전히 그들은 여러 가지 도움이 필요합니다. 그러므로 그들이 감옥에 있는 동안 지속적으로 도움을 받아야 할 것입니다." Joseph H. Hellerman, 109

일제강점기 시절 공주읍 교회 교인이던 양두현과 지루두 부부는 경제난으로 교회 살림이 어렵게 되자 자신들의 논 1만 8천여 평과 밭 2천7백여 평을 교회에 바쳤다. 이들 부부가 바친 토지에서 매년 쌀 70석이 나와 일제 말기 그 어려웠던 시절에도 교회는 재정 걱정 없이 사역할 수 있었다. 이들의 헌신에 도전을 받은 다른 교인들도 연이어 땅을 기증했다. '과부 교인' 홍루두가 논 8천 평과 밭 8천 평을 바쳤고, '양반 교인' 황하명이 기름진 땅 10두락을 바쳤다. 결국 일제강점기 공주읍 교회 소유로 법인에 등록된 땅은 4만 3천여 평에 이르렀다. 이런 현상은 공주읍 교회에만 국한된 것이 아니었다. 전국의 수많은 교회에서 많은 성도들이 교회에 전답을 바치면서 '교회전敎會田'이라는 용어가 생겨났다. 교회는 헌납 받은 전답에서 나오는 수익을 교회의 사역비용과 목회자의 생활비뿐만 아니라 가난한 교인들을 돕는 일에 사용하였다. 이덕주, 83

경제적 상호책임의 공동체를 형성할 때 유발되는 또 다른 효과가 있다. 상호책임의 공동체가 형성되면 성도들은 하나님 나라와 의를 위해서 믿음으로 살려는 시도를 더욱 적극적으로 할 수 있게 된다. 이것은 벤처 기업가와 유사하다. 사업 실패에 대한 책임을 자신이 전적으로 져야 한다면 과감하게 시도하기가 두려워진다. 한번 실패하면 나락으로 떨어질 수 있기 때문이다. 그러나 실패해도 다시 회복할 수 있는 안전장치가 있다면 좀 더 과감한 시도를 할 수 있을 것이다. 믿음으로 산다는 것도 마찬가지다. 우리가 두려워하는 것은 믿음으로 살다가 인생이 힘들어 지는 것이다. 그러나 공동체가 뒤에서 받쳐주고 있다고 생각하면 좀 더 도전적으로 믿음의 삶을 시도할 수 있을 것이다. 세상에서 하나님의 뜻대로 살고자 할 때 사회적으로 배척받거나 경제적으로 힘들어질 때가 종종 있다. 이럴 때 공동체가 함께 책임져 준다면 더욱 힘을 내서 세상을 변혁하는 삶을 살아갈 수 있을 것이다.

과거에 민주화운동을 하던 사람들의 가족이 '민가협'을 만들어 민주화를 위해 애썼던 사람들을 지속적으로 지원해주는 활동을 하는 것도 같은 맥락이다. 공익 제보자를 돕고 지원하기 위한 '호루라기 재단'도 비슷한 목적으로 만들어져서 내부 고발자들이 두려움 없이 부정부패를 고발할 수 있는 용기를 북돋아준다.

북아프리카의 카르타고 남쪽에 있던 누미디아Numidia라는 작은 마을은 야만인들의 침입에 시달리던 지역이었다. 키프리안은 누미디아의 교회 리더로부터 야만인들이 성도들 몇 명을 잡아가서 몸값을 요구하고 있다는 소식을 들었다. 키프리안은 답장을 보내 이렇게 자신의 생각을 표현했다. "이런 비극에 비통해하면서 자신의 일로 생각하지 않을 사람이 있겠는가? 우리는 사도 바울의 말을 기억한다. '만일 한 지체가 고통을 받으면 모든 지체가 함께 고통을 받고 한 지체가 영광을 얻으면 모든 지체가 함께 즐거워하느니라.' 고전 12:26 또한 바울은 다른 곳에서 '누가 약하면 내가 약하지 아니하며' 라고 말하지 않았는가? 고후 11:29 그러므로 우리는 형제가 잡혀간 것은 내가 잡혀간 것으로 인식해야 하며, 그의 고통을 우리의 고통으로 생각해야 한다. 우리는 그들을 위해 기꺼이 재정적 도움을 주어야 한다. 그들은 강인한 믿음으로 하나님의 일을 감당했기 때문이다." 마지막으로 그는 이렇게 언급하면서 편지의 결론을 맺고 있다. "우리는 이곳에 있는 사역자들과 평신도들로부터 모은 십만 세스터를 보낸다. 그것으로 도움이 필요한 사람들에게 나눠주라. 이런 일이 다시 발생하지 않도록 최대한 조심해야겠지만, 혹시 우리의 믿음과 사랑의 마음을 테스트하는 일이 다시 발생한다면 우리에게 알리기를 주저하지 말라. 이곳에 있는 우리 모두는 기꺼이 다시 도움을 줄 것이다." Joseph Hellerman, 112 기독교 공동체가 구성원들의 삶을 책임지려고 노력한다는 확신이 있다면 더 많은 사람들이 기꺼이 믿음을 위해서 자신의 삶을 던질 수 있을 것이다. 이렇게 상호책임의 공동체는 하나님나라의 가치를 위해 기꺼이 헌신하고 도전할 수 있는 용기를 주는 것이다.

(5) '평균케 하는 나눔의 공동체' 를 만드는 것은 개인 능력에 따른 부의 편중을 정상으로 여기는 자본주의 사회의 폐해를 교정하는 '대안적 삶' 의 한 가지 모습이다.

현대 자본주의 사회는 능력재능을 사적 권리로 생각하는 것과 동시에 그 능력을 사용해서 얻은 사유재산도 절대적인 개인의 권리라고 생각한다. 내 능력으로 번 돈은 절대적인 나의 소유라고 생각하는 것이다. 이것이 자본주의의 기초 원리다. 이런 자본주의의 영향을 받아 그리스도인들도 자신의 재산을 자신의 것이라고 생각한다. 이런 생각은 두 가지 결과를 초래한다. 첫째, 설령 불쌍한 사람들을 돕는다 할지라도, 자선은 의무가 아니라 전적으로 나의 결정에 달린 것이며, 만약 자선을 행한다면 그것은 내가 시혜를 베푸는 것으로 생각하게 된다. 둘째, 경제적 약자를 돕는 궁극적인 책임은 국가에게 있다고 생각한다. 그래서 국가에게 모든 의무를 지우면서 나의 의무를 벗으려고 한다. 물론 '복지국가'를 건설하는 것은 구약 이스라엘을 그렇게 만들려는 하나님의 뜻을 계승하는 고귀한 이상이다. 우리는 사회의 모든 구성원들이 인간답게 살 수 있는 세상을 만들기 위한 사회적이고 구조적인 개혁을 위해 노력해야 한다. 그러나 이 세상에는 아직 완전한 복지 국가는 존재하지 않는다. 그렇다면 구조적 해결책만을 촉구하면서 개인적인 의무를 다하지 않는 것은 잘못된 것이다.

자본주의 사회에 살면서도 사유재산을 절대화하지 않고, 타인과 나누면서 경제적 평등을 위해 애쓰는 삶은 자본을 절대적 가치로 삼는 세상을 향해 다음과 같이 선언하는 것과 같다.

첫째, '자본주의는 완벽하고 이상적인 체제가 아니며, 수많은 모순을 가지고 있다.' 자본주의를 포함해서 세상에 존재하는 모든 이념이나 체제는 완전하지 않다. 인간들이 만든 것이기 때문이다.

둘째, '우리는 자본주의의 노예가 아니다.' 우리는 하나님나라의 백성이기 때문에 세상에 존재하는 모든 이념과 체제를 초월하는 자들이다. 비록 국가가 채택한 어떤 체제 속에 살고 있지만 그 체제에 완전히 동화되지 않으며, 체제의 단점을 인식하고 있고, 그 문제를 극복하기 위해 노력하는 자들이다.

셋째, '평균케 하는 나눔의 공동체를 만든다는 것은 사유재산 절대화라는 자본주의 가치보다 더 나은 삶의 방식이 있으며, 그것이 인간에게 더 낫고 더 필요하다는 것을 증거한다.' 왜냐하면 나눔의 공동체는 하나님의 지혜로부터 나온 것이기 때문이다. 그래서 돈을 나누는 것은 단순히 형제를 사랑하는 방식일 뿐만 아니라 맘몬주의에 물든 세상에서 대안적인 삶을 선포하는 것이기도 하다. 돈을 개인주의와 자본주의의 굴레에서 빼내어 하나님나라의 새로운 원리 속에 대입하는 것이다.

이것이 맘몬 우상을 섬기지 않고 오직 하나님만을 섬기는 자들이 만드는 '대안 공동체'의 모습이다. 삶의 다른 영역에서 대안적인 모습을 보여주어야 하는 것처럼 하나님의 백성들은 경제적인 영역에서도 이 세상 흐름과 다른 하나님나라의 경제 원리를 따르는 대안적 삶의 모습을 보여주어야 한다. 이런 점에서 교회 공동체는 돈과 경제를 공동체와 상관없는 것처럼 무관심하게 방치하지 않고, 그 문제를 공동체의 중심에 두고 우리의 욕망과 세상의 압박과 싸우면서 새로운 경제 질서를 만들려고 애쓰는 '경제 공동체'가 되어야 한다.

요한계시록은 이 땅에서 고난당하는 공동체를 향해 세상에 굴복하여 믿음을 저버리지 말고 천국의 소망을 바라보면서 인내하라고 권면한다. 새 하늘과 새 땅이 도래하는 날 완전하게 성취될 천국은 이 땅에서 축적한 재물을 하찮은 것으로 보이게 만드는 경탄할 보물들로 가득할 것이다. 계 21:10-21 이 소망으로 하늘나라의 진정한 보물을 바라보는 자들은 지금 이 세상에서 최고 가치로 추앙받는 재물을 내 손으로 꼭 쥐고 있어야 할 것이 아니라 주님의 공동체를 세우는데 사용할 좋은 도구로 바라볼 것이다. 이런 사람들이 결국 사라져버릴 돈과 재산에 대해 세상 사람들과 전혀 다른 태도를 가지는 '대안 공동체'를 만드는 사람들이다. 크레이그 블롬버그, 353

결론 : 나누는 삶은 우리 모두를 부유하게 만들어준다.

공동체에서 우리가 가진 재물을 풍성하게 나누면 주는 자뿐만 아니라 받는 사람, 더 나아가서 공동체 전체를 부유하게 만드는 결과를 가져온다.

받는 사람이 부유해진다.

부족함을 채울 수 있어서 부자가 된다. 고맙고 감사하는 마음으로 부자가 된다. 하나님께 감사하고 영광을 돌리는 데 있어서 부자가 된다.

> 여러분이 수행하는 이 봉사의 일은 성도들의 궁핍을 채워줄 뿐만 아니라, 많은 사람들로 하여금, 하나님께 감사를 넘치게 드리게 할 것입니다. 여러분의 이 봉사의 결과로, 그들은 하나님께 영광을 돌릴 것입니다. 그것은 여러분이 하나님께 순종하여, 그리스도의 복음을 고백하고, 또 그들과 모든 다른 사람에게 너그럽게 도움을 보낸다는 사실이 입증되었기 때문입니다. 고후 9:12-13

주는 사람도 부유해진다.

마음이 부유해진다. 나눔은 기쁨을 충만케 하기 때문이다. 하나님의 은혜로 충만해진다. 자식들을 부자로 만들어준다. 돈이 많아서가 아니라 좋은 교육 모범을 통해서 좋은 삶의 태도를 가르칠 수 있기 때문이다.

나눔은 공동체도 부유하게 만들어준다. 공동체 멤버들이 실제적인 필요를 채울 수 있어서 부유하게 된다. 나눔과 섬김의 실천이 공동체를 내적으로 풍성하게 만들어준다. 멤버들 상호간에 사랑을 풍성하게 만들어주고 서로를 더욱 신뢰하게 만들어준다.

이렇게 세상에 하나님나라를 증거할 뿐만 아니라 모든 공동체 멤버들까지 부유하게 만들어주는 나눔을 마다할 이유가 있겠는가?

10. 세상을 섬기는 공동체

우리 교회에 부여된 존재 의미는 무엇인가? 하나님의 우주적 구원계획의
한 축을 담당하는 것이 아닌가? 세상에 구원의 복음을 전해주고, 죽어가는
사람들에게 손을 내밀어 주며, 악한 사회구조에 눌려 신음하는 사람들을
변호해주고 일으켜주는 일이 아닌가?

1. 교회 공동체는 누구를 위해 존재하는가?

(1) 교회는 내부자의 이익을 위해서 존재하는 것인가?

동창회, 동호회, 기업, 상가번영회 등, 사람들이 스스로 결성한 대부분의 모임이나 조직들은 내부자의 이익을 위해서 존재한다. 그렇다면 또 하나의 자발적인 결사체인 교회도 내부자의 이익을 위해 존재하는 것인가?

이 문제를 생각하기 전에 먼저 확인해야 할 것은, 3장에서 살펴보았듯이 우리가 교회로 모이는 데에는 의무적 측면이 있다는 점이다. 하나님께서 우리를 불러 구원하신 후에 혼자 내버려두지 않으시고 교회라는 공동체로 들여보내셨다. 우리는 하나님의 새로운 가족의 일원이 되었기 때문에 새 언약의 가족으로 들어가 공동체의 일원으로 살아가는 것이다. 그래서 우리가 가족의 일원으로서 교회라는 가족을 잘 꾸려나가기 위해서는 교회를 위해 의무적으로 해야 하는 활동들이 있다. 공동체 예배에 참석하고, 성령님께서 주신 은사로 섬기고, 공동체의 재정적 부담을 나눠지는 것과 같은 활동들이 그것들이다. 이 의무들은 가족의 일원으로 마땅히 해야 할 일이다.

그렇다면, 교회에 참여하는 데에는 의무만 있는 것인가? 꼭 그렇지는 않다. 가족의 일원이라는 이유로 교회에 적극적으로 참여해야 하는 측면이 우리에게 있는 것은 사실이지만, 하나님은 우리가 교회에 참여하여 얻는 유익이 더 크다고 생각했기에 우리를 교회로 들여보내신 것이다. 그렇다면 우리는 교회에서 어떤 유익을 기대하고, 또한 얻고 있는가?

첫 번째 유익은, 우리는 교회를 통해서 영적 성장에 도움을 받을 수 있는 것이다. "그분이 어떤 사람은 사도로, 어떤 사람은 예언자로, 어떤 사람은 복음 전도자로, 또 어떤 사람은 목사와 교사로 삼으셨습니다. 그것은 성도들을 준비시켜서, 봉사의 일을 하게 하고, 그리스도의 몸을 세우게 하려고 하는 것입니다. 그리하여 우리 모두가 하나님의 아들을 믿는 일과 아는 일에 하나가 되고, 온전한 사람이 되어서, 그리스도의 충만하심의 경지에까지 다다르게 됩니다." 엡 4:11-13 하나님을 알아가면서 온전한 사람으로 성장하는 것은 교회 모든 지체들의 중요한 목표이자 동시에 유익인데, 우리는 다른 지체들의 다양한 섬김을 통해 이 목표를 성취하는데 도움 받는다. 이 목적을 위해서 교회는 예루살렘 교회처럼 함께 모여 배우고, 예배하고, 기도하는 것이다. 행 2:42

두 번째 유익은, 교회를 통해서 성도들의 관계적 욕구가 충족된다는 점이다. 인간은 관계적 존재다. 관계적 욕구가 채워지지 않을 때 삶의 균형이 깨지고 각종 부작용이 발생한다. 우리는 교회에 참여하면서 가족 같은 지체들과의 깊은 교제를 통해서 관계적 욕구를 채울 수 있다.

우리가 교회에서 얻는 세 번째 유익은, 세상에서 살아가면서 겪는 수많은 문제들 속에서 하나님나라의 가치를 따라 살기 위한 동력과 지원을 제공받을 수 있다는 점이다. 진로, 직장생활, 가정생활, 자녀 양육과 교육, 인생의 목표와 방향, 은퇴 후의 삶, 재정, 주거문제와 같은 다양한 삶의 이슈들 속에서, 우리는 '이 시대의 풍조를 본받지 않고' 하나님나라의 가치를 굳게 붙들고 살아내고 싶지만롬 12:2 혼자 힘으로는 쉽지 않다. 그럴 때 '같은 생각을 품고, 같은 사랑을 가지고, 뜻을 합하여 한 마음'이 된 영적 가족들을 통해 격려와 지원을 받을 수 있다. 빌 2:2

이처럼 하나님은 유익이 있기 때문에 우리를 교회로 모이게 하셨다. 그러므로 우리가 교회에 참여하는 이유에는 의무적인 것뿐만 아니라 유익을 얻기 위한 목적도 포함된다.

그러나 현재 많은 교회들이 내부적 목적을 망각하고 있는 것 같다. 보수적인 교회는 교회 자체를 유지하려는 목적에 너무 경도된 나머지 성도들의 필요를 채워주지 못하는 경우가 많다. 그래서 교인들의 '의무'만을 지나치게 강조하면서 예배 봉사, 주일학교 봉사, 성가대와 찬양팀 봉사, 식사 봉사, 외부 봉사 등등, 온갖 봉사에 교인들을 동원하고 있다. 이렇게 봉사에 동원되는 교인들의 상당수가 청년들이기 때문에 한창 신앙을 배우고 훈련받아야 할 청년들은 그 갈망을 채우지도 못하고 탈진되어 버리는 경우가 종종 발생한다. 그들은 자신들의 영적 성장은 뒷전으로 밀리고 실체도 불분명한 '교회 성장'의 도구로 전락하고 있다는 자괴감과 회의 속에서 교회를 이탈하고 싶은 유혹에 시달리고 있다.

반면 진보적인 교회는 세상에서 이루어질 하나님나라의 정의와 평화를 부르짖으면서 다양한 사회적 활동에만 지나치게 힘쓰다가 도리어 성도들의 필요를 채워주는 일이 뒷전으로 밀려나는 경우가 많다. 세상을 변혁하고 섬기는 것도 중요하지만 교인들의 내적 필요가 채워지지 못한다면 균형이 깨질 수밖에 없다. 비록 단기적으로는 섬기는 사역을 잘 감당할 수 있을지 몰라도 영적 동력의 고갈로 인해 오래 지속하기에는 어려움이 있게 된다. 진보적이고 사회활동에 적극적인 교회에 다녔던 어떤 청년이 바로 이런 경우에 해당된다. 그는 진보적인 교회에 소속되어 몇 년 동안 열심히 사회정의를 위한 활동에 참여하다가 점차 회의를 느끼게 되었다고 고백한다. 필요하고 의미 있는 활동이었지만 교회 생활의 대부분을 그런 활동으로 채우면서 자신 안에서 어떤 결핍과 동력 고갈을 느꼈다는 것이다. 깊은 교제와 진정한 형제애 안에서 하나님을 더 알아가고, 하나님나라의 가치관을 통해 성장하는 욕구와 필요가 거의 채워지지 못하면서, 스스로의 힘만으로 사회정의를 위한 사역에 아등바등 참여하는 것처럼 느껴졌다는 것이다. 결국 자신의 교회가 시민활동단체와 어떤 차이가 있는지 의문이 들기 시작했다고 고백한다. 교회는 '성령의 영적 공동체'라는 점에서 분명히 세상의 다른 단체들과 구별되어야 하는데 그런 차이가 점차 희석되면서 어거스틴의 고백처럼 오직 하나님만이 채워주실 수 있는 내면의 갈망이 여전히 비어있는 채로 남아있음을 느겼다는 것이다. 결국 그는 이런 활동을 위해서 굳이 교회에 소속되어야 할 이유를 느끼지 못해서 교회를 이탈하게 되었다고 말한다.

교회는 사람들의 모임이라는 점에서 세상의 다른 단체와 비슷하지만, 하나님에 의해 새 생명을 얻은 사람들의 영적 공동체라는 점에서 분명히 구별되며, 외적 활동이 겉으로는 비슷하게 보여도 그것을 감당하게 해 주는 내적 동력은 성령 충만함과 하나님의 말씀과 기도로부터 나온다는 점에서 뚜렷한 차이가 있다. 그래서 성도들의 내적 갈망이 온전하게 채워지지 않으면 하나님께서 기대하시는 교회의 사명을 제대로 감당하기가 어렵다. 그러므로 교회가 내부자의 유익을 위해 애쓰는 것은 전혀 못된 것이 아니다. 오히려 교회가 지속적으로 생명력을 유지하기 위해서는 내부자의 유익이 잘 채워져야 한다.

(2) 교회 공동체는 외부를 위해서 존재한다.

교회가 내부자의 이익을 위해서 존재하기는 하지만 그것이 존재 이유의 전부는 아니다. 교회는 세상의 어느 조직보다 밖을 위해서 존재하는 공동체이기 때문이다.

예수님과 사도들은 그리스도의 제자 공동체가 세상을 위해 존재해야 한다는 점을 자주 강조했다.

> 너희는 세상의 소금이다. 소금이 짠 맛을 잃으면, 무엇으로 그 짠 맛을 되찾게 하겠느냐? 짠 맛을 잃은 소금은 아무데도 쓸 데가 없으므로, 바깥에 내버려서 사람들이 짓밟을 뿐이다. 너희는 세상의 빛이다. 산 위에 세운 마을은 숨길 수 없다. 또 사람이 등불을 켜서 말 아래에다 내려놓지 아니하고, 등경 위에다 놓아둔다. 그래야 등불이 집 안에 있는 모든 사람에게 환히 비친다. 이와 같이, 너희 빛을 사람에게 비추어서, 그들이 너희의 착한 행실을 보고, 하늘에 계신 너희 아버지께 영광을 돌리게 하여라. 마5:13-16

예수님은 그를 따르는 제자들을 소금과 빛이라고 부르시는데, 그것은 교회 내에서만 쓸모 있는 소금과 빛의 역할을 뛰어넘어 교회 밖에서도 '세상의' 빛과 소금으로 사용되어야 한다는 것이다. 이는 교회가 세상을 향한, 그리고 세상을 위한 존재라는 뜻이다. 존 스토트는 빛과 소금의 역할을 감당하지 않으면서 늘 타락하는 세상만을 비판하며 손을 씻는 그리스도인들을 향해서 쓴 소리를 던진다.

> 그리스도인들은 다소 독선적인 불쾌함을 드러내며 세상의 기준이 타락해 가간다고 탄식하는 습관이 있다. 세상의 폭력, 부정직, 부도덕, 인명 경시 풍조, 물질 만능주의적 탐욕을 비판한다. 우리는 어깨를 으쓱 하고는 '세상은 몹쓸 곳이 되고 있다'고 말한다. 하지만 그것이 누구 책임일까? 누구를 탓해야 할까? 이렇게 생각해 보자. 밤이 되어 집안이 어두워진다고 해서 집을 탓하는 건 어리석은 일이다. 해가 지면 어두워지는 법이니까. 오히려 이렇게 물어야 한다. '빛은 어디 있지?' 고기가 상해서 먹을 수 없게 된 경우에 고기를 탓하는 것도 어리석은 짓이다. 박테리아가 번식하도록 그냥 내버려 두면 자연히 벌어지는 일일 뿐이다. 그럴 때 우리는 이렇게 물어야 한다. '소금은 어디 있어?' 마찬가지로, 사회가 타락하고 그 기준이 낮아져 결국 어두운 밤이나 썩은 내 나는 고기처럼 된다고 해서 사회를 탓하는 건 무의미한 일이다. 타락한 인간들을 그냥 내버려 두고 인간의 이기심을 제어하지 않으면 자연스럽게 벌어지는 일일 따름이다. 우리는 이렇게 물어야 한다. '교회는 어디 있지? 예수 그리스도의 소금과 빛이 왜 우리 사회에 스며들어 이곳을 변화시키지 않은 거야?' 우리가 눈살을 찌푸리며 어깨를 으쓱하고 손을 놓는 것은 더없는 위선이다. 주 예수께서는 우리에게 세상의 소금과 빛이 되라고 하셨다. 그러므로 어둠과 부패가 넘친다면, 그것은 주로 우리의 잘못이며 우리가 책임을 인정해야 할 일이다. 존 스토트, 157

그러므로 너희는 가서, 모든 민족을 제자로 삼아서, 아버지와 아들과 성령의 이름으로 세례를 주고, 내가 너희에게 명령한 모든 것을 그들에게 가르쳐 지키게 하여라. 보아라, 내가 세상 끝 날까지 항상 너희와 함께 있을 것이다. 마 28:19-20

예수님은 제자들을 세상으로 보내셨다. 그들은 성령의 임재를 체험하고 멋진 공동체를 형성했던 예루살렘에만 머물러서는 안 된다. 거기서 자기들끼리만 좋은 것을 나누면서 만족하지 말고 밖으로 나가야 한다. 이것은 십자가에 달리시기 전에 제자들에게 마지막 유언처럼 해주셨던 말씀 속에 이미 강조되어 있다.

아버지께서 나를 세상에 보내신 것과 같이 나도 그들을 세상으로 보냈습니다. 요 17:18
아버지께서 나를 보낸 것 같이 나도 너희를 세상으로 보낸다. 요 20:21
우리는 하나님의 작품입니다. 선한 일을 하게 하시려고, 하나님께서 그리스도 예수 안에서 우리를 만드셨습니다. 하나님께서 이렇게 미리 준비하신 것은, 우리가 선한 일을 하며 살아가게 하시려는 것입니다. 엡 2:10

하워드 스나이더는 이 구절을 설명하면서 "우리는 우리 자신만을 위해서가 아니라 하나님이 실행하실 특별한 일을 위해 구원받았다. 하나님은 구원 받은 사람들, 즉 교회를 통해 자신의 계획을 실행하기 원하신다"고 말한다. 하워드 스나이더, 『새로 세워가는 교회 공동체』, 73-4 하나님은 '하늘과 땅에 있는 모든 것을 그리스도 안에서 그분을 머리로 하여 통일시키' 려는 계획을 가지고 있다. 엡 1:10 "그리고 그 일은 구원받은 사람들의 선한 일을 통해 부분적으로 성취되었는데, 여기서 구원받은 사람들이란 개인이 아닌 교회라는 공동체를 의미하며, '완전히 새로운 모습의 삶을 살아가는 새로운 종류의 공동체' 를 말한다." 하워드 스나이더, 『새로 그러므로 교회는 노아의 방주와 같은 게토가 아니다. 세상이 어떻게 되든지 상관하지 않고 자기들끼리만 방주 안으로 들어가서 구원받았다고 기뻐하고, 우리의 모든 관심과 자원을 안으로만 쏟으면서, 자기들만의 공동체를 형성하여 잘 먹고 잘 사는 이기적이고 폐쇄적이고 종말론적인 공동체가 아니다. 교회는 세상 속에 존재하고, 세상을 위해 존재하는 공동체다.

교회는 세상의 형편을 살펴보고, 하나님의 파송을 진지하게 생각하면서 세상을 섬기기 위해 나아가는 공동체여야 한다. 그래서 우리는 교회 내적인 일에만 관심을 가지는 것이 아니라 세상이 어떻게 돌아가고 있는지, 세상의 문제가 무엇인지 알고, 그 문제들을 해결하기 위해 애써야 한다. 이것은 외국으로 파송 받은 봉사단이 그 나라의 사정을 잘 알아야 하는 것과 같다. 교회는 세상으로 파송 받은 하나님나라의 대사ambassador요 봉사단이기 때문이다.

2. 세상을 위해 무엇을 할 것인가?

(1) 하나님나라 복음의 선포

교회는 외부인에게 열려 있고, 외부인을 받아들이는 공동체다. 교회 공동체는 폐쇄적이지 않다. 좋은 것을 혼자만 독점하지 않고 외부인들을 초청하여 함께 누리는 공동체다. 좋은 것을 발견하면 혼자서만 간직하는 것이 아니라 알려주는 공동체다. 다가가고, 영접하고, 환대하는 공동체다.

시리아 군대가 북 이스라엘의 사마리아 성을 포위하여 성내에 먹거리가 떨어져 부모가 자식을 잡아먹는 지경에까지 이르게 된 위기의 상황에서, 여호와의 능력으로 시리아 군대는 황혼녘에 물러갔고 이 사실을 성문 곁에 머물던 나병 환자들이 먼저 알게 되었다. 그들은 시리아 군사들이 남기고 간 전리품을 챙기다가

이 사실을 성 안 사람들에게 빨리 알리지 않으면 자신들에게 벌이 내릴 것이라고 생각하여 황급하게 성 안으로 들어가 사람들에게 알려주었다. 왕하 6:24-7:11 이 나병환자들의 행동은 오늘날 먼저 구원받은 사람들이 취해야 할 태도의 모델이 된다. 그들은 먼저 하나님의 구원을 체험했다. 하지만 이 놀라운 구원을 혼자서 누리는 것으로 만족해서는 안 된다. 하나님은 구원의 복된 소식을 사람들에게 널리 알리기를 원하시기 때문이다. 그래서 예수님도 "성령이 너희에게 내리시면, 너희는 능력을 받고, 예루살렘과 온 유대와 사마리아에서, 그리고 마침내 땅 끝에까지 이르러 내 증인이 될 것이다"라고 말씀하시며 우리를 세상으로 보내신 것이다. 그러므로 교회 공동체는 폐쇄적일 수 없다. 언제나 문을 열어 사람들을 받아들일 뿐만 아니라 성 밖으로 나가서 좋은 소식을 적극적으로 전하는 공동체가 되어야 한다. 자신들만 좋은 것을 누리는 것이 아니라 다른 사람들에게도 나눠주는 공동체가 되어야 한다.

그러므로 모든 공동체는 예수님의 지상명령을 진지하게 받아들여야 한다. 예수님은 부활하신 후 열한 제자들에게 나타나서 자신이 부활한 것을 증거하시면서 자신의 십자가 죽음과 부활이 성취한 구원의 복음을 만민에게 전파할 것을 당부하셨다. 막 16:15 그 후에 제자들과 갈릴리에서 다시 만나 그들에게 동일한 사명을 주셨다.

> 그러므로 너희는 가서, 모든 민족을 제자로 삼아서, 아버지와 아들과 성령의 이름으로 세례를 주고, 내가 너희에게 명령한 모든 것을 그들에게 가르쳐 지키게 하여라. 마 28:19-20

제자들은 성령의 충만함을 받은 후에 주변 사람들에게 예수 그리스도의 복음을 전파하였다. 대제사장과 유대 지도자들과 장로들과 율법학자들이 모여 제자들에게 예수의 이름으로 말하지도 말고 가르치지도 말라고 위협했지만, 제자들은 "우리는 보고 들은 것을 말하지 않을 수가 없다"고 자신들의 의지를 분명하게 표명하였다. 행 4:20 그 후 그들은 예수의 죽음과 부활에 대해 예루살렘뿐만 아니라 유대와 사마리아와 전 세계를 다니면서 모든 사람들에게 전하였다. 이들의 노력과 그들 뒤를 이어 주님의 사명을 이어받은 수많은 복음전도자들의 헌신을 통하여 복음은 2천년 동안 전 세계로 전파되었다. 현재 존재하는 모든 그리스도인과 교회는 이전 세대에 예수님의 지상명령을 중요한 사명으로 인식한 사람들의 헌신적인 복음전파 노력에 의해 형성된 것이다.

그러므로 복음 전도의 계승이 단절되면 그것은 기독교의 단절을 의미하며, 기독교인 스스로의 운명을 재촉하는 것과 같고, 세대를 이어서 복음을 전수하려는 하나님의 뜻을 가로막는 것과도 같다. 모든 세대는 이전 세대로부터 전해 받은 복음을 다음 세대에 전달하는 사명을 받았다. 이런 점에서 현재 한국의 많은 교회는 죽음의 바다 사해로 전락할 위험에 노출되어 있다. 생명의 물이 들어가지만 안으로부터 또 다른 생명의 물이 흘러나오지 못하면서 새로운 생명을 잉태하지 못하고 자신도 썩어서 죽어가는 것이다.

교회가 죽어가고 있다는 것은 다양한 척도로 측정될 수 있지만, 그 중 한 가지는 하나님나라의 복음을 전하려는 열정이 사라지는 것이다. 현대 교회들은 다양한 방향에서 전도 열정이 사그라지는 위험에 직면해 있다. 종교다원주의 영향으로 하나님나라복음의 유일성을 부정하는 가르침, 사회복음을 통해 사회개혁에만 열심을 내는 현세 유토피아적 가르침, 무례한 기독교인들에 대한 반작용으로 타인을 존중해서 복음을 전하는 것을 스스로 금하려는 '예의바른 그리스도인 증후군' 등. 지난 2천 년 동안 복음이 역동적으로 전수된 것이 하나님의 뜻이었던 것처럼, 앞으로도 하나님나라를 먼저 경험한 자들을 통해서 이 복음은 계속 전파되어야 한다.

그리스도인의 삶에서 공동체가 중요한 것과 마찬가지로 하나님나라의 복음을 전파하는 것에 있어서도 공동체가 중요하다. 예루살렘 교회는 전도와 공동체의 상호 관계를 잘 보여준다.

먼저, 예루살렘 교회는 사도들의 열정적인 복음 선포에 의해 형성되 었다. 사도들이 성령 충만함을 받아 밖으로 나가 복음을 선포하지 않았다면 3천 명, 5천 명이 회심하는 역사는 일어나지 않았을 것이며 예루살렘 교회도 형성되지 못했을 것이다. 그러므로 우리가 종종 잊기 쉬운 것은, 교회는 언제나 복음 전도에 의해 형성된다는 사실이다.

그 다음에 우리는 복음전도에 의해 형성된 교회 모습에 대해 사도행전이 묘사한 것을 주목해야 한다. "그들은 사도들의 가르침에 몰두하며, 서로 사귀는 일과 빵을 떼는 일과 기도에 힘썼다. 모든 사람에게 두려운 마음이 생겼다. 사도들을 통하여 놀라운 일과 표징이 많이 일어났던 것이다. 믿는 사람은 모두 함께 지내며, 모든 것을 공동으로 소유하였다. 그들은 재산과 소유물을 팔아서, 모든 사람에게 필요한 대로 나누어주었다. 그리고 날마다 한마음으로 성전에 열심히 모이고, 집집이 돌아가면서 빵을 떼며, 순전한 마음으로 기쁘게 음식을 먹고, 하나님을 찬양하였다."행 2:42-47 사도행전은 성도들이 자신이 받은 복음을 다른 사람들에게 전해 주기 위해 밖으로 달려 나갔다고 묘사하기 이전에 그들이 어떤 공동체를 이루었는지에 대해 설명한다. 그 교회는 위 구절이 보여주는 것처럼 공동체적 생활에 집중했다. 그 후에 나타난 결과는 다음 말씀과 같다. "그래서 그들은 모든 사람에게서 호감을 샀다. 주님께서는 구원 받는 사람을 날마다 더하여 주셨다."행 2:47하 하나님나라 복음으로 회심한 예루살렘 공동체의 일차적인 관심은 하나님을 찬양하고 성도들을 섬기고 나누는 참된 공동체를 형성하는 것이었다. 물론 그들이 후에 복음을 열정적으로 전하였지만, 사도행전 2장은 그들이 우선적으로 힘쓴 것은 공동체적 삶이라고 말하며, 전도의 열매는 그들의 공동체적 삶과 아주 밀접한 관계가 있다는 점을 설명하고 있다.

여기서 우리가 한 가지 더 주목해야 할 것이 있다. 전도의 열매가 "단지 그리스도인 개인의 행동이 아니라 공동체 생활의 자연스러운 열매"였다는 사실이다. 하워드 스나이더, 『새로 세워가는 교회 공동체』, 77 즉 성도들이 참된 공동체를 형성하고 진정한 사랑의 공동체적 삶을 영위할 때 그것이 전도의 열매와 자연스럽게 연결되었다는 것이다. 초대교회 때는 종종 불신자를 가정교회에 초청하여 공동체를 경험하게 하면서 복음전도가 이루어지는 경우가 많았다. 고전 14:24-25, 11:26 이처럼 복음 전도가 열매를 맺으려면 복음의 열매인 참된 공동체가 있어야 한다는 것을 초대교회 공동체는 잘 보여주고 있다. 공동체가 결여된 선포는 잠시 어떤 결과를 맺는 것처럼 보여도 그 효과가 오래 지속되지 못한다. 하나님나라의 복음은 실제적 삶의 변화를 이루는 것이므로 사람들의 생동하는 관계적 공동체가 있어야 전도의 열매가 맺히는 것이다.

바로 이 지점에서 우리는 말로 선포되는 복음전도와 하나님나라 공동체의 삶이 결합되는 것을 보게 된다. 이것이 진정한 복음전도이며, 그런 전도야말로 온전한 열매를 맺을 수 있게 된다. 이것이 바로 예수 그리스도가 지상 사역에서 하신 일이다. 예수 그리스도는 복음을 전했을 뿐만 아니라 제자들의 공동체를 형성하시는데 심혈을 기울이셨다. 이 두 가지는 앞에서 이끌어주고 뒤에서 밀어주면서 서로를 끌어올리는 상호작용을 하기 때문이다. 그러므로 우리가 예수님과 예루살렘 교회의 모범을 따르기를 원한다면, 효과적인 복음 선포를 위해서 참된 공동체를 만드는 일에 더욱 힘을 기울여야 한다.

또한 성도들의 공동체적 경험은 그들의 복음전도에 힘을 실어주기도 한다. 5장에서 설명했듯이, 증언은 자신이 듣거나, 목격했거나, 체험한 것을 말하는 것이다. 다른 사람을 통해서 들은 것만을 전하는 것으로는 동력이 약하다. 왜냐하면 직접적인 증거가 부족하기 때문이다. 증언에 힘이 실리기 위해서는 자신이 직접 체험한 것이어야 한다. 하나님나라의 복음은 단지 미래에만 성취될 천국을 선포하는 것이 아니라 그것이 현재 이 땅에 임한 것도 선포하는 것이기 때문이다. 예수님의 말씀처럼 '지금 여기에' 임한 하나님나라까지도 선포하는 것이다. 눅 17:21 이 하나님나라는 성도들의 공동체에서 가장 극적이고 리얼하게 체험될 수 있다. 그러므로 성도들의 증언이 힘을 얻기 위해서는 그들이 먼저 하나님나라 공동체의 삶을 경험해야 한다. 이것이 초대교회 성도들이 자신 있게 복음을 전한 이유였다. 그들은 성령 충만의 경험이 있었고, 그로부터 동력을 얻어 아름다운 공동체를 만들어 나가고 있었다. 이것이 그들에게 너무나 분명한 체험이었고 다른 사람들에게도 분명하게 드러났기 때문에 그들이 자신 있게 복음을 선포할 수 있었던 것이다.

복음전도와 공동체의 관계에 대해 스나이더는 이렇게 요약한다. "신약성경의 전도자들은 크게 보면 말로 증언하는 믿을만한 증인들이었다. 그리고 그들의 증언은 삶에서 복음을 있는 그대로 실천하는 기독교 공동체에 의해 보증되었다. 그래서 증언과 공동체는 떼려야 뗄 수 없는 관계를 맺고 있다. 공동체적 삶과 증언 없이 개별적으로 세상에 나가 말씀을 전하는 전도의 개념은 오래 가지 못하며 힘을 잃어버린다. 진정한 전도는 증언하는 자들의 공동체가 보여주는 삶을 통해 능력을 발휘하게 되기 때문이다." 하워드 스나이더, 『새로 세워가는 교회 공동체』, 116 그러므로 우리는 하나님께서 교회에게 주신 복음 전도의 사명을 잘 감당하기 위해서는 성령의 능력으로 형성된 공동체를 하나님나라를 증거할 수 있는 총체적 공동체로 만드는 일에 더욱 힘써야 한다.

(2) 사람을 섬기기

교회 공동체의 또 다른 사명은 세상에서 상처받고 고통당하는 사람들을 돕고 치유하는 것이다. 예수님은 강도 만나 죽을 지경에 이르게 된 사람을 적극적으로 도운 사마리아인의 예를 들면서 "가서, 너도 이와 같이 하라"고 말씀하셨다. 눅 10:30-37 이런 활동은 예수님께서 이 땅에 계실 때 늘 하던 일이었다. 예수님은 하나님나라의 복음을 전했을 뿐만 아니라 굶주린 사람들에게 먹을 것을 주었고, 병든 사람을 고쳐주었고, 죽은 사람을 살려주었고, 죄를 지어 죽을 위험에 처한 사람에게 자비와 용서를 베풀어주셨다. 그래서 예수를 따르는 제자들도 당연히 이런 활동을 해야 한다고 말씀하신 것이다.

그러나 예수님은 한 걸음 더 나아간다. 예수님은 세상에서 고통 받는 사람들을 돌보는 것이 바로 자신을 섬기는 방식 중 하나라고 말씀하신다. 예수님은 자신이 세상에 다시 올 때에 지극히 보잘 것 없는 한 사람에게 베푼 것, 즉 주린 사람에게 먹을 것을 주고, 목마른 사람에게 마실 것을 주고, 나그네를 영접하고, 헐벗은 사람에게 입을 것을 주고, 병든 사람을 돌보아주고, 감옥에 갇힌 사람을 찾아준 것이 바로 예수님 자신에게 한 것과 같다고 하시면서, 이런 사람들이 하나님이 예비하신 나라를 차지하는 상을 받게 될 것이라고 약속하셨다. 마 25:34-40 도움이 필요한 사람을 돕는 것은 단지 그 사람에게 자비를 베푸는 것에서 그치는 것이 아니라 예수님 자신을 섬기는 것과 동일한 의미를 가진다고 말씀하시는 것이다.

예수님의 뜻을 이해한 초대교회 성도들은 함께 모여서 하나님을 찬양하고 말씀을 배우고 기도하고 성도의 교제를 나누었을 뿐만 아니라, 형제들 중에 생활이 궁핍한 사람들을 돕고, 더 나아가 교회 밖에 있는 사람들에게도 도움의 손길을 내밀어주었다. 그들은 이런 섬김을 단지 복음전도를 위한 포석으로 생각한 것이 아니라 하나님 사랑을 먼저 받은 사람들이 그 사랑을 나눠주는 것이 당연하다고 생각했기에 그렇게 한 것이다.

> 사도행전 전반에 걸쳐 초대교회는 하나님의 사랑을 사람들에게 나눠 주며 병자들을 치료하고, 죽은 자들을 살려 내고, 가난한 사람들과 박해받는 성도들을 위해 모금을 했다. 그런 활동들은 나중에 덧붙이거나 복음을 전하기 위한 사전 조치가 아니었다. 사람들의 필요를 해결해 주고 봉사의 행위를 통해 하나님의 사랑을 보여 주는 일은 선교의 핵심적인 부분이었다. 밥 로버츠,18

예수님의 가르침을 따르는 교회는 지난 2천 년 동안 복음을 전할뿐만 아니라 가는 곳마다 도움이 필요한 사람들에게 자비의 손길을 내밀어주는데 힘썼다. 우리나라에서도 선교사로부터 출발하여 지금까지 수많은 그리스도인과 교회들이 빈민을 구호하고, 병원을 세워 신분 차별 없이 치료해주고, 고아와 무의탁 노인들을 돕기 위한 시설을 설립하고, 감옥에 갇힌 사람들을 찾아가 돌보는 것과 같은 수많은 섬김 사역을 해왔다. 이것은 교회가 존재하는 한 포기하지 않고 감당해야 할 중요한 사명이다.

섬김 사역은 단지 교회 내 봉사 부서가 감당하는 어떤 것을 의미하지 않는다. 그것은 공동체 전체가 공동체적 삶을 살아가면서 자연스럽게 실천하는 사명을 의미한다. 그래서 섬김 사역과 공동체는 매우 밀접한 관계를 갖게 된다.

첫째, 섬김 사역은 외인들에게 선을 행하라는 공동체에 대한 명령에서부터 시작되는 것인데, 그것은 공동체 내에서 서로 돌보는 것의 연장선으로 이해될 수 있다. 갈 6:1-10에서 바울은 공동체를 향해서 '너희가 서로 짐을 지라'고 명령하면서 그것이 '서로 사랑하라'는 그리스도의 법을 성취하는 것이라고 말한다.2절 그리고 이 명령을 좀 더 확장해서 '기회 있는 대로 모든 이에게 착한 일을 하라'고 말한다. 성도로부터 시작해서 모든 사람들로 확장되는 것이다. 물론 섬김의 우선 대상이 믿음의 형제자매인 것은 분명하지만10절 '더욱 믿음의 가정들에게 할지니라' 거기서 멈추지 않고교 여기서 우리는 두 가지를 확인할 수 있다.

첫째, 바울은 교회 섬김의 대상이 성도들뿐만 아니라 비성도들까지 포괄해야 한다고 가르치고 있다. 둘째, 비성도들을 섬기는 것은 공동체 내에서 서로 사랑하고 짐을 지는 사역을 확장하는 것이다. 공동체 내의 형제들을 사랑하고 돌보고 서로 짐을 지는 훈련이 되지 않으면 섬김의 확장은 자연스러운 것이 아니라 보여주기식 섬김이 될 우려가 크다. 한 가족이 된 형제를 구체적으로 사랑하지 않으면서, 직접적인 관계를 맺지 않는 다른 사람을 사랑한다는 것은 부자연스러워

보이기 때문이다. 이렇게 해서 서로 사랑하고 섬기는 공동체 형성과 외부 사람들을 위한 봉사는 서로 영향을 주고받는 관계가 된다. 참된 사랑의 공동체, 서로 돌보고 섬기고 짐을 대신 져주는 공동체가 세상을 섬기는 사역의 기초가 되는 것이다.

둘째, 마을지역에 기반을 둔 공동체는 마을에 있는 사람들을 온전하게 섬기기 위한 중요한 밑바탕이 된다. 하나님께서 교회에 맡기신 섬김 사역은 교회가 총체적 마을지역 공동체를 형성할 때 더욱 효과적으로 감당할 수 있다.

교회가 세상의 필요를 인식하면서 섬기는 것을 사명으로 삼을 때 교회가 위치한 지역사회에 대해 관심을 갖고 개입하는 것은 필연적이다. 교회와 지역사회는 깊은 연관성을 가지고 있다. 지역사회가 발전하면 교회도 같이 발전하고, 지역사회가 쇠퇴하면 교회도 영향을 받는다. 신도시가 개발되면 그곳에 위치한 교회도 함께 성장하고, 반대로 구도심 지역이 쇠퇴하면 그곳에 위치했던 지역교회도 쇠퇴의 위험에 직면하게 되는 것이 이런 관계를 설명해 준다. 교회도 지역 사회의 구성원이기 때문이다. 그러므로 교회는 지역 사회의 혜택을 볼뿐 아니라 지역사회에 대한 책임도 짊어지고 있다. 특히 교회가 마을에 뿌리 내린 공동체일 때는 교회 멤버들이 지역사회 멤버이기도 하기 때문에 지역사회의 혜택과 문제를 모두 공유하게 된다. 결국 지역사회와 교회는 상당 부분 겹치는 영역을 갖게 된다. 이렇게 공동체가 지역사회의 일원이 될 때 지역사회의 필요를 보다 분명하게 인식할 수 있고, 그것을 채우기 위한 현실적이고 구체적인 활동을 할 수 있게 된다. 이런 점에서 교회의 지역성은 사람들을 섬기기 위한 중요한 기초가 된다.

이에 더해서 중요한 것이 한 가지 더 있다. 공동체가 지역과 관계를 맺게 되면 도움을 필요로 하는 사람들을 단순히 시혜를 베푸는 대상이라는 생각에서 탈피해서, 인격적으로 대할 수 있는 인식이 생기게 된다는 점이다. 이것은 교회가 섬김 사역을 할 때 매우 중요하다. 왜냐하면 종종 교회들이 섬김 사역을 할 때 도움이 필요한 사람들을 단순히 섬김의 '대상'으로 인식하는 오류를 범하거나 또는 얼굴도 모르고 아무런 관계도 없는 사람들에게 단순히 돈 몇 푼 보내주는 것으로 섬김 사역을 대신하는 경우가 허다하기 때문이다. 그러나 공동체가 지역 사회에 자리 잡고 주변 사람들과 관계를 맺게 되면 도움이 필요한 사람들을 인격적으로 대할 수 있게 된다. 같은 동네에 사는 주민들이라 관계 맺기도 좋고, 그 분들도 도움만 받는 일방적인 위치에서 탈피하여 작더라도 공동체에 도움을 줄 수 있는 기회를 마련해 줄 수 있기 때문이다. 세상에 존재하는 사람 중에서 타인에게 줄게 전혀 없는 사람은 하나도 없다. 다만 '도움 주는 사람-도움 받는 사람'이라는 관계가 고착되어 인격적 관계가 형성되지 않기 때문에 계속 피동적인 존재로 머물게 되는 것이다. 사람들은 아무리 가진 것이 없어도 베풀기를 좋아한다. 그래서 자신에게 베풀 것이 있다는 인식은 자존감을 높여주는 효과를 준다.

셋째, 지역에 뿌리 내린 공동체가 세상을 섬기는 데도 효과적이다. 사람들이 도움이 필요한 사람들에게 손을 내밀지 못하는 이유가 단지 마음이 없어서라기보다는 쑥스러워하거나 기회를 찾지 못하기 때문일 때가 많다. 혼자 있으면 용기를 내기도 어렵고, 무엇을 어떻게 해야 할지도 잘 모르고, 막상 하려면 겁이 나기도 한다. 그러나 공동체가 형성되어 있으면 협력할 수 있는 사람들이 같이 있기 때문에 훨씬 쉽게 세상의 필요에 반응할 수 있다.

공동체의 공간이 마련되었다는 것도 섬김을 용이하게 한다. 사람들이 움직이고 만나고 활동하기 위해서는 공간이 필수적이다. 그래서 '선교적 교회' missional church를 실천하려고 할 때 까페나 도서관 같은 공간을 활용해서 사람들을 만나려는 것이다. 이런 점에서 마을에 뿌리를 내린 공동체는 주변 사람들과 만날 수 있고 도움을 줄 수 있는 공간을 확보하기가 쉽다. 공동체의 활동 공간이 마을에 생기게 되면 마을 주민들을 위한 공간으로도 활용될 수 있다. 예배 공간은 마을 극장이나 공연장으로 활용될 수 있고, 소규모 부서별 공간은 다양한 세미나나 모임 공간으로 제공될 수 있고, 공동체주택의 주차장은 마을 장터 공간으로 활용될 수 있다. 이렇게 하면서 마을 사람들을 섬기고, 그들과 교제하고 협력하는 일들이 자연스럽게 일어난다.

지역에 뿌리를 내린 마을공동체는 교회의 중요한 사명인 섬김 사역을 지역의 여러 단체나 사람들과 협력하면서 훨씬 더 효과적이고 인격적으로 감당할 수 있는 기회를 많이 창출하게 된다.

(3) 사회 변혁

교회의 섬김 사역이 현재 고통당하는 사람들을 직접 위로하고 치유하여 필요를 채워주는 활동으로 상처에 약을 바르고 밴드를 붙여주는 것과 같다면, 사회 변혁은 사람들이 고통당하는 문제의 근원을 해결하려고 암을 도려내는 수술과 같은 활동을 의미한다.

아모스는 "의로운 사람을 학대하며, 뇌물을 받고 법정에서 가난한 사람들을 억울하게" 하면서 사법 체계를 왜곡하는 이스라엘의 권력자들을 향해 여호와의 심판을 선포하면서 "공의가 물처럼 흐르게 하고, 정의가 마르지 않는 강처럼 흐르게 하여라" 하고 외친다. 암 5:12, 24 또한, 이사야는 "불의한 법을 공포하고, 양민을 괴롭히는 법령을 제정하는 자들아, 너희에게 재앙이 닥친다!"고 일갈하고, 이어서 "가난한 자들의 소송을 외면하고, 불쌍한 나의 백성에게서 권리를 박탈하며, 과부들을 노략하고, 고아들을 약탈"하는 사회의 권력자들에게 회개하고 돌이키지 않는다면 하나님의 심판이 임할 것이라고 엄포를 놓는다. 사 10:1-2 이것은 사회의 약자를 더욱 가난하게 하고, 부자가 부동산 투기와 고리대금업으로 부를 더욱 쌓고, 불의한 법령을 제정하여 약자를 억압하는 사회 구조를 고착화하는 사회구조적 문제들을 개혁하라는 외침이다.

예수님도 이사야의 예언을 인용하면서 자신의 사역이 그 예언을 성취하는 것이라고 선언하셨다.

주님의 영이 내게 내리셨다. 주님께서 내게 기름을 부으셔서, 가난한 사람에게 기쁜 소식을 전하게 하셨다. 주님께서 나를 보내서서, 포로 된 사람들에게 해방을 선포하고, 눈먼 사람들에게 눈 뜸을 선포하고, 억눌린 사람들을 풀어 주고, 주님의 은혜의 해를 선포하게 하셨다. 눅 4:18-19

이것은 단지 예수님만의 사역은 아니다. 그것은 예수를 따르는 자들이 당연히 계승해야 할 사역이기도 하다. 예수님은 "아버지께서 나를 세상에 보내신 것과 같이, 나도 그들을 세상으로 보냈습니다"라고 파송의 말씀을 주셨기 때문이다. 요 17:18 같은 맥락에서 예수님은 진정으로 복을 받을 사람은 "평화를 이루고" "의를 위하여 박해를 받는 사람"이라고 말씀하신다. 마 5:9-10 밥 로버츠는 이 사역이 지니는 중대성에 대해 이렇게 강조한다.

> 하나님 나라의 복음에 초점을 맞추면, 더 넓은 렌즈로 지상명령을 보게 된다. 믿음을 가진 회심자를 얻기 위해 복음의 메시지를 전하는 데 여전히 집중하지만, 이제는 그것을 최종 목표로 여기지 않고, 그것으로 일이 끝났다고 생각하지도 않는다. 회심은 훨씬 더 큰 사명, 즉 개인을 변화시키고 지역사회 전체를 바꾸는 변혁의 출발점일 뿐이다. 하나님나라의 복음은 우리의 시야를 넓혀 만물이 구원받고 하나님과 화해하는 모습을 보게 해 준다. 밥로버츠, 21

사회의 약자들을 돕는 섬김 사역에 진지하게 참여하다보면 자연스럽게 사회 변혁으로 이어지게 된다. 예수님께서 말씀하신 선한 사마리아인의 비유를 좀 더 확장해서 생각해보자. 여리고로 가던 사람이 강도를 만난 지역에서 한두 번이 아니라 지속적으로 강도가 출몰한다면 그 지역은 우범지역이라는 뜻이고, 강도 만난 사람을 개인적으로 돕는 차원을 넘어 구조적인 해결책을 모색할 필요가 생긴다. 학교 앞 도로에서 아이들이 다치는 교통사고가 지속적으로 발생한다면 단지 사고를 당한 아이들을 도와주는 것을 넘어서 어린이 사고가 재발하지 않도록 신호등을 설치하고 차량 속도도 제한하고 위반 차량을 단속할 수 있는 cctv 설치와 같은 구조적인 해결책이 필요하다. 이런 근본적인 방지책을 실행해야 사건과 사고가 근절되어 진정으로 사람을 도울 수 있게 된다.

사회 변혁은 사람들에게 해악을 끼치고 있는 불의하고 정당하지 못한 사회 구조적, 법률적, 정치적, 경제 구조적 문제들을 바꾸려고 노력하여 사회 전체적인 정의를 세우기 위한 활동이다. 우리가 사람들을 돕는다는 것은 증상을 치료해주는 것뿐만 아니라 통증의 근본 원인을 찾아서 해결해주는 것까지 모두 포함되어야 한다. 교회 공동체의 섬김 사역도 마찬가지다. 기초 수급자가 국가로부터 받는 생활 지원금이 터무니없이 모자라게 책정되어 있다면 교회가 모자라는 부분을 채워주면서 당장 인간다운 생활이 가능하도록 돕는 것도 필요하지만 섬김 사역, 그와 동시에 국가가 예산을 잘 편성해서 그들의 필요를 좀 더 확실하게 해결해주도록 활동을 펼치는 것까지 나아가야 마땅하다. 사회 변혁 우리 주변에 있는 장애인들을 돕는 것도 필요하지만 섬김 사역, 그들이 제약 없이 일할 수 있게 하고 장애인 근로권, 사회에서 마음 놓고 다닐 수 있게 해 주고 장애인 보행권, 장애인에 대한 부정적인 사회 인식을 바꾸기 위해 국가가 장애인차별금지 법안을 제정하도록 교회가 함께 노력하는 데까지 나아가야 한다. 인권 보장 미국의 대표적인 보수적 신학교인 필라델피아의 웨스트민스터 Westminster 신학교 선교학자인 하비 콘 Harvie Conn은 이렇게 말한다. "변화를 일으키는 교회란 무엇을 말하는가? 자선뿐 아니라 정의도 필요하다. 자선이 일시적인 것이라면 정의는 진행형이다. 전자는 위로를 주고, 후자는 잘못을 바로 잡는다. 전자는 증상을 보고, 후자는 원인을 본다. 전자는 개인을 변하게 하고, 후자는 사회에 변화를 일으킨다." Harvie Conn, 78

한국교회가 위기에 처해 있다고 한다. 실제로 지난 10여 년 동안 각 교단의 통계자료는 교인수가 계속 줄어드는 수치를 보인다. 이에 더해서 무종교인들 중에서 기독교인이 되고자 하는 사람의 비율이 가장 낮고, 기독교에서 타종교로 개종하기를 원하는 사람은 가장 많은 반면에, 다른 종교에서 개신교로 개종하고자 하는 사람의 수는 가장 적은 것으로 나타나고 있다. 이렇게 된 근본적인 원인이 무엇인가? 그리스도인들이 복음 전도의 동력을 상실한 것도 한 가지 원인이 될 것이다. 그러나 더 중요한 요인은 한국 교회가 사회에서 신뢰를 상실했다는 사실이다. 이제 기독교는 섬기고 희생하는 종교가 아니라 이기적인 종교로 인식되고 있다. 기득권을 쥐고 수구 세력과 힘을 합해 사회 변화를 거부하는 종파로 각인되었다. 그래서 복음 전도는 아무런 효력을 발휘하지 못하게 되고, 전도를 하고 싶어도 커다란 벽에 가로막힌 느낌에 포기하고 마는 상황이 벌어지고 있는 것이다.

우리는 이러한 위기 상황에서 초기 한국교회 부흥의 원동력을 다시 돌아봐야 한다. 당시 기독교인의 비율이 전체 인구의 1%밖에 안 됐지만, 교회는 가난한 사람들을 섬기고, 신분에 상관없이 병자들을 치료해주고, 종을 해방시켜주고, 축첩을 중단하고, 술과 노름에 찌든 사람들이 재활의 삶을 살 수 있도록 돕는 사회봉사 모습과 더불어, 항일 운동, 국채 보상 운동, 여성 지위 향상과 교육 운동, 일부다처제 폐지, 조혼 폐지, 신분 철폐 운동과 같은 사회 개혁적인 모습을 보여주었다. 기독교인은 부정부패를 두고 보지 않는다는 소문이 허다하게 퍼져있었기 때문에 기독교인들이 사는 고을에 부임하기를 거부하는 탐관오리들이 있을 정도였다. 또한 3.1 독립 운동 당시 기독교인이 20만 명으로 전체 인구의 1.5%밖에 안 되었지만, 선언문에 서명한 33명 중에 기독교인은 16명이나 되었다. 이것은 스스로 살생부에 자기 이름을 올린 것과 같은 희생적인 행동이었다. 조국의 독립을 위해 기꺼이 자신의 삶을 내던진 것이다. 이들 뿐만 아니라 자신의 삶의 모든 기반을 쏟아 부어 독립운동을 하던 사람들의 상당수가 기독교인이었다. 이들의 이런 헌신을 통해 '그리스도인'은 나라와 민족과 이웃을 위해 희생하고 헌신하는 사람들이라는 사회 인식이 형성되었다. 그로 인해 사람들은 교회를 긍정적으로 보게 되었고, 그들이 동경하는 교회로 한 사람씩 들어오면서 교회는 부흥하지 않을 수 없었다.

그러나 현재 한국교회는 사회 개혁의 원동력이 되기를 거부하고 적폐 세력의 일원으로 전락했다. 수구 정치 세력과 연합하여 사회 개혁을 가로막고, 인권을 증진하려는 노력에 극력 저항하고, 빈부격차를 완화하려는 정책에 반대하고, 남북 대화와 교류를 통해 긴장 완화와 평화 정착을 위한 노력을 북한혐오 사상으로 좌절시키려 하고, 사학 비리를 척결하려는 노력을 종교 이기주의를 앞세워 좌절시키고, 자신들의 정치적 입장과 반대되는 사람들을 좌익, 빨갱이, 주사파, 종북세력으로 매도하면서 비이성적인 행태를 보여주고 있다. 그러나 다른 한편으로는 교회를 자식들에게 세습하고, 재정을 유용하고, 불의한 방법을 동원해서 호화 예배당을 건립하여 사회의 지탄을 받는 행태를 아무렇지도 않게 자행하고 있다.

한국교회는 이런 적폐를 청산하고 다시 사회 개혁 세력으로 자리매김해야 한다. 세상의 불의를 바로 잡고, 약자를 착취하고 강자를 더 살찌우는 제도를 개혁하고, 모든 국민이 더불어 평화롭게 살아가는 사회를 만들기 위해 자신이 가진 힘을 사용해야 한다. 교회가 하나님의 '교회 계획'을 따라 사회를 재구조화하는 일을 위해 희생하고 헌신할 때 사람들은 기독교와 교회를 다시 보게 될 것이며, 빛과 소금으로 인정하게 될 것이다.

교회 공동체는 불의하고 왜곡된 사회 구조와 방향을 바로잡기 위해 애써야 하지만, 단순히 외부 구조를 바꾸는 데에만 초점을 맞추기보다, 먼저 공동체 자신이 잘못된 세상 구조와 흐름에 저항하는 대안적 삶을 시도하는 것부터 시작해야 한다. 즉 말뿐이 아니라 삶으로 먼저 살아내는 개혁가가 되어야 한다.

교회의 사명과 하나님의 거시적 계획안에서의 역할은 "우선적으로 사람들을 구원하는 것이고, 그 다음은 하나님과 그리스도의 일을 행하는 것이다. 예수님을 따르는 공동체가 되기 위해 교회는 서로 나누고, 함께 하는 일에 헌신함으로 사회—정치적 구조를 개혁해야 한다. 교회의 존재는 예언자적이며 동시에 선교적이다"라고 스나이더는 설명한다. 스나이더,『새로 세워가는 교회 공동체』, 75 교회가 세상의 흐름을 따르지 않는 삶을 살 때 거기서부터 사회-정치적 구조의 개혁이 시작되며, 그것이 예언자의 전통을 따르고 세상에 하나님나라 복음을 선포하는 것과 같다는 뜻이다. 사회 구조의 변화는 단순히 세상을 비판하는 것에만 안주하지 않고, 그리스도인 개인과 공동체가 먼저 기존 사회 구조에 순응하지 않는 삶을 살아내는 것으로부터 시작된다. 이것이 총체적 공동체가 살아가야 할 '대안적 삶'이다.

예를 들어 최근에 이슈가 되고 있는 '일요일 학원 휴무제'를 생각해보자. 최근에 학생들의 인권 증진이라는 관점에서 휴식권을 보장해주기 위해 최소한 일요일만이라도 학원 문을 닫아야 한다는 목소리가 커지고 있다. 수많은 학생들이 입시에 매달리면서 쉴 새도 없이 학교와 학원을 뺑뺑이 돌며 정신없이 시달리고 있다. 그 때문에 그들은 공부하는 기계가 되어가면서 정신적인 스트레스가 극에 달했다. 많은 전문가들이 이것이 우리 사회의 구조적 병리 현상으로 확대될 것을 염려하면서 일요일 학원 휴무제를 제도화하도록 정부에 요구하고 있는 것이다. 머지않아 본격적으로 논의가 시작되겠지만 이것이 법제화될 수 있을지, 된다면 언제 될지는 아직 불투명하다. 그러나 일요 휴무제를 찬성하는 그리스도인들은 단지 법제화만을 기다려서는 안 된다. 법제화 이전에 먼저 개인과 공동체 모두가 옳다고 생각하는 신념에 맞춰 살려는 시도를 해야 한다. 일요일에 함께 예배드리고 교제하는 것을 중요시하는 그리스도인들은 학원이 일요일에 문을 열어도 자녀들을 학원 대신 교회에 보내려고 할 것이다. 이는 개별적인 일요일 학원 휴무를 시도하는 것으로, 성적보다 하나님을 아는 것이 더 중요하다는 신앙 고백에서부터 나오는 결단이다. 그럼에도 많은 그리스도인들이 이 시도를 하지 못하는 이유는 당장 감수해야 할 손해가 눈에 보이기 때문이다. 학원 대신 교회로 모이는 것은 믿음의 행동으로 칭송받아 마땅하지만, 혼자서 세상의 압박을 이겨내기는 쉽지 않은 것이 현실이다. 그러나 어느 한 개인만이 아니라 공동체 전체가 같은 생각을 가지고 동일한 믿음의 행동을 한다면 세상의 압박에 저항하는 힘이 배가될 것이다. 이것이 바로 전도자가 강조하고 있는 것이다. "혼자보다는 둘이 더 낫다. 두 사람이 함께 일할 때에, 더 좋은 결과를 얻을 수 있기 때문이다. 그 가운데 하나가 넘어지면, 다른 한 사람이 자기의 동무를 일으켜 줄 수 있다. 그러나 혼자 가다가 넘어지면, 딱하게도, 일으켜 줄 사람이 없다. 또 둘이 누우면 따뜻하지만, 혼자라면 어찌 따뜻하겠는가? 혼자 싸우면 지지만, 둘이 힘을 합하면 적에게 맞설 수 있다. 세 겹줄은 쉽게 끊어지지 않는다." 전4:9-12 이렇게 공동체 자신이 먼저 세상의 흐름에 저항하는 예언자적인 삶을 살면서 사회 구조가 개혁되어야 할 필요성을 더욱 부각시키는 효과를 키우게 된다.

한국사회 고질병의 하나인 부동산 문제도 마찬가지다. 모든 정부들이 부동산 가격의 폭등을 잡으려고 애쓰지만 뜻대로 되지 않는다. 한국사회에서 부동산은 사람들의 욕망의 결정체이기 때문에 그것을 제어한다는 것은 돈에 대한 욕심을 끊으라는 요구처럼 불가능하게 보이기 때문이다. 그러나 그런 세태 속에서도 전혀 다른 관점으로 부동산 문제에 접근하려는 그리스도인들이 소수 있다. 그들은 부동산을 재산 증식 수단으로 보지 않고 삶의 터전, 특히 다른 사람들과 함께 만들어가는 마을의 한 요소로 본다. 재산을 늘리기 위해서는 개발 가능성, 학군, 교통과 같은 변수들을 면밀하게 살펴보면서 집을 선택해야 할 것이다. 그러나 그런 삶은 어느 곳에도 제대로 정착하지 못하고, 특히 지역 사람들과 아무런 관계도 맺지 못한 부유하는 방랑자의 삶으로 이끌 뿐이다. 그러나 함께 사는 사람들과의 관계를 중심으로 형성된 마을의 소중함을 아는 사람들은 다른 사람들이 볼 때 어리석은 선택도 기꺼이 감행할 것이다. 자신이 살 집과 동네를 선택할 때 부동산 가격의 상승 가능성을 최고의 조건으로 두지 않기 때문이다. 수많은 사람들이 가난한 사람들과 다음 세대의 기회를 박탈하고 있다는 사실도 모르는 채 부동산을 통해 한 몫 잡으려고 맹목적으로 투기의 줄에 서지만, 그 줄에서 이탈하여 전혀 다른 방향으로 가는 삶은, 일면 어리석게 보이지만 실은 세상이 나아가야 할 방향을 제시하는 변혁적인 시도다. 세태의 흐름을 영민하게 살펴서 그것에 맞춰 사는 사람이 세상을 변혁하고 바꾸는 게 아니다. 자신이 옳다고 믿는 가치를 따라 손해를 감수하면서 우직하게 나아가는 사람들이 세상을 바꾸는 것이다. 바로 이것을 위해 하나님이 우리를 부르신 것이며, 혼자 감당하기 힘들다는 것을 아시기에 우리를 공동체로 묶어서 서로 격려하면서 나아가게 하신 것이다.

사회봉사도 많은 노력과 희생이 요구되지만, 사회 개혁을 위한 시도는 우리의 삶의 방식을 바꾸는 어려움뿐만 아니라 사회적 질서와 비판, 때로는 불이익도 감수해야 하는 위험한 일이다. 섬김 사역은 우리가 가진 것을 나누어주는 것이기 때문에 자신의 모든 것을 내어주는 경우를 제외하고는 우리 삶의 기반 자체가 흔들리는 경우가 흔치 않다. 그러나 사회 변혁은 종종 우리의 삶의 기반을 뒤흔들고 훨씬 더 큰 희생을 요구한다. 독재 시대에 불의한 권력에 저항하다가 감옥에 갇히고, 사회 약자들의 권리를 확보하기 위해 함께 거리에 나섰다가 소송을 당하거나 폭력에 휘둘리기도 하고, 부동산 투기를 비판하면서 스스로 투기를 거부하다가 재정적 손실을 입기도 한다. 이런 행동들은 내가 소유한 것을 조금 떼어 나누어주는 것보다 훨씬 더 큰 희생을 요구한다.

그러나 선지자들이 불의를 꾸짖다가 핍박을 당하고, 세례요한이 헤롯의 불의를 지적하다가 죽임을 당하고, 예수님이 종교권력자들을 비판하고 바른 하나님 신앙을 세우려다가 신성모독자로 몰려 고초를 당하고 죽임을 당하신 것은, 예수님의 사명을 이어받아 세상으로 파송된 그리스도인의 공동체가 따라가야 할 모델이다. 이것은 "밀알 하나가 땅에 떨어져서 죽지 않으면 한 알 그대로 있고, 죽으면 열매를 많이 맺는다"요 12:24는 원리를 실천하는 것이다. 공동체가 세상을 위해 한 알의 밀알이 될 때 거기서부터 많은 열매가 나타나게 될 것이다.

결론

교회는 하나님께서 그리스도인들의 다양한 필요를 채우기 위해 형성하신 하나님나라의 공동체다. 그러므로 영적 성장을 비롯해서 다양한 내적인 필요를 채우기 위해 함께 노력해야 한다. 그러나 교회가 다른 모임처럼 내부자들만을 위한 조직으로 머무른다면 처음에는 좋을 것 같지만 물이 고이면 썩듯이 곪고 썩게 되면서 여러 갈등과 혼란이 발생하게 된다. 또한 사적 이익만을 추구하는 집단으로 전락하면서 세상에서 기대하는 참된 종교, 예수의 섬김을 따르는 종교의 모습을 보여주지 못해 오히려 세상의 지탄을 받는 처지로 전락하게 된다. 마치 지금의 한국 교회처럼. 그 결과 탁자 아래 숨겨져 주변을 밝히지 못하는 등불과 맛을 잃어 길에 내다버려진 소금이 되어 쓸모없이 버림받게 된다.

교회는 주님께서 세우신 목적을 성취하기 위해서 밖으로 나가야 한다. 자기끼리 배불리고 만족하면서 주변 세상의 필요와 도움의 외침에는 무감각한 모습에서 탈피하여 섬기기 위해 세상으로 나가야 한다. 밖으로 나가 섬기는 것이 많은 에너지가 소요되고 힘든 일이기는 하지만, 그렇게 하는 것이 오히려 공동체의 건강을 지켜준다.

하나님께서 우리에게 주신 모든 것들은 우리의 필요를 채우기 위한 것뿐만 아니라 그것을 사용해서 세상을 섬기기 위한 목적도 있다. 그러므로 공동체가 가진 다양한 자원들을 하나님나라 사역을 위해 기꺼이 내어놓아야 한다. 복음을 전하고, 세상의 아픔을 치유하고, 불공정한 사회를 변혁하기 위해서 우리가 은혜로 받은 것들을 사용해야 한다. 우리에게 남는 것을 사용하는 것이 아니라 손해를 감수하면서까지 내 소유를 나누며 나아가야 한다. 그것이야말로 참된 헌신이기 때문이다.

많은 공동체들이 이런 헌신의 모습을 보여주었다. 미네소타의 베다니 공동체는 해외 선교에 더 많은 재정을 투입하기 위해 다섯 가정이 자신들의 주택을 팔아 공동체 하우스저렴한 빌라에 함께 살면서 절약한 주거비, 생활비, 교육비를 선교

기금으로 사용하기 위해 형성되었다. 워싱턴의 세이비어 공동체는 공동 식사와 공동 육아와 같은 공동체 활동을 통해 절약된 인력을 노숙자, 알콜과 마약 중독자, 미혼모, 한부모 가정 아이들, 죽음을 앞둔 사람들, 전쟁의 트라우마로 시달리는 전역 군인들을 돕는 데 투입했다. 또한 텍사스의 노스우드 교회의 멤버들은 몇 년 동안 휴가기간을 다 털어서 아프가니스탄 전쟁으로 폐허가 된 지역에 집을 짓는데 헌신하고, 또 다른 멤버들은 교회 주변의 노숙자들에게 집을 지어주기 위해 8개월 동안 자신의 주말을 희생했다. 이처럼 지금도 세상에서 왜곡된 문제들을 바꾸기 위해 헌신하고, 세상의 잘못된 흐름에 저항하면서 살려는 사람들이 도처에 많이있다.

우리가 속한 교회의 존재 이유가 무엇일까? 혹시 우리 교회가 없어진다면 주변에 아쉬워할 사람들이 있을까? 우리 자신이 죽었을 때 아무도 아쉬워하지 않는다면 그것보다 더 슬픈 일은 없을 것이다. 마찬가지로, 우리 교회가 사라져도 아무도 아쉬워하지 않는다면 우리 교회는 그 자체로 존재 의미가 없는 것이라고 말할 수 있을 것이다. 우리 교회에 부여된 존재 의미는 무엇인가? 하나님의 우주적 구원계획의 한 축을 담당하는 것이 아닌가? 세상에 구원의 복음을 전해주고, 죽어가는 사람들에게 손을 내밀어 주며, 악한 사회구조에 눌려 신음하는 사람들을 변호해주고 일으켜주는 일이 아닌가? 로버트 벨라Robert Bellah의 말처럼 "참된 교회란 정의와 자비의 세상을 비전으로 품은 소수의 무리들"이라는 사실을 기억해야 한다. Robert Bellah, 165

데살로니가 사람들은 하나님나라의 복음을 선포하러 온 바울과 그 일행을 "천하를 어지럽게 하던 사람들"이라고 불렀다. 행 17:6 초대교회 그리스도인들은 바로 이런 변혁가들이었다. 그들은 자신의 안위를 뒤로 하고 하나님나라의 복음을 살아내고 선포하면서 세상을 어지럽게 하던 사람들이었다.

우리는 어떤가? 우리 자신이 오히려 세상을 바라보며 어지러워하고 있는 것은 아닌가? 세상을 뒤흔들기보다 우리 자신이 세상에 흔들리면서 중심을 못 잡고 있는 것은 아닌가? 세상을 흔드는 교회는 단지 끼리끼리 모이는 사교 집단이 거나 자신의 문제에만 몰입되어서 항상 그 문제만을 이야기하는 집단일 수 없다. 하나님이 의도하신 교회는 성령의 능력으로 옷을 입어 세상 곳곳으로 들어가 변화를 만들어내는 공동체다. 우리 교회가 이런 모습을 보여준다면 숫자와는 상관없이 분명히 각 지역에서 "세상을 어지럽게 하는 사람들"이 될 것이다. 이럴 때 하나님이 우리 교회를 이 세상에 세우신 뜻, 즉 우리의 소명이 완수되는 것이다.

에필로그_공동체를 향한 실천

하나님이 기대하시는 참된 교회의 모습을 기대하면서

그 기대가 우리를 통해 성취될 것을 진심으로 꿈꾸는 사람은 많지 않다.

더욱이 이러한 소망이 현실화되는 바람 속에서

그 성취를 위한 대가를 기꺼이 치르려는 사람은 안타깝게도 너무도 적다.

그러나 천국처럼, 하나님나라의 공동체도 겨자씨 하나에서,

아주 작은 씨앗을 뿌리는 것에서 부터 시작된다.

1. 배움이냐, 실천이냐?

(1) '교회=총체적 삶의 공동체'

지금까지 우리는 '총체적 삶의 공동체로서의 교회'가 가진 다양한 의미에 대해 생각해보았다. 지금까지 다룬 것을 정리해보자. 하나님은 교회를 단순한 모임이 아니라 총체적 삶의 공동체로 의도하셨다. '교회는 총체적 삶의 공동체다'라는 말 속에는 '해야만' 하는 당위적 차원을 초월한, 우리의 유익을 위한 하나님의 계획이 내포되어 있다. 교회가 총체적 공동체라는 뜻은 좁은 의미의 영적인 부분만 나누는 것이 아니라 '삶의 모든 것을 함께 하는 공동체'여야 한다는 것이다. 총체적 삶의 공동체를 실천하기 위해서는 무엇보다 '공간의 일치'가 필요하며, 이를 위해 현대에서 우리가 잃어버렸던 교회의 지역성을 다시 회복해야 한다. '공동체 하우스'는 단순한 지역 일치를 뛰어넘어 좀 더 밀접한 삶을 살려는 시도다. 이 시도는 부동산 신화라는 천민 자본주의에 매몰된 한국사회에 경종을 울리며 대안적이고 친밀한 공동체적 삶의 좋은 실례가 된다. 강력한 힘으로 우리 사회 전체를 주도하는 '돈'은 공동체 삶의 영역에서도 제외될 수 없으며, 오히려 돈을 나누는 친밀한 관계가 형성되지 않으면 참된 공동체적 삶을 실천하는 것은 불가능하다. 공동체는 멤버들의 유익을 위해서 존재할 뿐 아니라, 하나님이 아름답게 창조하셨지만 인간의 죄로 망가진 세상을 회복하기 위한 하나님의 도구가 되어 세상을 섬기고 회복하는 존재이며, 그렇기 때문에 하나님의 공동체는 세상을 복음과 사랑으로 변화시키기 위해 주님으로부터 파송 받아 세상으로 나아가야 한다.

이제 우리에게 남은 질문은, '교회라는 총체적 공동체에 대한 성경의 가르침에 어떻게 반응해야 하는가? 이다. 듣고 배운 것으로 만족하면서 그냥 주저앉아 있을 것인가? 아니면 배운대로 실천할 것인가?

(2) 반석위에 지은 집과 같은 사람

마 7:24-27에서 예수님은 산상설교를 마무리하시면서 집의 비유를 말씀하신다.

> 그러므로 내 말을 듣고 그대로 행하는 사람은, 반석 위에다 자기 집을 지은, 슬기로운 사람과 같다고 할 것이다. 비가 내리고, 홍수가 나고, 바람이 불어서, 그 집에 들이쳤지만, 무너지지 않았다. 그 집을 반석 위에 세웠기 때문이다. 그러나 나의 이 말을 듣고서도 그대로 행하지 않는 사람은, 모래 위에 자기 집을 지은, 어리석은 사람과 같다고 할 것이다. 비가 내리고, 홍수가 나고, 바람이 불어서, 그 집에 들이치니, 무너졌다. 그리고 그 무너짐이 엄청났다.

이 비유에는 두 종류의 사람이 나온다. 반석 위에 집을 지은 사람과 모래 위에 집을 지은 사람. 이 두 사람의 차이가 무엇인가? 배움과 지식에서 차이가 나는 것이 아니다. 두 사람은 모두 예수님의 멋진 말씀을 들었다. 그 점에서는 차이 없이 동일하다. 두 사람 사이의 차이는 배운 것에 대한 실천 여부이다. 물론 배우는 것이 쉬운 일은 아니다. 마음을 써서 시간과 노력을 들여야 한다. 그러나 실천에 비하면 배움은 비교적 수월한 과업이다. 우리가 살아오면서 지금까지 배운 지식의 양은 실로 엄청나다. 그것의 10분의 1, 아니 100분의 1만이라도 내 것으로 만들고 그대로 살았다면 지금의 나는 전혀 다른 존재가 되었을지 모른다.

그렇다면 우리는 다음 질문을 해야 한다. 우리는 왜 배운 것을 실천하지 않는 가? 왜 행동에 둔한 걸까? 그 이유는 무엇인가? 우리는 왜 예수님의 가르침과 성경의 가르침을 온전히 실천하지 않는 걸까? 이 질문들의 답으로 두 가지 이유를 생각해볼 수 있다. 첫째, 가르침은 멋지고 감동적이지만, 그대로 따르는 것은 비현실적이라는 생각 때문에 실천하지 않는 것이다. 둘째, 실천은 기존 나의 습관과 행동을 바꾸는 큰 변화가 필요하므로 이를 거부하는 몸의 저항이 거세기 때문이다.

2. 장애물

(1) 첫 번째 장애물 : 비현실적이고 이상적인 복음 공동체적인 삶을 실천하는 것은 과연 쉬운 일인가?

시간을 나누면서 함께 하는 공동체를 만드는 것은 모두 바쁜 현대인의 삶을 살아가기 때문에 그렇게 만만치 않다. 혼자서도 먹고 살기 힘든 세상이고, 대한민국 가구의 절반 이상은 적자 가구라고 하는데, 자신의 부족한 재산을 공동체와 나누면서 사는 삶은 비현실적으로 들릴 수밖에 없다. 각 사람이 원하는 주거 지역이나 주택의 형태도 다양하고, 그것의 결정을 위해 고려해야 할 변수들도 많은데 공동체를 형성하기 위해서 같은 지역에 모이고, 더 나아가서 공동주택을 만드는 것이 너무 이상적으로 보인다. 그리고 일생동안 나의 욕구도 온전히 채우며 살아가기가 쉽지 않은데 다른 사람을 섬기며 산다는 것은 만만한 일이 아니다. 이처럼 많은 사람들이 공동체적인 삶을 비현실적이고 이상적으로 생각하는 것이 더 '정상적'인 모습일 것이다

'비현실적'이라는 판단은, 성경의 가르침을 따르며 살려고 하면 손해를 보거나 어려움을 겪을 것이 명약관화하다는 생각에서 비롯된 것이다. 예를 들어, 현

실 세상에서는 돈이 중요한데 공동체적 삶을 살면 내 돈을 남을 위해 내어놓아야 하는 어려운 결단을 해야 하며, 현실 세상에서는 부동산 가격의 등락에 잘 반응하면서 사는 것이 지혜로운 삶인데 공동체적 삶은 부동산 가격의 동향에 눈을 감게 되면서 자연스럽게 손해 가능성이 커지고, 현실 세상에서는 다른 사람 눈치를 보지 말고 내가 하고 싶은 것을 하는 것이 좋다고 하지만 공동체적 삶은 다른 사람에게 맞추기 위해 많은 양보를 해야 할 가능성이 커질 수밖에 없기 때문이다. 실제로 공동체적인 삶은 세상의 주류를 따르지 않아서 손해를 보는 경우가 많은 것이 사실이다. 그러므로 우리가 공동체를 이루는 것이 세상의 관점에서 보면 비현실적으로 보일 수 있다는 사실을 인정하는 데서부터 출발해야 한다.

하지만 우리는 '비현실적'이라는 것의 의미가 무엇인지 다시 생각해봐야 한다. 비현실적이란 나쁘거나 불가능하다는 것을 의미하지는 않는다. 비현실적이라는 것은 다수의 세상 사람들의 관점에서 볼 때 현실성이 없다는 의미이거나, 좀 더 솔직하게는, 그렇게 살면 손해 볼 것이 뻔하다는 것을 의미할 뿐이다. 이것은 현실 적응력의 관점, 세속적인 의미에서 성공 가능성이라는 관점, 좀 더 편하고 쉬운 삶을 살 수 있다는 관점에서 판단하는 것과 다르지 않다. 이런 측면에서 공동체적인 삶은 자기중심적 개인주의가 대세를 이루는 현실에서 비현실적으로 보일 수밖에 없다.

그러나 비현실적인 것이 그렇게 부정적인 것만은 아니다. 역사를 슬쩍 훑어봐도 오히려 비현실적인 것이 인간 사회의 발전에 기여했다는 것을 쉽게 알 수 있다. 사회의 발전은 비현실적인 꿈이 현실이 되는 역사였다. 하늘을 나는 꿈, 멀리 있는 사람과 이야기를 나누는 꿈, 우주에 가보고 싶은 꿈, 좀 더 오래 살고 싶은 꿈, 모든 사람이 다름에 의해 차별받지 않고 평등하게 사는 꿈들이 한 때는 비현실적으로 생각되었지만 지금은 현실적인 일이 되었다. 왜냐하면 비현실적이라는 장벽에 좌절하지 않고 깨뜨리고 나간 사람들이 있었기 때문이다. 그러므로 비현실적이라는 판단이, 잘못되었거나 나쁘거나 불가능하거나 손해 보는 것만을 의미하지 않는다는 것은 역사가 증명한다.

비현실적인 것이 부정적인 것이 아닌 또 다른 이유는, 복음 자체가 비현실적이고 복음의 사람인 우리들도 근본적으로는 비현실적인 사람들이기 때문이다. 기독교 핵심 신념과 관련된 이야기는 대부분 비현실적인 양상을 띠고 있다. 하나님의 천지 창조 이야기, 수많은 기적 이야기, 그리스도의 십자가 대속 사역과 그로 인해 얻은 우리의 구원 이야기, 예수님의 부활과 승천, 성령의 충만한 임재로 사람들이 변화되는 이야기, 복음을 위해 자신의 목숨을 던지는 순교자들의 이야기, 재림과 종말에 성취될 하나님나라를 소망하면서 현재의 삶을 희생하는 믿음의 사람들의 이야기 등등. 이처럼 복음은 스스로를 지혜롭다고 생각하는 헬라인들이나 과학적 세계관으로 모든 것을 재단하려는 현대인들 모두에게 비현실적인 이야기에 지나지 않았다. 그래서 도킨스나 히친스 같은 무신론자들이 나타나서 복음을 어리석은 맹신이라며 비웃는 것이다.

예수 그리스도를 따르는 제자도에 관한 가르침도 상당히 비현실적으로 들린다. 섬김을 받고 싶은 것이 인지상정인데 오히려 섬기라는 말씀은 우리에게 비현실적일 수밖에 없다. 이 세상에서 돈의 파워가 얼마나 막강한지 잘 알고 있는데 돈을 사랑하지 말라는 말씀도 우리에게 비현실적이다. 고난을 회피하고 평안한 삶을 누리는 것이 모든 사람들이 얻고 싶은 복인데 오히려 복음을 위하여 고난을 받으라는 말씀 또한 우리에게 비현실적이다. 오래 사는 것은 시대를 막론하고 모든 사람들이 꿈꾸는 소망인데 다른 사람을 위해 죽는 것이 복되다는 말씀은 우리 모두에게 비현실적이다.

그렇지만 이렇게 복음이 아무리 비현실적이라 해도 우리는 그 복음을 진리로 믿고 있지 않은가? 이 모든 말씀들이 다른 사람들의 눈에는 비현실적으로 보여도, 하나님의 부르심을 받은 우리에게는 사실이요 진리라고 믿기에 그대로 살려고 애쓰는 것이 아닌가?

이처럼 우리는 이미 비현실적인 삶 속으로 깊이 들어와 버렸다. 우리의 시민

권은 하늘에 있기 때문에 우리 삶은 비현실적이다. 세상에 영구히 살 것처럼 살지 않는 사람들이기에 우리들은 비현실적이다. 이 땅이 아니라 하늘나라에 소망을 둔 사람들이기 때문에 우리는 또한 비현실적이다. 눈에 보이는 것보다 보이지 않는 것에 더 큰 가치를 두는 사람들이기 때문에 우리 모두는 비현실적이다.

우리는 이렇게 이미 이해 불가능한 비현실적인 사람으로 변이된 것이다. 그렇다고 해서 우리가 나쁜 사람이거나 불가능한 것을 믿는 어리석은 사람인 것은 아니다. 다만 세상 사람들의 관점에서 볼 때 그렇게 보일 수 있다는 것뿐이다. 그러나 다수의 사람들의 판단이 늘 옳지는 않다. 오히려 다수의 사람들이 '대세'라는 흐름에 눈이 어두워져 더 중요한 가치들을 놓치고 있다고 말하는 것이 맞을 것이다. 우리가 다수의 판단에 동조하면 그것이야말로 우리가 발견한 소중한 가치를 놓치는 과오를 범하게 될 것이다.

그리스도의 제자로서의 삶뿐만 아니라 공동체적인 삶을 비현실적인 것으로 생각하는 사람은 가시덤불 속에 뿌려진 씨와 같은 사람으로, "말씀을 듣기는 하지만 세상의 염려와 재물의 유혹이 말씀을 막아 열매를 맺지 못하는" 사람과 같다. 마 13:22 우리가 공동체를 이루어가는 것이 비현실적이라고 매도될 수 있지만, 그것이 하나님의 뜻이기에 의미 있다고 믿기 때문에 그것이 현실화될 날을 꿈꾸면서 시도해야 한다. 우리에게 더 중요한 판단 기준은 현실적이냐 비현실적이냐는 하는 것이 아니라, 하나님의 의도가 무엇이냐는 것이다. 하나님의 뜻이라면 그것이 더 현실적인 것이 되고, 하나님의 뜻과 어긋나는 것은 우리 눈에 현실적으로 보여도 허상을 좇는 것으로 간주되기 때문이다. 그러므로 공동체에 대한 가르침이 비현실적으로 보여 실천할 의지가 없다면, 그것은 복음의 핵심을 이해하지 못한 것이며, 더 나아가서 하나님의 현실을 나의 현실로 인식하지 못하는 믿음의 부족을 드러내는 것이다.

(2) 두 번째 장애물 : 변화를 거부하는 몸

우리가 배운 말씀을 실천하지 않는 두 번째 이유는 우리의 몸이 변화를 거부하는 속성을 지녔기 때문이다. 변화는 힘든 일이다. 개인의 습관 하나를 바꾸는 것도 어렵고 성격을 바꾸는 일은 더더욱 어렵다. 익숙한 삶의 형태를 바꾸는 것도 마찬가지다. 특히 오래 지속된 것일수록 바꾸는 것이 그만큼 더 힘들다. 그래서 오래된 삶의 방식을 사회 변화에 따라 바꾸기가 어려워 젊은 세대의 새로운 시도를 반대하는 기성세대의 고집은 항상 사회적 갈등을 야기한다. 개인주의적 삶도 우리가 오랫동안 지속해온 삶의 방식이기 때문에 그것을 갑자기 공동체적인 삶으로 전환시키는 것도 만만치 않다.

그렇다면 우리가 익숙한 개인주의적 삶에 안주하면서 공동체적 삶으로의 변화를 몸으로 거부하게 되는 구체적인 이유가 무엇인가?

첫째는 두려움 때문이다. 현재의 상태가 최선의 삶인지 아닌지 우리는 확신하기 어렵다. 하지만 현재의 삶의 방식을 버리고 새로운 것을 채택할 때에는 내가 아직 직접 검증한 것이 아니기 때문에 두려움이 생기는 것이 당연하다. 또한 새로운 삶에 내가 알지 못하는 어떤 위험 요소가 포함되어 있을지 모른다는 두려움도 생길 수밖에 없다. 브루더호프를 시작한 아놀드도 이 점을 잘 알았기 때문에 공동체를 시작한 지 5년이 지난 1925년 "공동체로 사는 이유"라는 책에서 공동체로 사는 것은 낭만이 아니라 "극도로 위험한 길이고 엄청난 고난의 길"이며 "인간의 본성이 빚어내는 온갖 어려움에 부딪치는 길"이라고 분명하게 말한다. 에버하르트 아놀드, 25 그래서 공동체적 삶은 갖가지 위험이 존재하는 "지속적이고 담대한 모험"이기에 그것을 끊임없이 극복해 나가야 한다고 말한다. 에버하르트 아놀드, 59 공동체적인 삶은 바로 믿음의 모험인 것이다. 따라서 믿음으로 두려움을 극복하지 못한다면 공동체적 삶으로 선뜻 나아가지 못하게 되는 것이다.

둘째는 귀찮기 때문이다. 익숙한 방식을 버리고 새로운 삶의 방식을 채택하는 것을 좋아하는 사람은 드물다. 익숙하고 편한 것을 모두 등지고 떠나야 하기 때문이다. 이것은 실천하기에 몹시 귀찮은 일에 속한다. 자가용에 익숙한 사람이 버스나 자전거를 타고 다니는 일은 어려운 일이다. 일단 몸이 힘들고 귀찮기 때문이다. 혼자 사는데 익숙한 사람이 다른 사람과 함께 생활한다는 것도 마찬가지다. 한 집에서 사는 것이 아니더라도 공동체 멤버를 지척에서 늘 신경 쓰고, 사랑하고, 섬기고, 챙겨주는 것이 몸에 익숙하지 않아 귀찮고 힘들다. 그래서 많은 사람들은 적응된 편안한 삶을 떠나 새로운 삶으로 이주하는 것을 귀찮게 생각하면서 공동체적 삶으로 선뜻 나아가지 못하는 것이다.

셋째는 대가를 지불하고 싶지 않기 때문이다. 공동체적인 삶은 대가가 요구된다. 내가 원하는 지역이나 집을 포기해야 할 때도 있고, 내가 열심히 번 돈을 다른 사람을 위해 내어놓아야 할 때도 있고, 내 아이를 내 방식대로 교육시키고 싶은 욕구를 버려야 할 때도 있고, TV보고 게임도 하면서 즐길 수 있는 시간을 다른 사람과 함께 하는 공동 활동을 위해 포기해야 할 때도 있다.

예수님께서 경고하신 것처럼, 지불할 대가를 미리 계산하지 않고 달려드는 것은 위험한 일이다. 눅 14:28-32 그렇게 하면 오히려 더 큰 실패를 맛볼 위험이 있다. 자기 십자가를 지고 예수님을 따르는 제자의 삶을 위한 비용을 미리 계산해야 했던 것처럼, 하나님께서 부르시는 공동체적인 삶을 위해서도 미리 비용을 계산한 후에 결단해야 한다. 비용 계산을 잘 한 사람들일수록 공동체가 요구하는 대가를 기꺼이 지불하고 버티는 힘을 더 발휘한다. 결국, 공동체적인 삶이 요구하는 비용을 아깝게 여기는 사람들은 그런 삶으로 나아갈 수 없는 것이다.

3. 변화는 그리스도인의 운명이다.

(1) 배움은 실천을 요구하고, 실천은 변화를 의미한다.

진정한 배움은 실천을 수반해야 하는데, 이것은 당연히 변화를 의미 한다. 그런데 변화를 거부하는 습관이 강하면 아무리 배워도 그 지식이 머리에만 머물러 있을 뿐 실천으로, 삶의 변화로 나타나지 않게 된다.

쇠렌 키에르케고르는 교회의 잘못된 행태를 비판하는 우화를 만든 적이 있다. 그것을 우리 실정에 맞게 조금 수정한 것이 아래 이야기다.

> 집거위들로 구성된 교회가 있다.
> 거위들은 매주 뒤뚱거리며 걸어 들어와 예배를 드리고 설교를 듣는다. 설교자는 나는 것의 경이로움에 대해서 열변을 토한다. "우리는 날 수 있습니다. 하나님께서 우리에게 날 수 있는 날개를 주셨습니다. 우리는 날개짓을 하면 됩니다. 그러면 이 장소에만 머무르지 않고 비상하여 더 멋진 곳으로 나아갈 수 있습니다."
> 거위 신도들은 "아멘"으로 화답한다.
> 하지만 예배가 끝나고 집으로 돌아갈 때 그들은 언제나처럼 뒤뚱거리면서 걸어서 간다.
> 그들은 날개를 움직이지 않는다.
> 아무래도 익숙하고 편한 것이 좋기 때문이다.
> "비상"은 언제나처럼 꿈으로 끝난다.
> — Soren Kierkegaard, 252-53

사도 바울은 변화를 위한 실천을 거부하는 사람들을 "늘 배우기는 하지만 진리를 깨닫는 데에는 전혀 이를 수 없는" 사람들이라고 비판한다. 딤후3:7 또한 배움에 대한 열정이 있고 진리를 추구하는 마음이 있어 시간을 내서 좋은 말씀을 열심히 듣지만 배움이 실천으로 이어지지 않는다면, 그것은 결국 자신이 배운 진리를 배반하는 것과 같으며 성장의 길로 절대로 나아가지 못한다고 말한다. 딤후3:8

그리스도인은 배우고 실천하면서 계속해서 변화되는 사람들이다. 이런 모습은 사자성어 "괄목상대刮目相對"의 유래에 담긴 여몽의 태도와 같다.

후한말 삼국시대. 여몽은 오왕 손권을 모시는 명장이었지만 무식한 인물이었다. 손권은 그런 여몽에게 학식을 쌓으라고 충고하였다. 그때부터 여몽은 전쟁터에서도 항상 책을 읽으며 자신의 비천한 지식을 탓하고 스스로의 부족함을 향상시켰다. 시간이 흘러 오나라의 유명한 정치인인 노숙이 여몽을 만났다. 노숙은 크게 놀랐다. 예전의 싸움만 잘하던 여몽이 아니었기 때문이었다. 여몽이 말했다. "선비는 헤어지고 나서 사흘 뒤에 다시 만나면 괄목상대刮目相對해야 마땅합니다." '괄목상대'는 '눈을 비비고 상대를 마주보다'란 뜻으로, 안 보던 사이에 상대방의 재능이 몰라볼 정도로 높이 향상됨을 나타낸 말이다. 두산백과사전

그리스도인은 여몽처럼 배우고 실천하며 늘 새롭게 변화되어야 하는 사람들이다. 이런 사람이 반석 위에 집을 지은 사람처럼 '지혜로운 사람'이고 '비가 내리고, 홍수가 나고, 바람이 불어서, 그 집에 들이쳤지만, 무너지지 않는' 든든한 믿음을 가진 사람이다. 마7:24-25

'새벽의 집'이라는 공동체 출발을 회고한 문동환 목사의 글은 배우고 실천하는 삶을 잘 보여준다.

1971년 11월 어느 월요일, 수도교회의 최승국 청년회장 등 교인들이 우리 집으로 들이닥쳐 나를 닦달했다. 바로 전날 주일예배 때 나는 자본주의의 병폐를 극복하려는 차원에서 세계 곳곳에서 일어나는 공동체 운동에 대해 소개했다. 이들이 그 설교를 듣고 찾아와 말로만 하지 말고 행동으로 책임지라고 나에게 도전한 것이다.

지금도 생각해 보면 우리 가족을 비롯해 다섯 가족 15명 정도가 참가한 공동체인 '새벽의 집'을 시작하게 된 계기가 참 묘했다. 내가 의도해서 시작한 것이 아니었기 때문이다. 나는 1960년대 말 독일 사회학자 에리히 프롬의 『건전한 사회』를 읽었다. 산업사회가 개인주의, 물질주의, 권위주의로

인해 인간답게 살 수 없는 사회라고 설파하는 프롬의 논지는 내 머리 깊숙이 박혔다. 70년 한 해 동안 미국의 유니언신학대학에 교환교수로 가 있으면서 흑인들의 해방신학을 연구했다. 『로마클럽 보고서』를 통해 '현대 문명이 어떻게 자연 생태계를 파괴하는지' 경각심을 갖게 됐다. '죽음의 문화인 산업문화를 어떻게 극복하느냐' 가 화두가 되어 내 머리를 떠나지 않았다.

서울로 돌아와 다시 수도교회 강단에 섰다. 설교시간에 나는 교인들에게 "일주일에 한 번씩 교회에 와서 예배는 드리지만 각자 자기 집에 꿀단지를 묻어두고 오는 것이 아니냐?", "교회에 와서도 생각은 직장에 있거나 집에 있는 게 아니냐?", "우리들 역시 극도의 개인주의와 경쟁주의로 모래알처럼 흩어져 진정한 공동체를 이루지 못하고 있다"고 말했다. 그러면서 나는 그 당시 세계에서 우후죽순처럼 일어나고 있는 여러 공동체 운동을 소개했다.

그러자 교인들이 역습을 했다. 다소 급진적인 설교를 했던 내가 내 설교에 역습을 당하고 만 것이다. 예배가 끝나고 청년들끼리 다방에 가서 토론을 벌이다가 바로 우리 집으로 몰려와서 나를 옥죄었다. 나는 공동체라는 게 결코 쉬운 것이 아니라고 말렸다. 그러자 청년들은 실천하지 않을 거라면 왜 설교를 했느냐고 따졌다. 청년들의 열의는 대단했다.

결국 우리는 일 년 동안 준비기간을 갖고 공동체를 시작하기로 했다. 우리는 매주 월요일마다 모여 공동체를 연구하고 필요한 것들을 꼼꼼히 준비했다. 72년 11월 30일 새벽의 집은 서울 방학동, 도봉산이 내려다보이는 자락의 작은 터전에 그렇게 둥지를 틀었다. 문동환, 「한겨레신문」

(2) 우리를 움직이게 하는 하나님의 능력

에버하르트 아놀드는 공동체는 위험한 모험이지만, 동시에 우리는 공동체를 통해서 큰 기쁨을 누릴 수 있다고 덧붙인다. 그 이유는, "삶과 죽음 그리고 하늘과 땅 사이에서 인간의 위치가 갖는 형용할 수 없는 긴장감이라는 영원한 갈등이 분명히 존재함에도, 우리가 하나님을 믿는 까닭에 생명이 주는 놀라운 힘과 어려움을 극복하게 해주는 사랑의 힘, 진리의 승리를 볼 수 있기 때문"이라는 것이다. 에버하르트 아놀드. 26 하나님의 도움 없이 공동체의 삶을 살기는 불가능하지만, 믿음은 우리가 공동체의 길을 전진할 수 있는 힘을 준다. "진정한 공동체를 이룰 유일한 힘은 궁극적으로 선하신 존재, 하나님을 믿는 믿음뿐이다." 에버하르트 아놀드. 28 우리에게는 우리의 지지 세력인 하나님이 있다. 공동체를 의도하셨고 그것이 지속되고 유지될 수 있는 힘을 주시는 보혜사 성령님을 보내주셔서 우리를 격려하시는 하나님이 있다. 그의 격려는 우리에게 하나님을 닮은 모습을 구현할 능력을 주어, 우리의 자발적인 믿음으로 그 고된 길을 담대하게 걸어갈 동력이 될 것이다.

따라서 우리는 현재 우리의 피상적인 모습에 눈을 고정하지 말고 더 넓은 시각으로 다가올 미래에 이루어질 모습에 초점을 맞추어 바라보아야 한다. 세상을 닮아 개인주의에 매몰되고 권력과 물질을 추구하는 한국교회와 그리스도인들을 비판하고 문제점을 지적하는 것은 적은 식견으로도 누구든 그러나 하나님이 기대하시는 참된 교회의 모습을 기대하면서 그 기대가 우리를 통해 성취될 것을 진심으로 꿈꾸는 사람은 많지 않다. 더욱이 이러한 소망이 현실화되는 바람 속에서 그 성취를 위한 대가를 기꺼이 치르려는 사람은 안타깝게도 너무도 적다.

그러나 천국처럼, 하나님나라의 공동체도 겨자씨 하나에서, 아주 작은 씨앗을 뿌리는 것에서부터 시작된다. 우리는 이 작고도 볼품없는 씨앗의 현재 모습에 절대 실망해서는 안 된다. 우리는 그것이 자라 이룰 큰 나무, 그 가능성을 믿음으로 바라보며 견대내야 한다. 하나님나라의 공동체는 이렇게 인내하는 믿음과 기다리는 소망을 가진 사람들을 통해서 한 걸음 한 걸음 이루어져 갈 것이기 때문이다.

참고문헌

Alston Jr., Wallace M., *The Church of the Living God* (Louisville: Westminster John Knox Press, 2002)

Bellah, Robert, William M. Sullivan, Richard Madsen, Ann Swidler, Steven M. Tipton, *Habits of the Heart: Individualism and Commitment in American Life* (Berkeley: University of California Press, 1985)

Calvin, J., *The Institues of the Christian Religion*, vol. 2, ed. John T. McNeill, trans. Ford Lewis Battles (London: SCM, 1960)

Clapp, Rodney, *Families at the Crossroads* (Downers Grove: IVP, 1993)

Conn, Harvie. *Evangelism: Doing Justice and Preaching Grace* (Phillipsburg: P&R Publishing, 1992)

Dodds, E., *Pagan and Christian in an Age of Anxiety: The Wiles Lectures* (Cambridge: University Press, 1965)

Gelder, Craig Van, *The Essence of the Church* (Grand Rapids: Baker Books, 2000)

Hellerman, Jospeh H.. *When the Church Was a Family* (Nashville: B&H Publishing, 2009)

Jacobson, A., "Divided Families and Christian Origins," in *The Gospel Behind the Gospels: Current Studies on 'Q'*, ed. R. Piper (Leiden: E. J. Brill, 1995)

Khatchadourian, Haig. *Community and Communitarianism* (New York: Peter Lang Publishing, 1999)

Kierkegaard, Soren. *Journals*. Edited by Alexander Dru. Translated by Alexander Dru (New York: Harper Torchbooks, 1959)

Larkin Jr., William J., *Acts* (Leicester: IVP, 1995)

Marshall, I. H., *Commentary on Luke*, in New International Greek Testament Commentary, eds. I. H. Marshall and W. W. Gasque (Grand Rapids: Eerdmans, 1978)

Minear, Paul, *Images of the Church in the New Testament* (Philadelphia: Westminster, 1960)

Moltmann, Jurgen, *The Trinity and the Kingdom*: *The Doctrine of God* (New York: Harper & Row, 1981)

Slater, Philip E. *The Pursuit of Loneliness*: *American Culture at the Breaking Point* (Boston: Allyn and Bacon, 1970)

Werning, James. *Finding Intentional Community*: *Your Journey Home* (Eugene, Oregon: Resource Publications, 2017)

게르하르트 로핑크, 『예수는 어떤 공동체를 원했나?』 정한교 역 (왜관: 분도출판사, 1985)

권문상, 『성경적 공동체』 (서울: 킹덤 북스, 2013)

김경동, 『기독교 공동체 운동의 사회학』 (서울: 한들출판사, 2010)

김영욱, "고층 아파트의 사회적 해악" 한겨레신문 (2019-05-28)

김현진, 『공동체 신학』 (서울: 예영커뮤니케이션, 1998)

닉 페이지, 『바보들의 나라』, 전의우 역 (서울: 포이에마, 2014)

다니엘 L. 밀리오리, 『기독교 조직신학 개론』, 신옥수, 백충현 역 (서울: 새물결플러스, 2012)

데이빗 플랫, 『래디컬』 (서울: 두란노, 2011)

"괄목상대," 두산백과사전www.doopedia.co.kr/doopedia/master/master.do?_method=view&MAS_IDX=101013000777095)

랜디 프래지, 『21세기 교회 연구, 공동체』, 차성구 역 (서울: 좋은 씨앗, 2003)

로드 드레허, 『베네딕트 옵션』, 이종인 역 (서울: IVP, 2019)

로드니 스타크, 『기독교의 발흥』, 손현선 역 (서울: 좋은씨앗, 2016)

루크 T. 존슨, 『공동소유』, 박예일 역 (대전: 대장간, 2013)

리 비치, 『유배된 교회』, 김광남 역 (서울: 새물결플러스, 2017)

마이클 그리피스, 『기억 상실증에 걸린 교회』, 권영석 역 (서울: IVP, 1992)

마이클 프로스트, 『성육신적 교회』, 최형근 역 (서울: 새물결플러스, 2016)

문동환, "교인들 닭달에 '한솥밥' 먹다" 한겨레신문 (2008-08-24)

미로슬라프 볼프, 『삼위일체와 교회』, 황은영 역 (서울: 새물결플러스, 2012)

박명수, 『교회사에서 찾아낸 예화 소프트』 (서울: 예본출판사, 1998)

밥 로버츠, 『리얼 제자도』, 홍종락 역 (서울: 두란노, 2010)

벤 위더링턴 3세, 『예수와 돈』, 김미연 역 (서울: 넥서스, 2010)

소강석, 『안 나가? 가나안!』 (서울: 쿰란출판사, 2016)

소행주/박종숙, 『우리는 다른 집에 산다』 (서울: 현암사, 2013)

스탠리 그렌즈, 『조직신학』, 신옥수 역 (고양: 크리스챤 다이제스트, 2003)

스튜어트 머레이, 『이것이 아나뱁티스트다』, 강현아 역 (대전: 대장간, 2011)

에드먼드 클라우니, 『교회』, 황영철 역 (서울: IVP, 1998)

에버하르트 아놀드, 『공동체로 사는 이유』, 안정임 역 (고양: 예수전도단, 2012)

이덕주, 『한국교회 처음 이야기』 (서울: 홍성사, 2006)

존 스토트, 『살아있는 교회』, 신현기 역 (서울: IVP, 2009)

존 하워드 요더, 『진정한 그리스도인의 교제』, 최태선, 임요한 역 (대전: 대장간, 2017)

케빈 길레스, 『신약성경의 교회론』, 홍성희 역 (서울: 기독교문서선교회, 1999)

켈리 케이픽 & 브루스 맥코맥, 『현대신학 지형도』, 박찬호 역 (서울: 새물결플러스, 2016)

콜린 건턴, 『하나 셋 여럿』, 김의식 역 (서울: IVP, 2019)

콜린 엘러드, 『공간이 사람을 움직인다』, 문희경 역 (서울: 도서출판 길벗, 2016)

크레이그 블롬버그, 『가난하게도 마옵시고 부하게도 마옵소서』, 박규태 역 (서울: IVP, 2012)

크레이그 에반스, 『예수와 교회』, 김병모 역 (서울: 기독교문서선교회, 2016)

팀 켈러, 『팀 켈러의 탕부 하나님』, 윤종석 역 (서울: 두란노서원, 2016)

필립 셸드레이크, 『도시의 영성』, 김경은 역 (서울: IVP, 2018)

필립 얀시, 『교회, 나의 고민 나의 사랑』, 김동완 역 (서울: 요단출판사, 2000)

하워드 스나이더, 『새로 세워가는 교회 공동체』, 차명호 역 (서울: 미션 월드 라이브러리, 2017)

하워드 스나이더, 『참으로 해방된 교회』, 권영석 역 (서울: IVP, 2005)

C. S. 루이스, 『네 가지 사랑』 (서울: 홍성사, 2006)